MITTENDRIN

LERNLANDSCHAFTEN RELIGION

2

Herausgegeben von
IRIS BOSOLD UND
DR. WOLFGANG MICHALKE-LEICHT

Unter Mitarbeit von
ULRICH BAADER,
GERHARD EICHIN,
CORNELIA PATRZEK-RAABE,
DR. STEFAN SCHIPPERGES

Erarbeitet von
DR. CHRISTIAN SCHENK,
IRIS EGLE,
ELISABETH KURFESS,
SIMONE SEELHORST,
GERALD SIEBERT

KÖSEL SCHULBUCH

MITTENDRIN
LERNLANDSCHAFTEN RELIGION

Unterrichtswerk für den katholischen Religionsunterricht an Gymnasien

MITTENDRIN 2
für die Jahrgangsstufen 7 und 8

Herausgegeben von
Iris Bosold und Dr. Wolfgang Michalke-Leicht

Unter Mitarbeit von
Ulrich Baader, Gerhard Eichin,
Cornelia Patrzek-Raabe, Dr. Stefan Schipperges

Erarbeitet von
Dr. Christian Schenk, Iris Egle, Elisabeth Kurfeß,
Simone Seelhorst, Gerald Siebert

Zugelassen als Lehrbuch für den katholischen Religionsunterricht
von den Diözesanbischöfen von Freiburg, Mainz und Rottenburg/Stuttgart.

Rechtschreibreformiert (2006), sofern keine urheberrechtlichen Gründe dagegenstehen.

Umschlag: Kaselow Design, München
Umschlagmotiv: © Panstock/Jupiterimages
Notensatz: Christa Pfletschinger, München
Illustrationen: Reinhild Kassing, Kassel
Satz: Kösel-Verlag, München

www.cornelsen.de
www.oldenbourg.de

6. Auflage 2015, 1. Druck
Alle Drucke dieser Auflage sind inhaltlich unverändert und können im Unterricht nebeneinander verwendet werden.

Druck und Bindung: Kösel, Krugzell

ISBN 978-3-06-065379-9

PEFC
PEFC/04-31-1765

PEFC zertifiziert
Dieses Produkt stammt aus nachhaltig bewirtschafteten Wäldern und kontrollierten Quellen.
www.pefc.de

Liebe Schülerin, lieber Schüler,

das Leben ist manchmal wie ein verschlungener Pfad. Da gibt es Höhen und Tiefen, Umwege und Abkürzungen, Klettersteige und Holzwege. Und immer wieder stellen sich Fragen: Wo geht es lang, rechts oder links? Welche Entscheidung ist richtig? Das gilt im Kleinen wie im Großen, im eigenen Leben wie in der Gesellschaft. Wir Menschen müssen uns stets entscheiden, nahezu jeden Tag aufs Neue. Und je älter wir werden, umso bedeutender werden diese Entscheidungen. Das ist gar nicht so einfach und gleichzeitig macht es das Leben überaus spannend.

Wenn wir solche Wege gemeinsam gehen, wenn wir miteinander überlegen, welche Folgen diese oder jene Entscheidung nach sich zieht, wenn wir Erfahrungen austauschen, die wir oder andere Menschen gemacht haben, dann können wir miteinander und voneinander lernen. Und wenn uns das gut gelingt, dann kommen wir voran. Dann machen wir Fortschritte im eigenen Leben wie in der Gesellschaft. Dann sind wir MITTENDRIN im richtigen Leben.

Die Schule ist ein guter Ort, an dem das geschehen kann. Ob es geschieht, hängt davon ab, wie wir miteinander umgehen. Jede und jeder hat eine eigene Sicht der Dinge, hat eigene Perspektiven und eigene Erfahrungen. Die gilt es wahrzunehmen, zuzulassen, zu akzeptieren und zu tolerieren. Das ist leichter gesagt als getan. Es erfordert Respekt und Disziplin gegenüber anderen, aber auch gegenüber sich selbst. Zugleich muss gestritten werden, mit Leidenschaft, um die richtige Entscheidung, um die bessere Antwort und um die optimale Lösung. Lass dich auf deine Mitschülerinnen und Mitschüler ein und mach dich gemeinsam mit ihnen auf den Weg. Wenn dir das gelingt, bist du schon MITTENDRIN im Leben.

Immer dann, wenn es wirklich um unser Leben geht, spielt auch der Glaube an Gott eine Rolle. Du gibst dich ja nicht zufrieden mit dem oberflächlichen Augenschein. Du willst wissen, was hinter den Dingen ist. Du willst den Dingen auf den Grund gehen. Vor allem geht es dabei um die großen Fragen: Woher komme ich? Wohin gehe ich? Wozu lebe ich? Was ist der Sinn von allem? Die Bibel ist dir ein guter Reisebegleiter, wenn du dich auf den Weg machst, diesen Fragen nachzugehen. Viele Menschen haben darin ihre Erfahrungen mit dem Suchen und Fragen aufgeschrieben. Auch von ihnen kannst du lernen – MITTENDRIN im eigenen Leben.

Die Welt, unser Leben und unser Glaube – sie alle sind wie Landschaften, in denen wir uns bewegen. Du selbst bewegst dich MITTENDRIN. Dein Religionsbuch ist genau dafür gemacht: Es enthält zahlreiche Landschaften, die es zu entdecken gilt – *Lernlandschaften*. Auf jeder Doppelseite findest du *Ausflüge* in diese Lernlandschaften. Hier kannst du dich immer in der Richtung bewegen, die dich gerade interessiert. Zu Beginn und am Ende einer jeden Lernlandschaft erwarten dich besondere Doppelseiten: Bevor du dich in einer Lernlandschaft auf die Reise machst, findest du jeweils einen *Reiseprospekt*. Der gibt dir einen Überblick über das, was dich erwartet. Am Ende einer Lernlandschaft findest du immer eine *Souvenirseite*, denn wer eine Reise tut, der kann was erzählen und er bringt manchmal auch etwas mit. Schließlich gibt es am Ende des Buches ein umfangreiches *Lexikon*, das dich bei deinem Suchen und Fragen begleitet. Auch die Künstlerinnen und Künstler der Bilder dieses Buches sind dort gesondert verzeichnet.

Du bist schon einige Jahre am Gymnasium unterwegs. Du hast bereits viele Fähigkeiten und Kompetenzen erworben und kannst schon mehr und mehr selbstverantwortlich weitergehen. Manches in diesem Buch wird dir vertraut sein, vieles andere dagegen ist ganz neu. Lernen geschieht immer mit allen Sinnen, die uns zur Verfügung stehen: mit dem Hören, dem Sehen, dem Bewegen. An sieben Stellen im Buch findest du besondere *Lerngänge*, die durch ein kleines Symbol (Auge, Ohr, Mund, Wirbel, Hände, Maske, Bauklötze) gekennzeichnet sind und dir neue Wege zeigen, wie du lernen kannst. Probiere sie aus, meistens am besten zusammen mit deinen Mitschülerinnen und Mitschülern.

MITTENDRIN – so haben wir unser Religionsbuch genannt. Wir wünschen dir und allen in deiner Lerngruppe, dass es für euch gute Anregungen zum Lernen enthält, mitten im Leben, mitten im Glauben, mitten in der Welt.

Iris Bosold, Dr. Wolfgang Michalke-Leicht, Dr. Christian Schenk, Iris Egle, Elisabeth Kurfeß, Simone Seelhorst, Gerald Siebert

Inhalt

DA BERÜHREN SICH HIMMEL UND ERDE 84

REFORMATION – AUS LIEBE ZUR KIRCHE? 100

MUSLIMEN BEGEGNEN 120

EIN ORT GELEBTEN GLAUBENS – TAIZÉ 146

Pubertät bedeutet für mich ...
... körperliche Veränderung;
... Ablösung von den Eltern;
... endlich tun und lassen können, was ich will;
... erste Liebe.

Verantwortung zu übernehmen fällt mir ...
... leicht;
... schwer;
... habe ich mir noch nie überlegt;
... je nach Situation leicht oder schwer.

Vorbilder sind für mich ...
... Eltern;
... Lehrerinnen und Lehrer;
... Stars;
... Freunde.

Autoritäten sind für mich ...
... Menschen, die mich überzeugen;
... Menschen, denen ich gehorchen muss;
... der Staat, die Schule usw.;
... Ich kenne das Wort nicht.

Wenn ich Sorgen habe, wende ich mich an ...
... meine Eltern;
... meine Lehrerinnen und Lehrer;
... meine Geschwister;
... meine Freunde.

■ **Spiegelbild.** Versetze dich in das Bild auf dieser Doppelseite. Welchen Bezug siehst du zwischen dem Bild und dem Thema der Lernlandschaft?

STARK SEIN KÖNNEN –

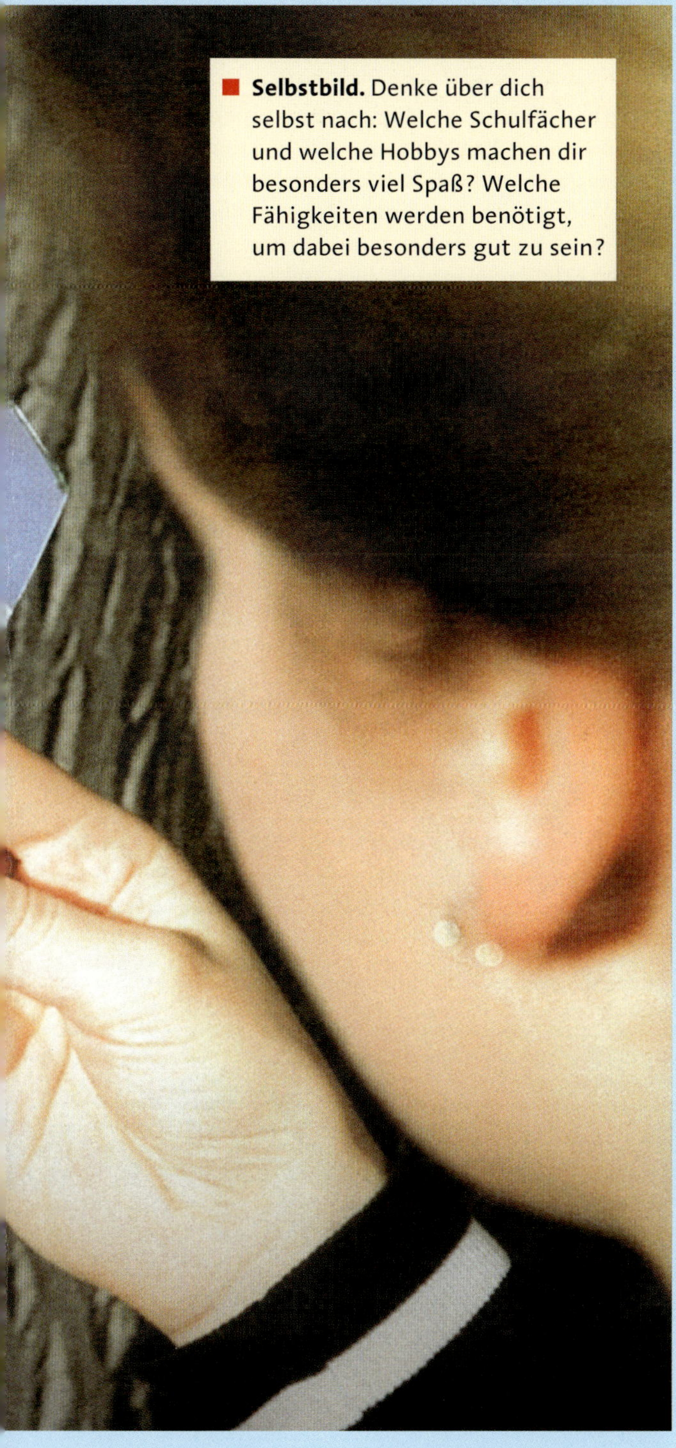

■ **Selbstbild.** Denke über dich selbst nach: Welche Schulfächer und welche Hobbys machen dir besonders viel Spaß? Welche Fähigkeiten werden benötigt, um dabei besonders gut zu sein?

Dass jemand hungert, um die Figur eines Models zu erreichen, ...
... kann ich gut verstehen;
... ist mir völlig fremd;
... habe ich noch nie gehört;
... ist typisch für Mädchen.

Dass jemand bereit ist, Gewalt anzuwenden, ...
... liegt an seinem Charakter;
... liegt an der Erziehung;
... liegt an den Medien;
... liegt daran, dass er keine anderen Möglichkeiten kennt, sich durchzusetzen.

Geschichten aus der Bibel sagen mir ...
... nichts für mein Leben;
... viel für mein Leben;
... was ich machen soll;
... habe ich mir noch nie überlegt.

Über die Veränderungen in der Pubertät ...
... weiß ich Bescheid;
... mache ich mir Sorgen;
... habe ich mir noch nie Gedanken gemacht;
... habe ich mit meinen Eltern oder mit Freunden gesprochen.

■ **Standpunkte.** Lest einander die Texte der abgedruckten Kärtchen laut vor und weist den verschiedenen Fortsetzungen eine Ecke im Klassenzimmer zu. Überlegt für euch selbst, welche Fortsetzung am besten auf euch zutrifft, und geht in die entsprechende Zimmerecke. Wenn auf diese Weise alle oder eine vorher festgelegte Anzahl der Kärtchen bearbeitet wurden, ist ein gemeinsamer Austausch über die angesprochenen Themen sinnvoll. Diese Gespräche können auch über den Verlauf der Unterrichtseinheit verteilt werden.

SCHWACH SEIN DÜRFEN

Wer bin ich?

Warum bin ich so, wie ich bin? Was macht mich zu einem einzigartigen, unverwechselbaren Menschen? Wer will ich sein? Diese Fragen bestimmen laut Entwicklungspsychologie die Jugendzeit in ganz besonderer Weise. Das Bild, das wir von uns selbst haben, wird durch vielfältige Erfahrungen geprägt, die wir im Laufe unseres Lebens in vielen verschiedenen Bereichen gemacht haben und machen. Aufgrund dieser Erfahrungen sind wir uns darüber bewusst, was wir sind und was wir können.
Gleichzeitig haben wir immer auch ein Bild vor Augen, wie wir sein wollen beziehungsweise wie andere uns haben möchten, das Idealbild. Wir bemühen uns, das Real-Selbst möglichst dem Ideal-Selbst anzunähern.
Von Beginn unseres Lebens an wird uns durch unsere Umwelt durch sogenannte Beziehungsbotschaften gespiegelt, wer wir sind. Je nachdem, ob uns Wertschätzung oder aber Geringschätzung entgegengebracht wird, entwickelt sich ein positives oder negatives Selbstbild, das dann wiederum unser Verhalten, unsere Wahrnehmung und unsere Handlungen entsprechend prägt. Wir machen neue Erfahrungen und versuchen diese mit unserem Selbstbild in Einklang zu bringen. Gelingt dies, so kann das Verhalten immer neu der Realität angepasst werden, es entwickelt sich ein Vertrauen in das gefühlsmäßige Erleben. Misslingt dies, so kann es zu Fehlentwicklungen kommen. Es entsteht kein Vertrauen zum eigenen Erleben und es erfolgt eine extreme Orientierung an Bewertungsmaßstäben anderer.

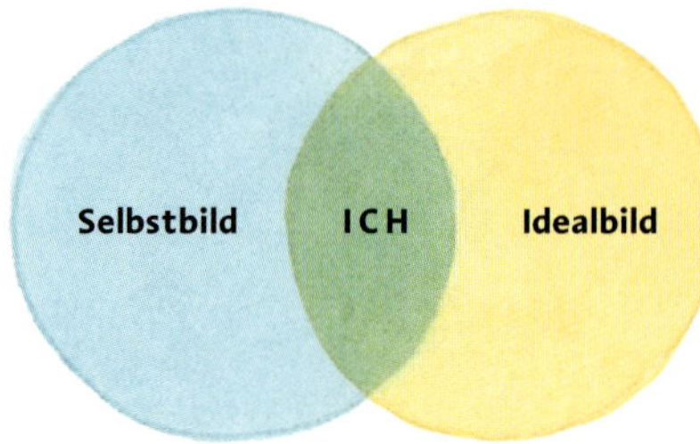

■ **Wer bin ich?** Lies den Text »Wer bin ich?« aufmerksam durch. Übertrage die Grafik oben in dein Heft. Schreibe in den einen Kreis Aspekte, die dein Real-Selbst ausmachen (Eigenschaften, Fähigkeiten usw.), und in den anderen Kreis Aspekte, die dein Ideal-Selbst ausmachen sowie Erwartungen, die andere an dich richten.

■ **Selbst- und Idealbild.** Überlege, welche Probleme sich ergeben könnten, wenn sich jemand nur an dem Selbst- bzw. nur an dem Idealbild orientiert.

Feedback geben

Feedback geben bedeutet, jemandem so Rückmeldung für seine Arbeit oder sein Handeln zu geben, dass dieser weiß, wo seine Stärken und wo seine Schwächen liegen.

Regeln für das Feedback-Geben:
Gib dein Feedback in persönlicher Form als Ich Botschaft! (nicht: »Du bist ...«, sondern: »Ich nehme dich als ... wahr«.)
Trenne Wahrnehmungen von Vermutungen. (»Ich habe wahrgenommen ... daraus schließe ich ...«)
Denke daran, es geht nicht darum, jemanden klein zu machen, sondern ihm so Rückmeldung zu geben, dass er weiß, wie er sich verbessern kann. Mache möglichst Verbesserungsvorschläge.
Versuche zunächst eine positive Beobachtung, dann eine verbesserungswürdige Beobachtung zu nennen. Abschließend sollte wieder etwas Positives folgen (»Sandwich-Feedback«).

Regeln für das Feedback-Erhalten:
Höre ruhig zu, bis alles gesagt ist.
Versuche nicht, dich während des Feedbacks zu rechtfertigen.
Frage nach, wenn du etwas nicht verstanden hast, ohne zum Angriff überzugehen.
Mache dir Notizen.
Überdenke das Feedback kritisch: Was leuchtet dir ein, was nicht?
Antworte erst auf das Feedback, wenn du die genannten Schritte vollzogen hast.

my own song (mein eigenes lied)

ich will nicht sein
so wie ihr mich wollt
ich will nicht ihr sein
so wie ihr mich wollt
ich will nicht sein wie ihr
so wie ihr mich wollt
ich will nicht sein wie ihr seid
so wie ihr mich wollt
ich will nicht sein wie ihr sein wollt
so wie ihr mich wollt
nicht wie ihr mich wollt
wie ich sein will will ich sein
nicht wie ihr mich wollt
wie ich bin will ich sein
nicht wie ihr mich wollt
wie *ich* will ich sein
nicht wie ihr mich wollt
ich will *ich* sein
nicht wie ihr mich wollt will ich sein
ich will *sein*

Ernst Jandl

- **»Ich will ich sein.«** Was bedeutet dieser Satz für dich? Schreibe deine Gedanken dazu in dein Heft. Wenn du willst, kannst du diese auch in Gedichtform kleiden.

- **Leseexperiment**. Bereite alleine oder mit anderen einen Gedichtvortrag vor. Überlege genau, wie du die Verse betonen willst. Du kannst das Gedicht für deinen Vortrag auch bearbeiten: einzelne Verse herausgreifen, Wiederholungen, gegeneinander sprechen usw. Trage das Gedicht vor.
Lass dir von deinen Mitschülerinnen und Mitschülern ein Feedback geben und besprecht die Wirkung des Vortrags.

- **Fotoreihe**. Erstelle eine Fotoreihe für deine Person nach den drei Leitfragen auf dieser Seite. Statt Fotos zu machen, kannst du dich auch zeichnen.
Stelle die Bilderreihe deinen Mitschülerinnen und Mitschülern vor und bitte sie um ein Feedback. Überlege, wie diese Facetten deiner Person zusammenhängen.

Auf der Suche nach Identität

Dem Jugendalter kommt eine Schlüsselstellung im Leben eines Menschen zu. In dieser Zeit verändern sich Körper und Geist von Jungen und Mädchen stark. Diese Veränderungen führen dazu, dass bisherige Sicherheiten und Handlungsmuster erschüttert werden. Der junge Mensch sieht sich mit neuen Möglichkeiten, aber auch mit neuen Aufgaben und Anforderungen konfrontiert. Der schulische und berufliche Weg muss vorbereitet werden, er muss mehr Verantwortung übernehmen, sich von Eltern und anderen Erwachsenen ablösen und sein eigenes Wertesystem finden. Außerdem muss er »seinen Körper neu bewohnen« lernen. All das zwingt ihn, darüber nachzudenken, was er sein will und wohin sein Lebensweg führen soll.

Häufig entsteht dabei zunächst das Gefühl, überfordert zu sein. Medien wie Fernsehen, Internet usw. führen jungen Menschen eine Vielzahl an Möglichkeiten vor Augen, was sie tun könnten, welchen Zielen sie nachgehen könnten usw.

■ **Suche nach Identität.** Lies den Text »Auf der Suche nach Identität« sowie den Lexikonartikel »Identität«. Erläutere, welche Schwierigkeiten bei der Suche nach Identität auftreten können. Sammle Tipps, wie man diese Schwierigkeiten bewältigen kann.

Außer diesen Möglichkeiten spielen auch die Erwartungen und Vorstellungen von Eltern und anderen Erwachsenen oft eine Rolle. Es ist schwierig, sich all dem zu stellen und eine angemessene Identität zu finden. Es kann zu einer Krise kommen. Diese Krise geht oft mit dem Gefühl der Vereinsamung einher und der Unfähigkeit, aus irgendeiner Tätigkeit Befriedigung zu schöpfen. Das Gefühl herrscht vor, das Leben geschehe, statt aus eigenem Antrieb gelebt zu werden.

In der Zeit zwischen dem 11. und 18. Lebensjahr müssen demnach wichtige Aufgaben bewältigt, müssen Grenzen ausgetestet und Rollen ausprobiert werden. Verläuft diese Phase positiv, entwickelt sich eine gefestigte, persönliche Identität.

Ob es gelingt, eine eigene Persönlichkeit aufzubauen, hängt maßgeblich von Vorbildern ab, d. h. von Menschen, die einen überzeugen in dem, was sie tun und wie sie reden. Sie können einem helfen, sich zu orientieren und Entscheidungen zu treffen.

VOR DEM

... schlüpft der Mensch in seine »öffentliche Haut«. Ist alles bereit dafür, vor andere hinzutreten? Wird man so

AUFTRITT 1

In meiner Freizeit mache ich gerne Sport. In Leichtathletik bin ich ganz gut. Zwei bis drei Mal die Woche gehe ich ins Training und seit zwei Monaten bin ich in der Nachwuchsförderung des Landes dabei. Da war ich schon stolz, als dieses Angebot kam. Wenn ich Sport mache, vergesse ich all den Stress in der Schule und so. Ich finde es cool, auf Wettkämpfe zu trainieren. Es ist ein klasse Gefühl, wenn du merkst, du kannst deine Leistungen immer nochmals verbessern. Ganz abgesehen davon finde ich, dass man etwas für seinen Körper tun muss. Ist ja auch nicht schlecht, sportlich und muskulös zu wirken. Ich denke, Unsportliche haben es heutzutage schwer, sie werden gehänselt und bei Mädchen kommen sie auch nicht so gut an. Wobei mich Mädchen nicht interessieren. Meine Kumpels sind mir wichtiger.

Außer Sport mache ich Musik. Ich spiele Klavier, seit ich vier Jahre alt bin. Manchmal versuche ich auch, eigene Stücke zu schreiben. Das hat mir mein Vater beigebracht. Er hat eine kleine Band. Und wenn mal einer von seinen Musikern krank ist, springe ich schon mal ein und spiele das Keyboard. Das geht natürlich nur am Wochenende, wenn keine Schule ist, weil es dann immer sehr spät wird. Es gefällt mir, wenn unsere Musik den Leuten Spaß macht. Man kommt sich fast vor wie ein Star.

Manchmal mache ich auch mit einem meiner Kumpels Musik. Sein Onkel hat ein Tonstudio. Vielleicht nehmen wir später mal eigene Lieder auf.

ROMAN STAHL, Schüler (14)

■ **Auftritt 1.** Roman Stahl erzählt von den vielen Aktivitäten in seiner Freizeit. Welche Aspekte seiner Freizeitbeschäftigungen sind Roman besonders wichtig? Wie würdest du ihn charakterisieren? Überlege dir, welche Rolle Roman in eurem Klassenverband einnehmen würde.

AUFTRITT ...

konzentriert und ausdrucksstark sein, so sexy, hilfreich oder herzlich, wie die selbst gewählte Rolle es vorsieht?

AUFTRITT 2

Wenn ich freitagabends ausgehen möchte, beginne ich gerne eine Stunde vorher und dusche mich. Dann stehe ich bestimmt zehn Minuten vor dem Kleiderschrank, um mir ein Outfit auszusuchen. Da ich Schmuck über alles liebe, muss ich gucken, dass die Kleidung zum Schmuck passt und nicht umgekehrt. Manchmal frage ich meine Mutter, ob es nicht zu viel ist, ob ich nicht aussehe wie ein Weihnachtsbaum. Danach nehme ich mir Zeit fürs Schminken: Ich kämme die getuschten Wimpern, tupfe mit Ohrenstäbchen übergemalten Eyeliner weg, trage Rouge auf, mache die Augenringe weg, aber die Lippen vergesse ich meistens.

Ich will natürlich sexy wirken, deshalb trage ich auf Hüften geschnittene Hosen, wo der Hintern dürftig verpackt ist. Aber wenn ich einen größeren Hemd-Ausschnitt trage, meint mein Freund, ich solle mich gefälligst anziehen. Und natürlich will ich erwachsen wirken. Auch wenn ich einen Freund habe, möchte ich gern andere Jungs ansprechen. Doch vor allen Dingen will ich nicht schüchtern wirken. Das macht die Männer nicht an, glaube ich. Ich will auch sinnlich sein. Ich mag gern Augenkontakt haben – aber das ist dann eine Sache des Seins und nicht des Stylens. Und etwas crazy bin ich eh. Hübsch finde ich mich auch. Zumindest finde ich mich nicht hässlich. Ich mag meinen Körper wirklich gern. Insofern ist es nicht schwer für mich, so zu wirken.

Aufregend wird es dann, wenn man vor dem Club steht, in den man rein möchte. Lassen einen die Türsteher rein, obwohl man noch nicht 18 ist? Wenn mich dann an dem Abend Jungs anschauen, das ist schon schön, vor allem, wenn sie süß sind. Aber dass ich angeschaut werde, fällt mir meist gar nicht so auf. Und ich brauche es auch gerade nicht so unbedingt. Außerdem habe ich meine Freunde mit und will mit denen Spaß haben.

Und das Schönste am Abend ist eigentlich, wenn ich mich schminke. Das Stylen macht mir einfach Spaß. Deshalb finde ich auch Halloween und Fasching so toll.

LISA CLEMEN, Schülerin (16)

■ **Auftritt 2.** Lisa Clemen erzählt von ihrem Wochenende. Fasse zusammen, was Lisa gerne macht und wie sie das begründet. Wie würdest du Lisa charakterisieren. Welche Rolle würde sie in eurem Klassenverband einnehmen?

■ **Vorbilder.** Bei der Identitätsfindung sind Vorbilder von entscheidender Bedeutung. Entwirf ein Porträt deines Vorbildes. Suche dir zwei Mitschülerinnen oder Mitschüler aus, mit denen du dich über deine Porträts austauschst.
Besprecht, inwiefern Vorbilder auch problematisch sein können.

■ **Vergleiche die beiden Auftritte.** Spielen Jungen und Mädchen deiner Meinung nach unterschiedliche Rollen? Stehen Lisa und Roman für alle Jugendlichen dieses Alters?

■ **Auftritt 3.** Stelle dir vor, du müsstest für eine Jugendzeitschrift einen Artikel über dich schreiben. Formuliere diesen Artikel nach dem Muster der beiden Artikel von Roman und Lisa.

Jugendliche Freiheitsvorstellungen

»Freiheit bedeutet für mich, wenn ich eine eigene Wohnung haben könnte. Wenn ich so leben könnte, wie es mir gefällt, und wenn ich tun und lassen könnte, was ich will. Niemand würde mir Vorschriften machen und ich müsste keine faulen Kompromisse eingehen. Niemand würde mir sagen, wie ich mich anzuziehen habe, wie ich reden und wie ich mich verhalten soll.«

Nicole, 14 Jahre

»Freiheit bedeutet für mich, nicht zur Schule zu müssen und immer Ferien zu haben.«

Philipp, 13 Jahre

»Freiheit bedeutet für mich, den ganzen Tag Fußball spielen zu können. Niemand und nichts würde mich ablenken und ich müsste meine Zeit nicht mit Dingen verplempern, die ich nicht mag.«

Manuel, 14 Jahre

»Freiheit bedeutet für mich, immer nur Urlaub zu machen. Irgendwo am Meer, wo es warm ist. Ich würde den ganzen Tag nur faul herumliegen und mich in der Sonne rösten lassen.«

Franziska, 13 Jahre

■ **Freiheit bedeutet für mich ...** Lies die vier Äußerungen der Jugendlichen. Führe dann selbst den Satz fort. Lest einander eure Vorstellungen vor und sammelt Bereiche, die angesprochen werden.

■ **Karikatur.** Beschreibe die Karikatur. Erkläre, was hier unter Freiheit verstanden wird.

Wer A sagt, muss auch B sagen

Heute gab es bei uns zuhause riesigen Ärger! Dabei habe ich nur, als ich aus der Schule kam, erzählt, dass ich am Samstag bei Vincent zum Geburtstagsfest eingeladen bin. Meine Mutter fragte ganz harmlos: »Und wirst du hingehen?« Was für eine Frage! Klar werde ich hingehen. Vincent ist schließlich ein Supertyp und es ist fast eine Auszeichnung, bei ihm eingeladen zu sein.
Mutter konnte das überhaupt nicht verstehen. Sie erinnerte mich, dass meine Fußballmannschaft am Samstag ein Spiel hat. »Ach, das blöde Spiel, ich hab sowieso keine Lust, bei der Kälte auf dem Rasen rumzuturnen.« Kaum hatte ich das gesagt, legte sie los: »Wochenlang liegst du uns in den Ohren, dass du im Verein Fußball spielen willst. Wir haben schließlich nachgegeben. Obwohl ich Fußball nie mochte und Vater immer sagte, das kostet zu viel Zeit, du sollst lernen. Und jetzt lässt du deine Mannschaft im Stich, nur wegen einer Geburtstagsfeier? Das kannst du nicht machen. Stelle dir vor, jeder würde immer gerade tun, was ihm Spaß macht, dann könntet ihr jedes Spiel absagen, weil immer irgend jemand lieber etwas anderes machen würde und die Mannschaft nie komplett wäre. Du wolltest doch unbedingt spielen! Du sprachst davon, wie viel es dir bedeutet! Denke einmal darüber nach! Ich finde es nicht in Ordnung, wenn du zu Vincent gehst.«
Puh, sie war ganz schön sauer ...
Ich habe Michael von der Auseinandersetzung erzählt. Er war erbost und meinte, meine Mutter hätte nicht das Recht, so zu reden. Ich könne schließlich frei entscheiden, wo, wie und mit wem ich den Samstag verbringe.

■ **Positionen.** Lies den Text »Wer A sagt, muss auch B sagen«. Beschreibe die Positionen, die einander gegenüberstehen, und nimm selbst Stellung.

■ **Weitergedacht.** Die Freiheitsvorstellungen klingen zunächst sehr positiv. Suche dir eine der vier Vorstellung aus und stelle dir vor, sie würde für dich Wirklichkeit werden. Wie sähe dein Leben aus? Schreibe einen Bericht.

Freiheit unter Geboten?

Präambel des Dekalogs

Dann sprach Gott alle diese Worte:
Ich bin Jahwe, dein Gott, der dich aus Ägypten geführt hat, aus dem Sklavenhaus.
Du sollst neben mir keine anderen Götter haben. Du sollst ...

Ex 20,1-4

■ **Gebote.** Gott führt sein Volk in die Freiheit, stellt dann aber Gebote auf. Diskutiert gemeinsam, ob Gottes Handeln damit widersprüchlich ist.

■ **Bedeutung der Präambel**. Lest den Lexikonartikel zum Stichwort »Präambel«. Was würde sich ändern, wenn bei den Zehn Geboten der Hinweis auf die Befreiung wegfallen und nur die Auflistung der Gebote erfolgen würde? Diskutiert darüber in Kleingruppen.

Die Erfahrung der Israeliten spiegelt wider, dass *Freiheit* immer auch *Verantwortung* für etwas bedeutet. Sie haben die Verantwortung, ihre Freiheit so zu gestalten, dass sie ihnen erhalten bleibt. Freiheit heißt also nicht nur, frei zu sein von irgendwelchen Dingen, sondern Freiheit eröffnet auch Räume, die man ausfüllen, gestalten muss. Gerade im Jugendalter ist es wichtig, sich zu überlegen, was man möchte, und sich dann auch über die Konsequenzen klar zu werden. Denn es geht darum, sein Leben zu gestalten und seine Zeit sinnvoll zu nutzen.

■ **Beispiele finden.** Nenne Beispiele aus deinem Leben, bei denen du die Freiheit hast, dich für etwas zu entscheiden, und überlege, inwiefern du dann Verantwortung übernehmen musst.
Überlege, welche Konsequenzen die frei getroffenen Entscheidungen jeweils haben.

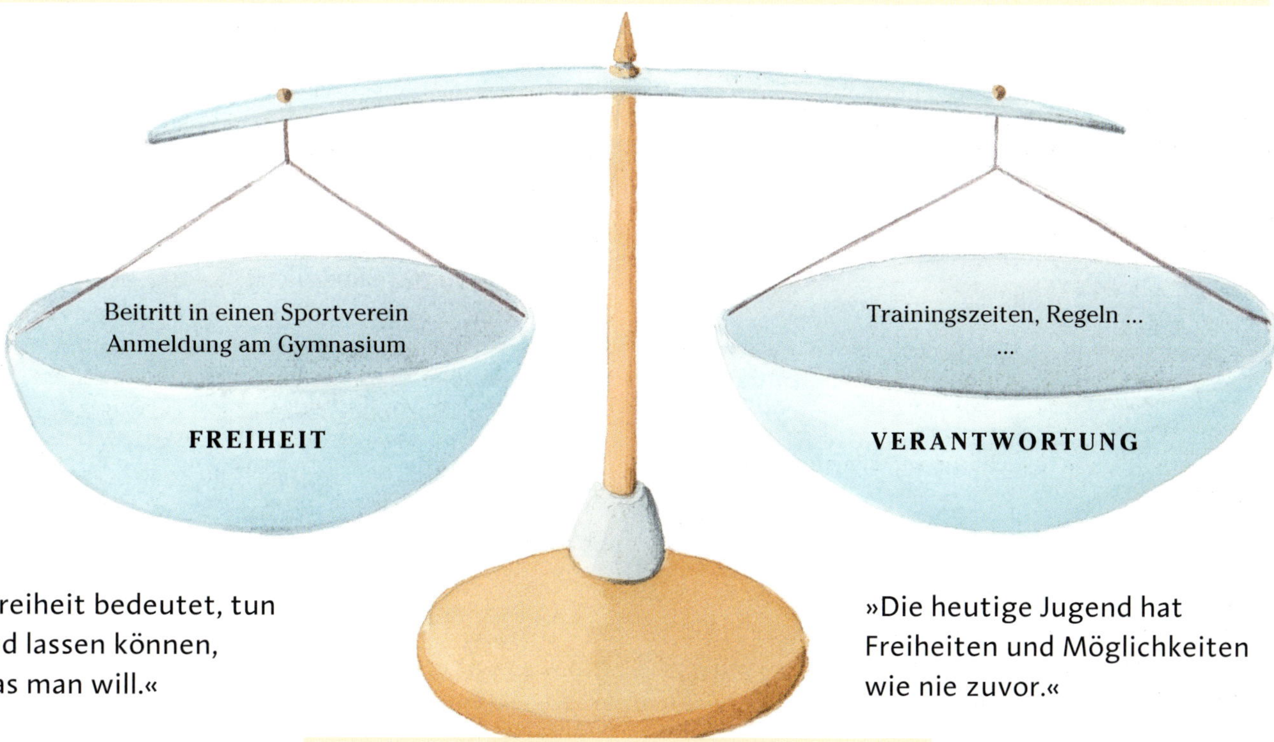

»Freiheit bedeutet, tun und lassen können, was man will.«

»Die heutige Jugend hat Freiheiten und Möglichkeiten wie nie zuvor.«

■ **Aussprüche.** Die beiden Aussprüche zum Thema Freiheit sind in unserer Gesellschaft weit verbreitet. Worin besteht ihr Wahrheitsgehalt?

Der Club der toten Dichter

Die Welton-Akademie, eine Privatschule mit Tradition, hat einen erstklassigen Ruf und wird von Rektor Gale Nolan geleitet. Die Schüler kommen aus wohlhabenden Familien. Ein Schuljahr wird immer mit demselben Ritus begonnen. Todd Anderson ist einer der neuen Schüler, die aufgenommen werden sollen.

»Ladys und Gentlemen, sehr geehrte Ehemalige, Schüler ... In diesem Jahre 1958 besteht die Welton-Akademie 100 Jahre. Vor 100 Jahren saßen in diesem Saal 41 Jungen, und man stellte ihnen dieselben Fragen, mit denen man euch heute noch zu Beginn jedes Semesters begrüßt.« Nolan legte eine dramatische Pause ein, und sein Blick glitt durch den Saal über die gespannten, angsterfüllten jungen Gesichter.

»Gentlemen«, blaffte er, »welches sind die vier Säulen?« Füßescharren unterbrach die spannungsgeladene Stille. Die Schüler hatten sich erhoben. Der 16-jährige Todd Anderson, einer der wenigen Jungen, die keinen Schul-Blazer trugen, zögerte noch, als die anderen Jungen rundherum aufsprangen. Seine Mutter musste ihn erst anstoßen. Seine Miene war verkrampft und unglücklich, die Augen waren dunkel vor Zorn. Schweigend beobachtete er die andern Jungen, die im Chor schrien: »Tradition! Ehre! Disziplin! Leistung!«

Mr. Keating, der neue Englischlehrer der Akademie, ist bekannt für seine außergewöhnlichen Unterrichtsmethoden. Er hat seine Schüler auf den Pausenhof bestellt, um dort den Unterricht abzuhalten. Pitts, Cameron, Knox Overstreet, Chapman und die anderen Schüler der Klasse folgen der Aufforderung von Keating. Keating fordert Pitts, Cameron, Overstreet und Chapman auf, hintereinander im Hof umherzugehen. Anfangs gehen die vier Schüler in unterschiedlichem Rhythmus. Dann verfallen sie in Gleichschritt. Keating und die anderen Schüler klatschen dazu im Takt.

»Alles klar, halt!«, rief Mr. Keating den Marschierern zu. »Sie werden bemerkt haben, dass zu Beginn Mr. Overstreet und Mr. Pitts einen anderen Schritt als die beiden anderen hatten – Pitts mit seinen langen Beinen und Knox mit seinem leicht federnden Gang. Aber nach kurzer Zeit fielen sie alle in Gleichschritt. Und durch unser Klatschen wurde das noch deutlicher ... Nun war dieses Experiment nicht dazu bestimmt, Pitts oder Overstreet besonders herauszustellen. Vielmehr zeigt es uns, wie schwierig es für jeden von uns ist, in Gegenwart von anderen unserer eigenen Stimme zu lauschen und an unseren Glaubenssätzen festzuhalten. Wenn jemand von Ihnen meint, er wäre anders marschiert, dann brauche ich ihn nur daran zu erinnern, dass er ja auch im selben Takt mitgeklatscht hat. Jungs, jeder von uns wünscht sich, anerkannt zu werden, aber ihr müsst an das Einmalige und Abweichende in euch glauben, auch wenn es sonderbar und unpopulär sein mag.«

Nancy H. Kleinbaum

■ **Beurteilung der Lehrer.** Überlege, welcher der beiden Lehrer deiner Meinung nach mehr Einfluss auf die Schüler hat, und begründe deine Meinung.

■ **Filmszenen.** Lies die beiden Szenen aus dem Film »Club der toten Dichter«. Schreibe auf, was ein Schüler der Akademie wohl in einem Brief an einen Freund von Mr. Nolan und was er von Mr. Keating erzählen könnte.

■ **Autoritäten.** Überlege, von welcher Person aus deinem Umfeld du dir etwas sagen lässt. Klebe ein Foto dieser Person in die Mitte eines DIN-A3-Blattes und schreibe um dieses Foto, was du an dieser Person schätzt und was sie ausmacht.

■ **Lexikonartikel.** Verfasse einen Lexikonartikel zum Stichwort »Autorität« und gehe dabei auch auf den Unterschied zwischen »Autorität haben« und »autoritär sein« ein.
Setzt euch anschließend in Gruppen zusammen und führt eine Schreibkonferenz durch. Lest einander die Artikel vor. Wählt den besten aus und bearbeitet ihn gemeinsam, indem ihr fehlende Punkte ergänzt.

Eine biblische Autorität

Von Debora, einer Prophetin und Richterin Israels, wird im Richterbuch im Alten Testament erzählt. Richter hatten zwischen dem 12. und 10. Jahrhundert v. Chr. eine wichtige Aufgabe im Alten Israel. Es war üblich, in Bedrängnis, Krisen und Notsituationen sogenannte Richter zu ernennen, die besondere Gaben und Fähigkeiten hatten und von denen man sich eine Lösung versprach. Sie hatten die Aufgabe, dem Volk zu seinem Recht zu verhelfen und Retter aus der Not zu sein.
Debora hatte ihren Sitz unter der Debora-Palme im Gebirge Efraim, wo sie Recht sprach. Die Palme ist ein Bild für den Gerechten. Das Bild, das wir in der biblischen Erzählung von Debora (Ri 4,1-24) bekommen, ist geprägt von der Tat der Keniterin Jaël, die den Feldherrn der Kanaanäer erschlug. Für viele ist das Verhalten der beiden Frauen unverständlich.
Jaël: »Ich höre die Damen schon sagen: ›Nein, was die damals gemacht haben! Unglaublich! Und dann erst diese Jaël! So etwas tut man einfach nicht!‹«
Debora: »...«

Gustave Doré, 1865

- **Bildbetrachtung.** Schau dir die dargestellte Frau an und beschreibe sie mit 4-5 Adjektiven. Tausch euch darüber aus, welche Adjektive und wie die Bildkomposition zeigen, dass die Richterin Debora Autorität hat.

- **Bibelarbeit.** Lies den Text oben und Ri 4,1-24 in der Bibel. Erzähle die Geschichte von Debora nach.

- **Debora als Autorität?** Inwiefern ist Debora für die Israeliten eine Autorität? Könnte sie auch für uns eine Autorität sein? Begründe deine Meinung.

- **Debora antwortet.** Formuliere eine fiktive Antwort Deboras auf Jaëls Vermutung, sie werde für ihre Tat verurteilt.

- **Autoritäten der Gegenwart.** Auch in deiner Gegenwart gibt es Menschen mit verantwortungsvollen Aufgaben. Suche Beispiele aus deinem Alltag und überlege, inwiefern diese Menschen Autorität haben und inwiefern ihre Autorität infrage gestellt wird. Stelle sie deinen Mitschülerinnen und Mitschülern vor.

Sich in seiner Haut unwohl fühlen.

Ein gutes Gewissen ist das beste Ruhekissen.

Das Gewissen sagt uns wohl, was man tun und meiden soll.

Das Gewissen steht für tausend Zeugen.

Das Gewissen ist wie ein Kitzeln; manche fürchten es und andere nicht.

Das Gewissen lässt sich nicht zwingen.

■ **Sprichwörter verstehen.** Wähle ein Sprichwort aus und erkläre an einem Beispiel, was es bedeutet.

Wie soll ich mich bloß entscheiden?

Ich heiße Karin und gehe in die siebte Klasse. Vor gut zwei Jahren, als ich in die Klasse kam, kannte ich überhaupt niemanden. Anfangs war das etwas komisch und ich wusste manchmal nicht so recht, was ich in den Pausen machen sollte. Alle schauten mich nur an. Aber ich habe bald Anschluss gefunden und jetzt gehöre ich zu der Clique in der Klasse, die etwas zu sagen hat. Im Gegensatz zu einigen von uns verstehe ich mich aber im Grunde genommen mit allen in der Klasse recht gut, schließlich weiß ich, was es heißt, sich alleine zu fühlen.

Letzte Woche gab es einen blöden Vorfall. Wieder einmal war Manuel das Opfer. Manuel ist schon 15 Jahre alt. Irgendwie wurde er später eingeschult. Er hat anscheinend so eine Stoffwechselkrankheit und wirkt deshalb etwas pummelig und schwerfällig. Für manche Jungs aus unserer Klasse ein gefundenes Fressen. Dazu kommt noch, dass seine Eltern nicht so viel Geld haben und er deshalb meist etwas altmodische Kleidung trägt. Ich finde das nicht schlimm, das ist ja nur etwas Äußerliches. Und Manuel ist ein feiner Kerl. Er hat ein Gespür für Menschen und setzt sich ein, wenn er etwas ungerecht findet, auch wenn die anderen dann über ihn lachen. Deshalb fand ich es auch nicht in Ordnung, als Sebastian letzte Woche in der Pause nach Kunst den Schulranzen von Manuel als Surfbrett benutzte. Der Schulranzen war ganz zerbeult und das Lineal im Schulranzen brach entzwei. Denjenigen, die zugesehen hatten, verbot Sebastian, über die Sache zu reden. Manuel entdeckte den zerbeulten Schulranzen und das kaputte Lineal nach der Pause und fragte nach, wer das gewesen sei. Niemand sagte etwas, manche grinsten.

In der nächsten Klassenratsitzung hat Manuel den Fall vorgebracht, aber es hat wieder niemand etwas gesagt. Unsere Klassenlehrerin hat den Fall vertagt und meinte, wir sollten alle nochmals überlegen, ob wir etwas zu sagen hätten. Morgen wird wieder eine Sitzung sein. Jetzt weiß ich nicht, was ich tun soll. Dieses ewige Hin und Her macht mich verrückt.

Karin ruft ihre beste Freundin an, die sie schon ewig kennt und die nicht in ihre Klasse geht. Sie muss mit jemandem über den Fall sprechen.

■ **Gewissenskonflikt.** Lies die Geschichte »Wie soll ich mich bloß entscheiden?« Versetze dich in Karin. Schreibe auf grüne Karten Fortsetzungen des Satzes: »Ich werde die Sache ansprechen, weil …« und auf rote Karten Fortsetzungen des Satzes: »Ich werde die Sache nicht ansprechen, weil …« Ordnet gemeinsam eure selbst verfassten Sätze. Heftet die Argumente, die eurer Meinung nach am stärksten wiegen, oben auf die Tafel oder eine Pinnwand und diejenigen, die am schwächsten wiegen, unten.

■ **Bildbetrachtung.** Betrachte die Zeichnung aus dem 19. Jahrhundert. Schreibe dazu eine Geschichte.

■ **Einen Rat erteilen.** Versetze dich in die Freundin von Karin. Was würdest du Karin raten? Schreibe den Rat auf.

Das Wort »Gewissen« kommt auch in unserer Alltagssprache vor. Es wird manchmal mit einem inneren Gericht, das ein Produkt unserer Erziehung sei, verglichen. Christen sind überzeugt: »Das Gewissen ist die verborgenste Mitte und das Heiligtum im Menschen, wo er allein ist mit Gott, dessen Stimme in diesem seinem Innersten zu hören ist.« Deshalb ist jeder Mensch bei Gewissensfragen ganz individuell gefragt. Sie müssen von ihm selbst beantwortet und dann auch verantwortet werden. Dabei gilt für alle der Grundsatz: »Handle gut und nicht egoistisch!« Die konkrete Entscheidung aber, was in einer bestimmten Situation gut bzw. schlecht ist, muss im Dialog mit anderen begründet werden. Sie ist wandelbar, weil die Gewissensbildung eine lebenslange Aufgabe ist und auch mit dem Wachsen der jeweiligen Identität (vgl. S. 8 und 10) zusammenhängt.

■ **Sprechmotette.** Gestaltet in Gruppen (sechs bis acht Schülerinnen und Schüler) den Text »Zivilcourage« als Sprechmotette: Ihr könnt Verse ergänzen, einzelne Verse oder Wörter wiederholen, einzeln oder in Gruppen sprechen, laut und leise lesen usw. Tragt die Motette vor und bittet um ein Feedback.

■ **Entscheidungshilfen.** Lies den Text oben und zeige mithilfe der Zeichnung, welche Faktoren bei Entscheidungssituationen eine Rolle spielen. Ergänze und bewerte die »Entscheidungshilfen«.

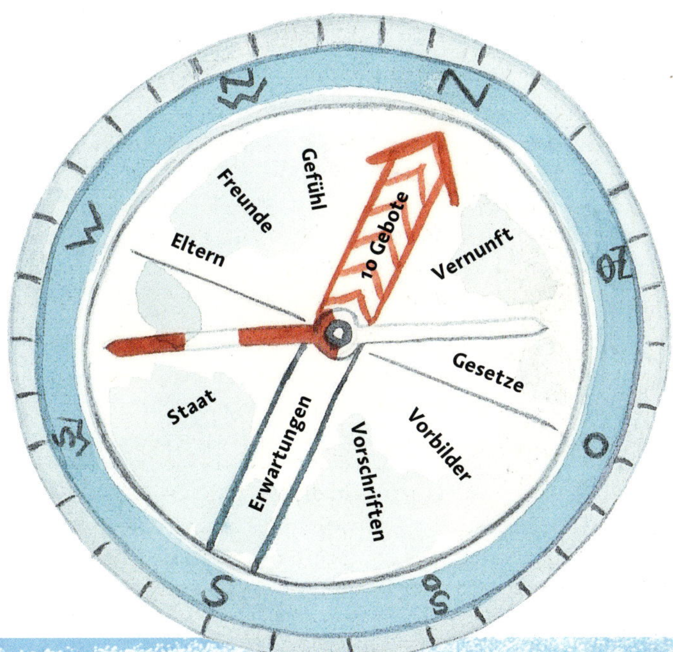

Zivilcourage

Gewalt – Gewalt – Gewalt
Schau hin! Zeig Mut! Steh auf!
Ausländer raus!
Gewalt – Gewalt – Gewalt
Schau hin! Zeig Mut! Steh auf!
Asylanten, geht heim!
Gewalt – Gewalt – Gewalt
Schau hin! Zeig Mut! Steh auf!
Schwarze sind dumm!
Gewalt – Gewalt – Gewalt
Schau hin! Zeig Mut! Steh auf!
Homos ade!
Gewalt – Gewalt – Gewalt
Schau hin! Zeig Mut! Steh auf!
Schau hin!
Es ist die Angst!
Schau hin!
Es ist der Hass!
Schau hin!
Es ist Bequemlichkeit!
Zeig Mut!
Für mich!
Zeig Mut!
Für dich!
Zeig Mut!
Für jedermann!
Steh auf!
Du wirst gebraucht!
Steh auf!
Du bist gefragt!
Steh auf!
Du weißt wofür!
Toleranz statt Gewalt!
Reden statt schlagen!
Lachen statt streiten!
Menschenwürde,
Menschenliebe,
Menschlichkeit
für mich,
für dich,
für jedermann!
Steh auf!

■ **Porträt.** Welche Menschen aus der Geschichte oder der Gegenwart kennst du, bei denen deutlich wird, dass sie konsequent nach ihrem Gewissen handeln oder gehandelt haben? Fertige ein Porträt an.

Vertrauen

Verlässlichkeit

Treue

Offenheit

Humor

Nachsicht

Freiheit

Freiraum

Körperlichkeit

Freizeit

Eigenständigkeit

Vertrautheit

Fürsorge

Zärtlichkeit

Liebe

Respekt

Freundschaftshaus. Wähle zunächst zehn Begriffe aus, die für dich zu einer Freundschaft gehören. Suche dir dann eine Partnerin oder einen Partner. Sprecht über die ausgewählten Begriffe und einigt euch gemeinsam auf zehn Begriffe für das Haus der Freundschaft. Arbeitet dann zu viert zusammen. Diskutiert, welche zehn Begriffe ihr auswählt, um eurem Haus ein Fundament, Säulen und ein Dach zu geben. Überlegt, was das Haus zusammenhält. Gestaltet die Häuser auf Plakaten.

Sally und Joe

Es war einmal ein Mädchen, das hieß Sally. Sally hatte eine Mama, die hieß Meg, und einen Papa, der hieß Pete. Meg und Pete liebten Sally sehr und wollten nur ihr Bestes. [...]
Nun waren Meg und Pete intelligente und gut aussehende Menschen. Sie versuchten so gut sie konnten, Sally beizubringen, wie man lebt. Sally wusste, dass sie für sie sorgten, und sie war ihnen dankbar und glaubte alles, was man ihr sagte. Immer, wenn Pete und Meg mit Sally über das Glück redeten, hörte Sally Folgendes:
Du kannst nur glücklich sein, wenn du verheiratet bist. Keiner wird dich heiraten, wenn du nicht gut bist. Du bist nicht gut, wenn du sexuell erfahren bist. Vor der Ehe ist Sex unangenehm und unschicklich. (Wie es nach der Heirat ist, sagten sie nicht.)
Wenn ein Mann dich liebt, wird er dich heiraten und nie böse auf dich sein und immer lächeln.
Und du wirst den Rest deines Lebens glücklich sein. Noch glücklicher wirst du sein, wenn du eigene Kinder hast, die genauso sein werden, wie du sie haben willst.
Sally wollte wirklich geliebt werden, und sie meinte, der

Fishbowl. *Fishbowl* ist eine Diskussionsform, bei der sich alle an der Diskussion beteiligen können. Stellt dazu einen Stuhlkreis aus sechs Stühlen zusammen. Fünf Stühle werden von Schülerinnen und Schülern besetzt, die die Diskussion beginnen. Der freie Stuhl kann von einer weiteren Person besetzt werden. Dann muss ein anderer seinen Platz verlassen. Diskutiert in einem *Fishbowl* über die beiden Positionen der Familien von Sally und Joe.

Verschwiegenheit

Ehrlichkeit

Loyalität

Zuneigung

Konflikte

Gespräche

Rücksichtnahme

Distanz

Unternehmungen

Sicherheit

Sexualität

■ **Freundschaftsbrief.** Schreibe einen Brief an einen Freund oder an eine Freundin und teile mit, was er oder sie dir bedeutet.

Rat ihrer Eltern sei sehr vernünftig. Jedes Mal, wenn sie einen Mann kennenlernte, fragte sie sich, ob er der Mann wäre, den sie heiraten würde, und ob er sie wirklich liebte; doch sobald der Mann begann, sexuell intim zu werden, brach sie in Panik aus, denn das bedeutete ja, dass er sie nicht respektierte und sie nicht für ehewürdig hielt. Eines Tages lernte Sally Joe kennen, einen netten jungen Mann. Joe, ein Hochschulabsolvent, stand am Anfang einer sicherlich Erfolg versprechenden Karriere und er liebte Kinder. Er mochte Sally auch. Sie verliebten sich.

Ebenso wie Sallys Eltern liebten Joes Eltern Joe sehr und wollten nur das Beste für ihn. [...] Ihre Vorstellung davon, was das Beste sei, unterschied sich etwas von der Vorstellung, die Sallys Eltern hatten. Sie meinten, ihr Junge solle so lange wie möglich frei bleiben und sich erst häuslich niederlassen, nachdem er alle Möglichkeiten der Welt ausgekostet habe. Dann wäre er bereit zu heiraten und Kinder zu haben. Was Joe da eingetrichtert wurde, war:

Bleibe frei so lange wie möglich. Du musst nicht heiraten, um Sex genießen zu können. Du hast nicht gelebt, ehe du keine sexuellen Erfahrungen gemacht hast. Vor der Ehe ist Sex gut und aufregend. (Wie es nach der Heirat ist, sagten sie nicht.) Eines Tages wirst du die perfekte Frau zum Heiraten finden. Sie wird immer lächeln und nie böse auf dich sein. Noch glücklicher wirst du sein, wenn du eigene Kinder hast, die genau so sein werden, wie du sie haben willst.

■ **Zwiegespräch.** Gestaltet einen Dialog zwischen Sally und Joe, in dem sie sich über ihre Eltern unterhalten.

■ **Diskussion.** Diskutiert, ob Sexualität zu einer Freundschaft dazugehört. Berücksichtigt dabei auch, was für einen verantwortungsbewussten Umgang mit der eigenen Sexualität wichtig ist.

■ **Gesprächsbedarf.** Über welche Themen hätten Sallys und Joes Eltern deiner Meinung nach mit ihren Kindern sprechen müssen? Suche Informationen zu diesen Themen im Internet (www.caritas.de, www.familienseelsorge-freiburg.de), in Broschüren von Beratungsstellen, in Büchern usw. Gestaltet gemeinsam eine Informationswand.

Nichts leichter als trinken?

Gefährlicher Trend in Hannover

Klubs ködern Schüler mit Billig-Suff

Politiker entsetzt, Mediziner warnen vor Schäden

HANNOVER. Gefährlicher Trend: Mit Saufpartys zu Dumpingpreisen locken Diskothekenbetreiber junge Gäste wie Schüler und Studenten in ihre Klubs. Suchtexperten, Polizei und Politiker warnen.
Unter dem Motto *»All you can drink«* wurde gestern Abend in der Diskothek Zaza an der Hamburger Allee gefeiert. Für sechs Euro Eintritt gab es zwischen 22 Uhr und Mitternacht Prosecco, Wodka Lemon oder Gin Tonic satt. »Wir machen das, um jüngere Leute für unseren Klub zu begeistern«, sagt Zaza-Chef Jürgen Uhlenwinkel ganz offen.
Heute zieht die Zino-Bar an der Otto-Brenner-Straße mit einer Flatrate-Party nach: Ab 21 Uhr können Gäste drei Stunden lang frei trinken. »Eine gute Sache für Partynachwuchs und Studenten«, sagt Wirt Jan Witte, »wir wollen anderen Leuten das Zino näherbringen.«
Hannovers Ordnungsdezernent Stephan Weil ist entsetzt: »Rechtlich kann ich nichts machen. Aber ich finde diese Aktionen hochgradig geschmacklos, ja verantwortungslos.« Polizeipräsident Hans-Dieter Klosa ist besorgt über den Anstieg von Gewalt vor Diskos: Bei fast allen Auseinandersetzungen sei Alkohol im Spiel: »Da muss man versuchen, den Konsum drastisch einzuschränken.« Mediziner warnen vor gesundheitlichen Schäden, wenn junge Leute in kurzer Zeit möglichst viel Alkohol hinunterschütten.

■ **Zeitungsbericht.** Überlege, weshalb sich die Klubbesitzer so spendabel zeigen. Fasse die Bedenken gegenüber diesen Aktionen zusammen.

■ **Befragung.** Alkohol gehört zu den sogenannten legalen (erlaubten) Drogen. Befrage Experten (Polizei, Beratungsstellen, Suchtbeauftragter der Schule usw.), ob dies ihrer Meinung nach zu Recht der Fall ist.

■ **Jugendschutzgesetz.** Informiere dich über das Jugendschutzgesetz, z.B. im Internet auf der Homepage des Bundesministeriums für Familie, Senioren, Frauen und Jugend (www.bmfsfj.de) unter der Rubrik »Gesetze«. Entwirf einen Flyer zum Thema »Alkoholkonsum Jugendlicher«, der die Gesetzeslage verdeutlicht.

Nichts leichter als gut zu sich selbst sein?

Selbstverletzendes Verhalten (SVV) ist der sichtbare Ausdruck eines seelischen Notstandes. Menschen, die sich selbst verletzen, stehen oft unter einem hohen, nicht mehr aushaltbaren emotionalen Druck. Gefühle von Wut, Angst, Trauer, Frustration oder Hilflosigkeit richten sich nicht gegen andere Menschen oder Gegenstände, sondern gegen sich selbst. Betroffene nehmen häufig eine innere Leere wahr, können sich selber nicht mehr spüren oder bestrafen sich durch Selbstverletzungen selbst. Das Zufügen von körperlichen Schmerzen überdeckt seelische Qualen und wirkt dadurch vorübergehend als Befreiung.

■ **Hintergründe.** Lies die Informationen über selbstverletzendes Verhalten (SVV) und überlege, weshalb viele SVV als Suchtform der modernen Gesellschaft bezeichnen.

■ **Expertengespräch.** Informiere dich vor Ort über Beratungsstellen und Einrichtungen, die Suchtprävention machen bzw. Betroffene und deren Angehörige betreuen. Als Religionsgruppe könnt ihr einen Mitarbeiter oder eine Mitarbeiterin in den Unterricht einladen oder einen Termin für eine Gesprächsrunde in der Beratungsstelle oder der Einrichtung vereinbaren.

■ **Bilddeutung.** Betrachte das Bild. Formuliere deine Eindrücke.

Nichts leichter als essen?

»Meine Krankheit begann mit 14 Jahren. Ich wuchs unheimlich schnell und verlor dabei Gewicht. Plötzlich sagten mir viele Freunde, wie hübsch ich geworden wäre und dass ich eine wirklich schöne Figur bekommen hätte. Ich freute mich unheimlich über diese Komplimente und dachte mir, je dünner ich werde, umso beliebter würde ich .«

Klarissa (18)

»Mit 13 Jahren war ich zum ersten Mal unzufrieden mit meinem Gewicht. Ich war eifersüchtig auf meine damalige Freundin, die längere und schlankere Beine hatte. Bei mir sah ein Rock einfach nicht so gut aus. Da ich etwas schneller in der Entwicklung als andere Mädchen war, hatte ich zu der Zeit schon etwas Busen und wurde von meinen Mitschülern deswegen gehänselt ... Ich trug nur noch weitere T-Shirts und lief immer etwas gebückt. Auf jeden Fall wollte ich damals schon abnehmen und das begann immer mehr eine Rolle zu spielen.«

Wiebke (24)

»Ich hätte mir damals wirklich gewünscht, dass das Thema Bulimie offener behandelt wird. Bulimie war eine unsichtbare Größe, die umso größer werden konnte, weil sie nie Thema war. Das Schlimme an dieser Zeit war, dass alle nur voneinander ahnten, aber es wurde nur indirekt darüber gesprochen. Ich selbst habe erst in der 12. Klasse mit einer Mitschülerin gesprochen. Sie hatte mich auf mein Essproblem angesprochen und selbst von ihrem Essproblem geredet. Der Wunsch, es einer Person an der Schule zu sagen, war da.«

Florian (24)

■ **Recherche.** Recherchiere zum Thema Essstörungen (Ess-Brech-Sucht, Magersucht). Informiere dich im Internet (www.bzga-essstoerungen.de), in Printmedien und auch über die Ursachen und Hintergründe von Essstörungen bei Beratungsstellen in deiner Umgebung. Bereite eine kleine Präsentation vor. Bitte deine Mitschülerinnen und Mitschüler um ein Feedback.

Sehn-Sucht

Wenn Menschen sich mit ihren Wünschen, Bedürfnissen und Vorstellungen nicht wahr- und angenommen fühlen, können Sehnsüchte zur Sucht werden. Anerkennung und Bestätigung, Freiräume und Verlässlichkeit können solchen Fehlentwicklungen vorbeugen.
Im Christentum spielen diese Aspekte eine wichtige Rolle. So begegnet Jesus den Menschen seiner Zeit offen, er nimmt ihre Sehnsüchte wahr und geht darauf ein (vgl. Mk 10,51).
Gleichzeitig gehört es aber auch zum Menschsein dazu, dass nicht alle Sehnsüchte im Leben gestillt werden. In Jesu Reich-Gottes-Botschaft kommt zum Ausdruck, dass diese Sehnsüchte im Reich Gottes ihre tiefe Erfüllung erlangen. Zugleich wird in Jesu Reden und Handeln schon erfahrbar, was das Reich Gottes ausmacht.

■ **Sehn-Sucht.** Benenne die Problematik, die hinter den Schülerberichten steht. Inwiefern gibt Jesus ein Beispiel für den Umgang mit Sehnsüchten?

Konflikte oder Gewalt?

■ **Meinungsbild.** Klebt mit Kreppband einen Streifen quer durch das Klassenzimmer. Legt an das eine Ende eine Karte mit »Ja«, an das andere Ende eine Karte mit »Nein«. Jemand von euch liest eine Situationskarte vor. Wie schätzt ihr die Situation ein? Handelt es sich um Gewalt? Stellt euch je nach Einschätzung ohne zu sprechen entlang des Kreppbandes auf. Diskutiert über eure Positionen. Wiederholt den Vorgang mit weiteren Situationen.

Ein Mädchen macht einem Jungen einen Knutschfleck.

Eine Lehrerin stellt einen Schüler vor die Tür, weil er stört.

Ein Autofahrer legt einen Blitzstart an einer Ampel hin.

Eine Schülerin wird in den Pausen schikaniert. Während der Stunde wird sie ständig angeschaut.

Ein Junge besprüht eine Hauswand mit Graffiti.

Nein

Eine Jungengruppe pfeift einem Mädchen nach.

Ein Schüler beschmiert den Schulranzen eines Mitschülers mit Kreide.

Ein Lehrer schenkt einer Schülerin ganz besonders viel Aufmerksamkeit.

Eine Schülerin lacht, weil ein Mitschüler einen Fehler gemacht hat.

Gewalt und Konflikte in der Schule

»Ich weiß nicht, ständig wird behauptet, wir würden zu viel fernsehen und zu lange am Computer sitzen und seien deshalb aggressiv, unkonzentriert und gewaltbereit. Teilweise mag das schon stimmen. Aber manchmal ärgere ich mich auch über diese einfache Erklärung. Ich frage mich dann, ob denn auch einmal darüber nachgedacht wird, was die ›ach so schlimme Jugend‹ vorgelebt bekommt. Eine Freundin hat mir erzählt, dass ihre Eltern sie wegen jeder Kleinigkeit anschreien und sie immer wieder schlagen, wenn sie nicht tut, was man ihr sagt. Und letzte Woche habe ich in einer Jugendzeitschrift gelesen, dass immer mehr Jugendliche Angst haben vor der Zukunft, weil sie fürchten, keinen Studien- oder Ausbildungsplatz zu bekommen.
Und wenn ich an unsere Klasse denke, dann stimmt es auch nicht, dass die Computerfreaks aggressiver sind als die anderen. Konflikte und Streitereien gibt es eigentlich

■ **Umfrage.** Führt in Kleingruppen eine Umfrage an eurer Schule zum Thema Gewalt durch. Entwerft dafür zunächst gemeinsam einen Fragebogen. Wertet eure Ergebnisse aus und stellt sie grafisch dar.

■ **Podiumsdiskussion.** Über die Ursachen von Gewalt bei Jugendlichen wird viel diskutiert. Informiere dich im Internet, bei Beratungsstellen (Beratungslehrer, Polizei, Caritas usw.), in der Presse über mögliche Ursachen. Führt dann eine Podiumsdiskussion zu diesem Thema durch. Wählt dazu verschiedene Rollen: Lehrkraft, Schüler oder Schülerin, Vertreter einer Beratungsstelle für schwer Erziehbare, Medienexpertin usw.

Ein Journalist nimmt es mit der Recherche nicht so genau.

Eine Passantin klatscht, als jemand einen Ausländer beschimpft.

Eine Klasse versucht, eine neue Lehrerin fertigzumachen.

Ja

Eine Clique stellt ein Mitglied vor die Wahl, einen Joint zu rauchen oder sich eine neue Clique zu suchen.

Eine Mutter gibt ihrem Sohn eine Ohrfeige, weil er eine schlechte Note hat.

Zwei Freundinnen unterbrechen ihr Gespräch, als sich eine Mitschülerin nähert.

ine Kundin rängelt sich in der Warteschlange zur Kasse vor.

- **Oberbegriffe.** Suche Oberbegriffe (Formen von Gewalt), denen die Gewaltszenen zugeordnet werden könnten.

- **Entwurf eines Richtlinienpapiers.** Auch im schulischen Bereich gibt es Ursachen von Gewalt. Informiere dich darüber bei Polizei, Kultusministerium oder im Internet. Formuliert gemeinsam ein Papier mit Richtlinien, die der Gewaltprävention an eurer Schule dienen könnten.

immer dann, wenn einer dauernd gehänselt und ausgelacht wird oder wenn jemand vor oder nach einer Klassenarbeit austickt.
Vielleicht müssten auch manche Lehrer überlegen, wie ihr Verhalten auf uns wirkt. Mich jedenfalls stört es, wenn ich angebrüllt werde oder wenn über mich eine ironische Bemerkung gemacht wird.
Tja, und dann denke ich auch, dass es verschiedene Typen gibt. Manche können sich einfach nicht beherrschen und sind aufbrausend. Statt zu sagen, was ihnen nicht passt, schreien sie los oder schlagen zu.«

Susanne (15)

- **Szenisches Spiel.** Überlegt euch in Kleingruppen kurze Szenen zum Thema »Gewalt in der Schule«. Lasst eure Geschichten unterschiedlich enden. Spielt die Szenen vor und gebt einander ein Feedback.

- **Buttons basteln.** Bastelt gemeinsam Buttons zum Anstecken, auf denen Sprüche zu den Themen »Gewaltfreiheit«, »Toleranz«, »Mitmenschlichkeit« usw. zu lesen sind. Verteilt sie in der Schule oder tauscht sie untereinander aus.

Das Eisbergmodell

Der Mensch kann sich auf ganz unterschiedlichen Ebenen und auf ganz unterschiedliche Weise mitteilen. Nicht immer sind alle Ebenen erkennbar, sodass sich Missverständnisse ergeben können.

Es ist also wichtig, Signale wahrzunehmen, die auf Beweggründe hinweisen, die unter der sichtbaren Oberfläche (= das, was tatsächlich gesagt wird und wie es gesagt wird) eine wesentliche Rolle spielen.

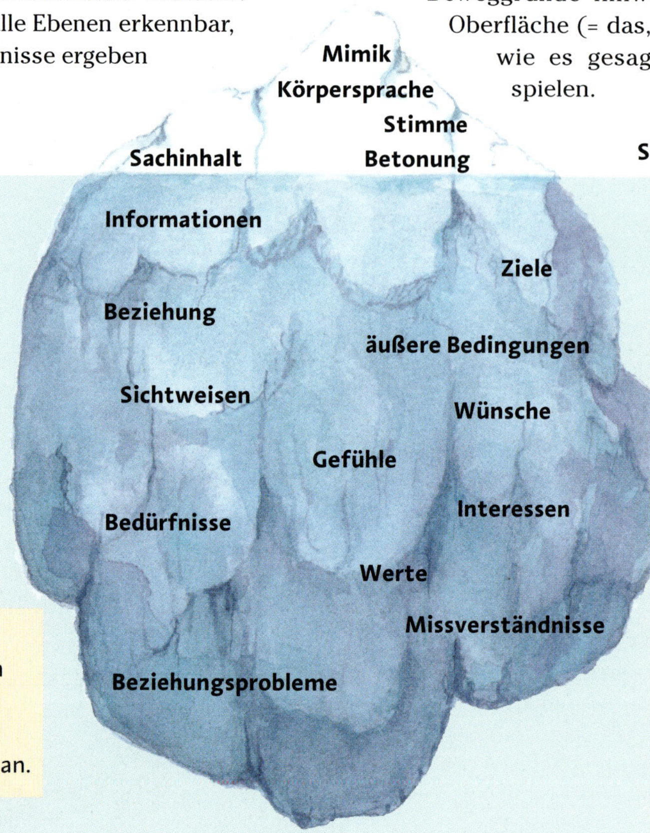

■ **Eisbergmodell.** Erkläre das Eisbergmodell: Wende es dann auf den Rangstreit der Jünger (Mk 9,33-34) und auf einen Konfliktfall aus deinem Alltag an.

■ **Gefühle erraten.** Mimik und Körpersprache spielen bei der Kommunikation eine große Rolle. Stellt in der Gruppe Gefühle pantomimisch dar: Zunächst halten zwei von euch ein großes Tuch so, dass von der darstellenden Person nur das Gesicht zu sehen ist.
In einer zweiten Runde trägt die darstellende Person eine Maske aus Papier und bringt das Gefühl lediglich mit ihrem Körper zum Ausdruck.
Erratet jeweils die dargestellten Gefühle.

Das Kommunikationsquadrat

Friedemann Schulz von Thun (geb. 1944), ein bekannter Kommunikationswissenschaftler, hat das sogenannte Kommunikationsquadrat entwickelt. Der Begriff »Quadrat« verdeutlicht, dass jede Nachricht, jede Mitteilung, die wir an andere geben oder von ihnen bekommen, vier unterschiedliche Seiten hat:
Der Sachinhalt: Er sagt, worum es inhaltlich geht (z. B. »Schalte bitte das Radio ab!«).
Die Selbstoffenbarung: Hier zeigt der oder die Sprechende bewusst oder unbewusst die eigene Persönlichkeit (z. B. »Ich bin von der Arbeit angestrengt«).
Die Beziehungsseite: Mit ihr wird ausgedrückt, wie man die Beziehung zu dem oder der Angesprochenen sieht (z. B. »Du könntest ruhig ein wenig mehr Rücksicht auf mich nehmen!«).
Der Appell: Mit diesem Begriff wird zusammengefasst, was bei dem oder der Hörenden erreicht werden soll (z. B. »Sorge für Ruhe!«).
Weil das Sprechen und das Hören auf diesen vier Ebenen läuft, wird deutlich, dass eine Situation nie ganz eindeutig ist und dass Missverständnisse vorprogrammiert sind.

■ **Kommunikationsquadrat.** Wende das »Kommunikationsquadrat« von Schulz von Thun an. Nimm dir einen Streit zwischen zwei Schülerinnen oder Schülern vor. Zeichne Quadrate für die Streitenden. Notiere an die vier Seiten des Quadrats die Ebenen der Mitteilung. Untersuche, welche ausdrücklichen und versteckten Nachrichten die Äußerungen der Streitenden enthalten. Formuliere jede Nachricht in einem Satz und ordne sie einer der vier Seiten des Quadrates zu.

Ich-Botschaften

Ich-Botschaften tragen dazu bei, Spannungen aufzufangen und nach Lösungen zu suchen. Du-Botschaften verschärfen dagegen oft den Konflikt, sie weisen Schuld zu und zeugen von Aggression.

Bestandteile einer Ich-Botschaft:
- Ich bin ... *(Nennen eines Gefühls)*
- wenn du ... *(Nennen des Auslösers)*
- weil ... *(Begründung)*
- und ich möchte ... *(Erwartung)*

■ **Ich-Botschaften.** Übe die Formulierung von Ich-Botschaften. Wähle Situationen aus, in denen du dich sehr geärgert hast, und teilt euch untereinander in einer Ich-Botschaft mit.

■ **Aktives Zuhören.** Arbeitet zu dritt zusammen. Sucht euch ein Thema, über das man geteilter Meinung sein kann, z. B.: Sollte es für alle Jugendlichen verpflichtend sein, in der Mittelstufe ein zweiwöchiges Sozialpraktikum zu machen? Legt dann fest, wer welche Position vertritt; der oder die Dritte beobachtet den Redewechsel. Die beiden, die sprechen, müssen sich an das folgende Gesprächsschema halten: Jemand beginnt mit dem ersten Argument, das Gegenüber wiederholt zunächst das gehörte Argument (»Du bist also der Meinung, dass ...«; »Habe ich richtig verstanden, dass ...«) und trägt dann eines seiner Argumente vor.
Am Ende erfolgt ein Austausch über das Gespräch. Überprüft, ob die Inhalte jeweils richtig und vollständig wiedergegeben wurden, ob sich die beiden Partner ausreden ließen usw.

Jesu Botschaft – eine kommunikative Meisterleistung

Jesus wird oft in Gespräche verwickelt: Menschen haben ein Anliegen und fragen Jesus. Der antwortet sehr wirkungsvoll und manchmal auch geschickt. Ein Beispiel:

Da stand ein Gesetzeslehrer auf, und um Jesus auf die Probe zu stellen, fragte er ihn: Meister, was muss ich tun, um das ewige Leben zu gewinnen? Jesus sagte zu ihm: Was steht im Gesetz? Was liest du dort? Er antwortete: Du sollst den Herrn, deinen Gott, lieben mit ganzem Herzen und ganzer Seele, mit all deiner Kraft und all deinen Gedanken, und: Deinen Nächsten sollst du lieben wie dich selbst. Jesus sagte zu ihm: Du hast richtig geantwortet. Handle danach, und du wirst leben. Der Gesetzeslehrer wollte seine Frage rechtfertigen und sagte zu Jesus: Und wer ist mein Nächster? *(Lk 10,25-29)*

■ **Jesu Redeweise.** Lies den Auszug aus dem Lukasevangelium. Welchen Eindruck hast du von dem Gespräch?

■ **Jesu Antwort.** Stelle Vermutungen an, wie Jesus auf die Frage des Gesetzeslehrers antwortet.
Lies in der Bibel die Antwort Jesu nach (Lk 10,30-37) und überprüfe die kommunikative Praxis Jesu.

Vincent van Gogh, 1890

■ **Bildbetrachtung.** Beschreibe das Bild von Vincent van Gogh. Ist ihm die Umsetzung der Antwort Jesu deiner Meinung nach gelungen? Begründe deine Antwort.

Mit unserer Zukunft sieht es schwarz aus, wenn man sich die heutige Jugend so anschaut.

Die heutige Jugend interessiert sich doch nur für Computer, Handys und Musik.

Was Hänschen nicht lernt, lernt Hans nimmermehr.

Unsere Jugend war noch nie so aufgeklärt und unwissend zugleich wie heutzutage.

Die Jugendlichen müssen heutzutage sehr viel mehr bewältigen, als es noch vor zehn Jahren der Fall war.

Wer mit 16 noch keinen Freund/keine Freundin hat, ist ein »Spätzünder« und ein »Mauerblümchen«.

Noch nie waren die Voraussetzungen für junge Menschen so gut: Wohlstand, Bildung, ...

Das Gleichnis vom verlorenen Sohn

Das »Gleichnis vom verlorenen Sohn« (Lk 15,11-32) ist dir sicher bekannt und seine Aussageabsicht erscheint klar: Jesus verdeutlicht im Bild vom Vater die Güte Gottes und betont somit, dass sich alle Kinder Gottes jederzeit und auch in größter Not besinnen und Gott wieder zuwenden können. Wer diesen kleinen Schritt wagt, dem kommt Gott schon entgegengelaufen und schließt ihn ohne Wenn und Aber in seine Arme.

Eine vertiefte Auseinandersetzung mit der Geschichte zeigt, was alles in ihr steckt und was sie mit dir ganz persönlich zu tun hat. Je nachdem, welche Perspektive du einnimmst, erfährst du ganz neue Einsichten zu Themen wie Geschwisterkonflikte, Eltern-Kind-Beziehung, Aufbruch und Umgang mit Niederlagen sowie natürlich auch über Gott. Lass dich ein auf eine altbekannte Geschichte, die viel Neues gerade auch für Jugendliche bietet!

- **Der »verlorene« Sohn.** Lies das Gleichnis (Lk 15,11-32). Schreibe jeweils in eine Sprechblase, was eine Verwandte, die das Lotterleben des jüngeren Sohnes gut kennt, sagen könnte; was der ältere über seinen jüngeren Bruder sagen könnte; was einer der Knechte des Vaters über den jüngeren Sohn sagen könnte; was du ihm selbst sagen würdest.

- **Die beiden Brüder.** Wie stehen die beiden Brüder zu ihrem Vater, bevor der jüngere Sohn in die Welt hinauszieht, während dieser Zeit und nachdem er zurückgekehrt ist? Versetze dich in die Rolle von einem der beiden Brüder und beschreibe die Entwicklung.

- **Der Vater.** Versetze dich in die Rolle von einem der beiden Brüder und lasse die Reaktion des Vaters auf die Rückkehr des »verlorenen« Sohns auf dich wirken. Welche Gefühle werden den älteren bzw. jüngeren Sohn bewegt haben? Überlege, ob und wie sich das Gefühl des älteren Sohnes nach der in Lk 15,31f. überlieferten Rede des Vaters verändert haben wird.

- **Streitgespräch.** Vermutlich kennst du Äußerungen dieser Art aus deinem Alltag. Führt ein Streitgespräch in Kleingruppen zu einer der hier aufgeführten oder selbst gehörten Äußerungen durch. Überlegt euch, in wessen Rolle ihr schlüpfen wollt, um über die Äußerung zu diskutieren.

- **Verlorenes wiederfinden.** Das »Gleichnis vom verlorenen Sohn« steht in einer Reihe mit anderen Gleichnissen. Verschaffe dir einen Überblick über das Kapitel 15 im Lukasevangelium und vergleiche die Geschichten Jesu (Lk 15,4-6.8-9.11-24) miteinander. Überlege, welche Bilder von Gott sie enthalten, und diskutiert, ob sich diese Bilder voneinander unterscheiden.

Max Beckmann, 1949

■ **Das Bild.** Beschreibe genau, was du siehst und welche Stimmung von dem Bild ausgeht. Versetze dich dann in den jungen Mann und überlege dir, was in ihm vorgehen könnte. Schreibe einen inneren Monolog.

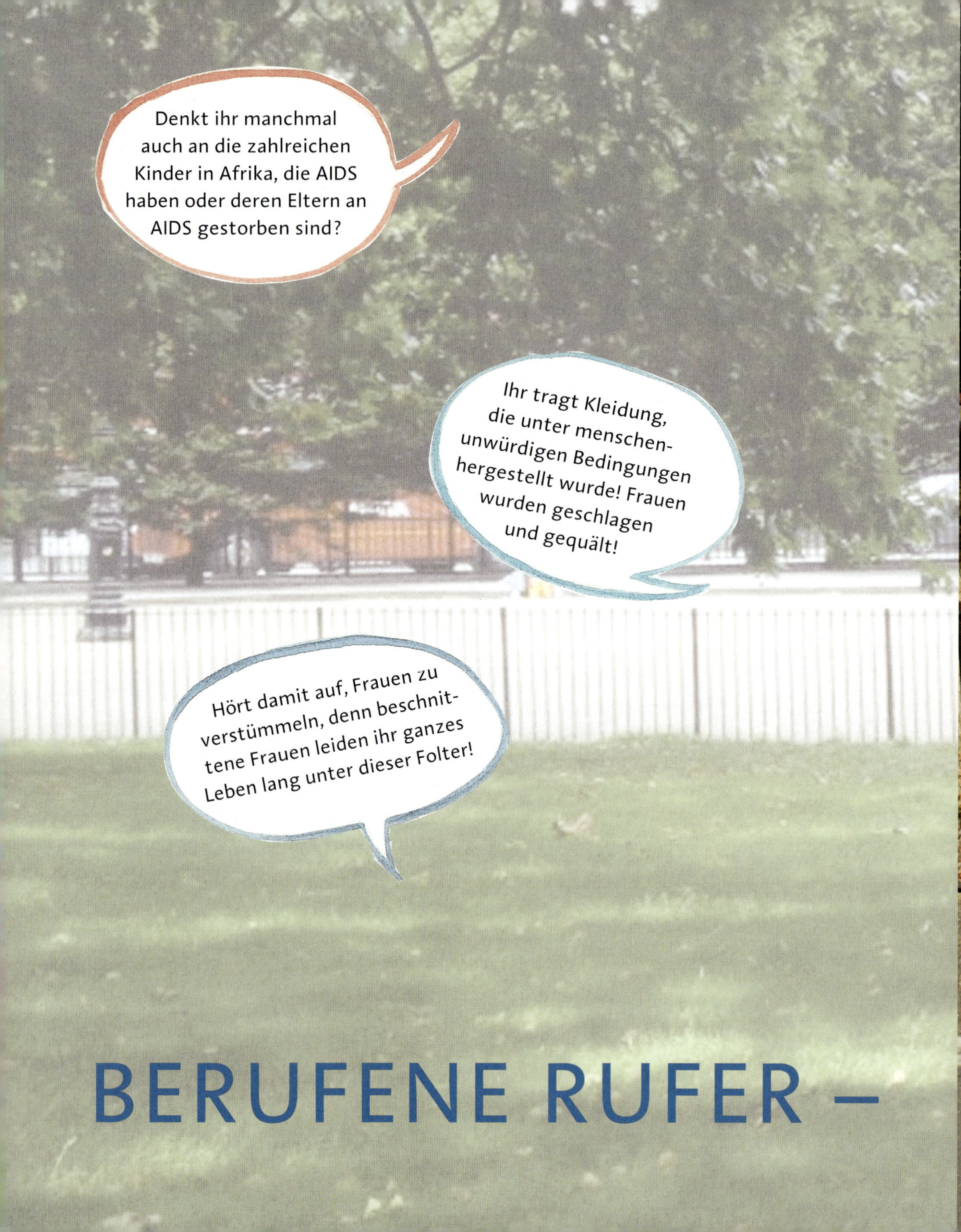

BERUFENE RUFER –

Deutschland – das seid nicht nur ihr Reichen und Gesunden, hier leben auch viele Obdachlose, Penner, vermeintlich gescheiterte Existenzen!

Die Menschen hören nicht mehr auf Gott. Sie verunglimpfen seinen Namen und sein Haus! Das wird Gottes Gericht zur Folge haben!

Warum betrügt und belügt ihr einander und unterdrückt die Schwächeren? Ihr lebt im Luxus, während andere Hunger leiden.

PROPHETEN

Eines schönen Morgens auf einem Schulhof irgendwo in Deutschland. Alles ist wie immer: Die Schülerinnen und Schüler essen, es wird gelacht, getuschelt und gelästert. Die Jüngeren spielen Fußball mit einer leeren Dose, die Älteren rauchen heimlich hinter dem Müllcontainer. Alles wie immer. Auf einmal steigt Nina auf die Tischtennisplatte und legt los:

Was glaubt ihr eigentlich, wer ihr seid? Was glaubt ihr eigentlich, was das soll? Nichts wisst ihr, aber auch gar nichts!
Glaubt ihr denn, dass ihr was Besseres seid, bloß weil ihr teure Klamotten tragt? Weil ihr ständig zum Friseur rennt? Weil ihr mit dem Motorroller zur Schule kommt und nicht mit dem Rad? Wenn ihr nur könntet, würdet ihr euer verdammtes Geld auch noch anziehen! Was glaubt ihr eigentlich, wer ihr seid?
Keinem kann ich es recht machen, aber auch keinem. Lerne ich auf eine Klassenarbeit, bin ich eine Streberin, gehe ich stattdessen ins Freibad, bin ich eine schlechte Schülerin. Bin ich freundlich zu meinen Lehrern, ärgern mich meine Klassenkameraden. Feine Kameraden! Ärgere ich meine Nebensitzer, bestrafen mich meine Lehrer! Bestrafen mich meine Lehrer, ärgern sich meine Eltern. Mit Recht? Was für ein Recht? Keinem kann ich es recht machen.
Räume ich die ganze Wohnung auf, werde ich dumm angemacht, weil ich den Mülleimer vergessen habe. Trägt mein Bruder den Mülleimer runter, ist er der große Junge, der den Haushalt alleine schmeißt. Dabei ist sein Zimmer die reinste Müllkippe. Aber er trägt ja den Mülleimer runter und tut so, als hätte er alles alleine gemacht. Und lacht dabei.
Erzähle ich meiner besten Freundin etwas über meine geheimsten Schwärmereien für David, weiß es morgen die ganze Klasse. Sage ich gar nichts, erzählt sie überall, ich wäre total verklemmt und von vorgestern. Und Sabine will meine Freundin sein?
Ihr findet es cool, wenn einer frei Schnauze sagt, was er denkt. Mache ich den Mund auf, findet ihr mich aber doof. Wie jetzt? Euch kann es keiner recht machen. Und ich sowieso nicht.

■ **Unterschiede und Gemeinsamkeiten.** Vergleiche die Reden der Schülerin und des Mannes (Inhalt, Situation, Absicht/Ziele, Wortwahl).

■ **Rede.** Halte eine Rede zu den rechts genannten Fragen.

Willst du manchmal auch einfach aufstehen und sagen, was dich ärgert?

Willst du deinen Ärger auch laut hinausschreien ohne Rücksicht auf die anderen?

Wo möchtest du öffentlich Kritik üben, dich für Veränderungen einsetzen?

Rufer in der Wüste?

Eines Tages auf einem Platz in Samaria. Ein Mann erhebt sich und schleudert den Menschen diese Worte entgegen:

Weh denen, die das Recht in bitteren Wermut verwandeln und die Gerechtigkeit zu Boden schlagen. Bei Gericht hassen sie den, der zur Gerechtigkeit mahnt, und wer Wahres redet, den verabscheuen sie. Weil ihr von den Hilflosen Pachtgeld annehmt und ihr Getreide mit Steuern belegt, darum baut ihr Häuser aus behauenen Steinen – und wohnt nicht darin, legt ihr euch prächtige Weinberge an – und werdet den Wein nicht trinken. Denn ich kenne eure vielen Vergehen und eure zahlreichen Sünden. Ihr bringt den Unschuldigen in Not, ihr lasst euch bestechen und weist den Armen ab bei Gericht. Sucht das Gute, nicht das Böse; dann werdet ihr leben, und dann wird, wie ihr sagt, der Herr, der Gott der Heere, bei euch sein. Hasst das Böse, liebt das Gute, und bringt bei Gericht das Recht zur Geltung! Vielleicht ist der Herr, der Gott der Heere, dem Rest Josefs dann gnädig.

Am 5,7-15

■ **Prophetische Reden.** Die Menschen der Antike gewannen einen Eindruck von Propheten in erster Linie über die Reden, die Propheten an öffentlichen Plätzen oder an Heiligtümern hielten und die sie zum Teil mit sogenannten Zeichenhandlungen unterstrichen; diese Reden lassen sich in zwei Gattungen einteilen:

1. Gerichtswort (mit meist drei Teilen):
   Scheltwort (z. B. Weheruf): Darin klagt der Prophet das Volk Israel oder andere Völker wegen ihres Fehlverhaltens bzw. ihrer Schuld an.
   Botenspruchformel: Damit verweist der Prophet auf die Offenbarung Gottes (z. B. »So hat Gott, der Herr, gesprochen ...«) sowie darauf, dass er sich selbst als Bote bzw. Abgesandter Gottes versteht, der ein Gotteswort öffentlich macht.
   Drohwort: Darin sagt der Prophet das kommende Gericht oder die Strafe Gottes an, die aus dem Fehlverhalten des Volkes resultieren; das Gericht kann ihm von Gott in einer Unheilsvisionen offenbart worden sein.
2. Heilswort:
   In der Heilsrede verkündet der Prophet das kommende Friedensreich, die anbrechende Gottesherrschaft, in der Menschen ohne Angst und Feindschaft leben können, wenn sie zu Gott umkehren, der Israels Heil will; er schildert also eine ihm von Gott verkündete Heilsvision.

Diskutiert auf der Basis dieser Informationen, bei welcher Rede es sich um eine prophetische Rede handelt, und begründet eure Einschätzung anhand der genannten Merkmale.

Die Welt des Amos

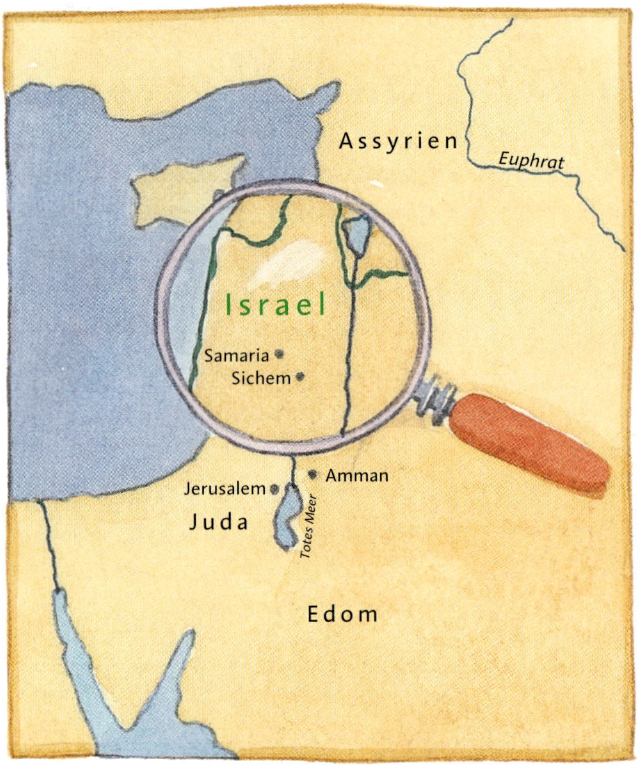

■ **Berufung.** Sammle alle Begriffe, in denen das Verb »rufen« steckt; erläutere ausgehend davon – evtl. auch im Gegensatz zur Berufswahl heute – die Besonderheit einer Berufung. Welche Entscheidungen trifft jemand, der oder die berufen wird?

Als König Salomo (961-931 v. Chr.) stirbt, zerfällt Israel in zwei Reiche: in das Nordreich Israel (Hauptstadt: Samaria) und das Südreich Juda (Hauptstadt: Jerusalem). Obwohl das Nordreich von zahlreichen Feinden (z. B. den Assyrern) bedrängt wird, erlebt es unter König Jerobeam II. (ca. 782-747 v. Chr.) einen enormen wirtschaftlichen und politischen Aufschwung: Viele Bewohner des Landes fangen an, Handel mit den benachbarten Großmächten (Mesopotamien, Anatolien, Ägypten) zu treiben, und werden bald sehr wohlhabend. Um diesen wirtschaftlichen Aufschwung zu organisieren, wird ein teurer und aufwändiger Verwaltungsapparat aufgebaut, der durch hohe Abgaben und einen staatlichen Arbeitsdienst der Bauern finanziert wird.

Durch diese Entwicklung vergrößern sich die Unterschiede zwischen Arm und Reich dramatisch und soziale Ungerechtigkeiten nehmen zu: Immer weniger Menschen besitzen immer mehr Land. Einfache Bauern geraten bei Dürrekatastrophen, bei der Zerstörung der Ernte durch Unwetter und bei Viehseuchen in Verschuldung und Abhängigkeit, weil sie oft nur noch mit Krediten oder in Schuldknechtschaft überleben können. Und in dem Maße, in dem der Reichtum einer kleinen Gesellschaftsschicht wächst, nehmen die Anbetung heidnischer Götter sowie die Vernachlässigung der jüdischen Religion zu, denn die Menschen vollziehen den traditionellen Jahwekult nunmehr scheinheilig und gedankenlos weiter – ohne Ehrfurcht vor Gott und seinem Haus.

Die Berufung des Amos

»Ich bin kein Prophet und kein Prophetenschüler, sondern ich bin ein Viehzüchter, und ich ziehe Maulbeerfeigen. Aber der Herr hat mich von meiner Herde weggeholt und zu mir gesagt: Geh und rede als Prophet zu meinem Volk Israel!«

Am 7,14f.

So erzählt die Bibel die Berufung des Amos durch Gott. Amos befolgt Gottes Willen und wandert ins Nordreich, um den Menschen zu überbringen, was Gott ihnen zu sagen hat.

■ **Merkmale eines Berufungsberichts.** Lies die Berufungsberichte Jeremias und Ezechiels (Jer 1,4-10, Ez 2 – 3). Erarbeite die einzelnen Schritte einer Berufung (Tipp: Achte darauf, was Gott oder der Angesprochene jeweils tut).

■ **Amos und Honduras.** Notiere dir Gemeinsamkeiten zwischen der rechts beschriebenen Situation in Honduras und den Missständen, die Amos kritisiert. Welche Gemeinsamkeiten erkennst du? Was kann jede und jeder von uns gegen die Missstände in vielen Textilfabriken dieser Welt tun?

Die Kritik des Amos

Pablo Gargallo, 1930

■ **Bildbeschreibung.** Betrachte die Plastik von Pablo Gargallo und beschreibe sie. Wie sieht Gargallo Propheten?

Am 7,4-6

Am 5,21-24

Am 6,3-6

Am 8,4-6

Am 2,4-8

Am 5,7-12

■ **Scheltrede.** Schlage in der Bibel nach, was Amos an seiner Umwelt kritisiert, und verfasse daraus eine Scheltrede (vgl. S. 31). Spielt diese dann untereinander vor. Erläutere von hier ausgehend das hebräische Wort »nabi« (berufener Rufer) für »Prophet«.

Nähen für den Weltmarkt am Beispiel Honduras/Mittelamerika

In einer Textilfabrik in Honduras, die Kleidung für Billiganbieter in aller Welt produziert, sitzen die Arbeiterinnen täglich bis zu 18 Stunden an ihren Nähmaschinen.

Kameras überwachen die Arbeitsmoral. Nur in zwei Pausen von jeweils 15 Minuten dürfen die Frauen aufstehen. Doch die wenigsten nutzen diese Pausen, da sonst das Tagessoll (z. B. 6000 Kapuzen annähen) kaum zu erfüllen ist. Die Arbeiterinnen leisten deshalb auch zusätzlich unbezahlte Überstunden und trinken viel zu wenig, um nicht auf die Toilette gehen zu müssen. Die Folge sind oft Nierenschäden. Außerdem schädigt der Textilstaub in der Luft die Atemwege. Nicht selten kommt es zu sexuellen Belästigungen und Missbrauch durch die Vorgesetzten. Die Arbeiterinnen erdulden dies, weil ihnen Geld geboten wird – oder einfach aus Angst, entlassen zu werden. Der Arbeitgeber lässt regelmäßig Schwangerschaftstests durchführen. Ist eine Frau schwanger, wird sie entlassen.

Die Christliche Initiative Romero e. V. (CIR) tritt für die Unterstützung der Ausgegrenzten und Verfolgten ein – in Mittelamerika unter anderem besonders für menschenwürdige Arbeits- und Lebensbedingungen der Näherinnen in den Textilfabriken. Dafür wurde die »Kampagne für saubere Kleidung« ins Leben gerufen, die zum Ziel hat, nur noch Kleidung zu verkaufen, die unter menschenwürdigen Bedingungen hergestellt wurde.

■ **Waschanleitung.** Erstelle eine »Waschanleitung« für ein Kleidungsstück, das nicht unter menschenunwürdigen Zuständen hergestellt wurde.

Jeremias Welt

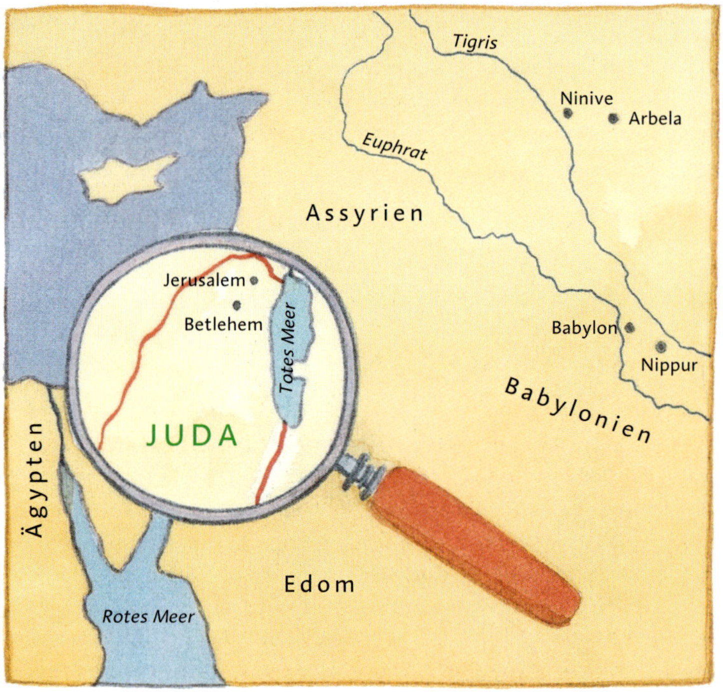

Während der Prophet Amos im 8. Jahrhundert v. Chr. im Nordreich Israel Jahwes Worte verkündet, prangert der Prophet Jeremia (ca. 650-586? v. Chr.) im Südreich Juda das Verhalten des Königs und des Volkes an.

Jeremia wird zu einer Zeit im Südreich Juda geboren, als dort vieles nicht zum Besten steht: Zum einen bedrohen einige Großmächte das kleine Land am Mittelmeer, zum anderen missachten viele Juden Jahwe und dessen Gebote: Sie huldigen heidnischen Göttern, feiern ihnen zu Ehren Feste und haben vergessen, dass Jahwe sie aus Ägypten befreit, durch die Wüste geführt und ihnen das Land zur Besiedelung gegeben hat. Dies ist eine Folge der Unterwerfung Judas durch die Assyrer, die verlangten, dass ihre Götter in Jerusalem angebetet würden.

König Joschija (641-609 v. Chr.) versucht zwar, religiöse und politische Reformen durchzusetzen, indem er sich und das Volk verpflichtet, nur noch Jahwe zu verehren, Witwen und Waisen zu ihren Rechten zu verhelfen sowie Fremde und Unterdrückte vor Gewalt zu schützen; doch als Joschija in einer Schlacht fällt, kommt sein Sohn Jojakim 609 v. Chr. an die Macht. Dieser macht die Reformen teilweise rückgängig und nutzt sein Volk skrupellos aus.

■ **Geografische Lage.** Beschreibe Judas Lage zwischen den Großmächten und notiere Probleme, die das kleine Land deswegen haben könnte.

Jeremias Zweifel

Nach der Berufung durch Jahwe erwidert Jeremia: *»Ach, mein Gott und Herr, ich kann doch nicht reden, ich bin ja noch so jung«*. Doch Jahwe spricht Jeremia Mut zu (Jer 1,4-10).

Dennoch überkommen Jeremia immer wieder Zweifel an seinem Tun.

■ **Jahwes Zusagen.** Arbeite aus Jer 1,4-10 heraus, welche Zusagen Jahwe Jeremia mit auf den Weg gibt. Erläutere, inwiefern sie wichtig für Jeremias Aufgabe sind. (Begriffsklärungen: »erkennen« bedeutet »sich persönlich zuwenden, jemanden persönlich erwählen«; »heiligen« bedeutet »in Beschlag oder in Anspruch nehmen«.)

■ **Prophetenschicksal.** Wie Jeremia und andere Propheten mit ihrer Berufung fertig werden bzw. welches Schicksal sie erleiden, kannst du im AT nachlesen (z. B. Jer 12,1-6; 15,10-21; 20,7-18; 38,1-6; 1 Kön 19,10; Am 7,10-17). Informiert euch arbeitsteilig in Kleingruppen anhand der genannten Bibelstellen über das Schicksal eines Propheten. Schreibt dann auf der Tafel oder einem großen Plakat die Buchstaben des Alphabets untereinander und ergänzt möglichst zu jedem Buchstaben einen Begriff zu den Vorurteilen, Gefühlen und Meinungen, denen Propheten begegnen mussten.

Honest Schempp, o. J.

■ **Bildbeschreibung.** Betrachte den Holzschnitt von Honest Schempp und beschreibe ihn: Welche Themen kommen darin zum Ausdruck? Wie würdest du die Stimmung des Bildes beschreiben?

■ **Eigenes Bild.** Sprecht in eurer Religionsgruppe darüber, wo ihr euch manchmal ohnmächtig fühlt. Gestaltet im Anschluss ein Bild, auf dem eines (oder mehrere) der besprochenen Themen künstlerisch zum Ausdruck kommt. Der abgebildete Holzschnitt kann vielleicht eine Inspirationsquelle sein.

Jeremias Drohbotschaft

Da Juda den Bund mit Jahwe gebrochen hat, wird Jeremia von Jahwe aufgetragen, sich vor das Zentralheiligtum, den Tempel in Jerusalem, zu stellen und das Unrecht in Juda anzuprangern; kehrt das Volk nicht um, so wird Juda von Jahwe gerichtet, wie es Jeremia in einer Vision sieht:

Da sprach der Herr zu mir:
Von Norden her ergießt sich das Unheil über alle Bewohner des Landes ... Dann werde ich mein Urteil über sie sprechen und sie strafen für alles Böse, das sie getan haben, weil sie mich verlassen, anderen Göttern geopfert und das Werk ihrer eigenen Hände angebetet haben.

Jer 1,14.16

Die von Jeremia prophezeite Katastrophe tritt 586 v. Chr. wirklich ein: Unter dem babylonischen König Nebukadnezzar wird Jerusalem erobert und zerstört, zahlreiche Juden werden ins babylonische Exil verschleppt.

Marc Chagall, o. J.

Der Bund mit Gott

Wir schließen den
Bund fürs Leben
Tanja Schmidt Marcel Meier
Die kirchliche Trauung findet statt am
8. August um 11.00 Uhr in der Kirche St. Familia

- **Sinaibund.** Lies den Dekalog, eine Zusammenfassung des Willens Jahwes, in Ex 20,1-24. Arbeite heraus, welche Verpflichtungen die beiden Bündnispartner eingehen.
- **Ehebund.** Notiere mögliche Verpflichtungen, die Frau und Mann bei der Eheschließung eingehen. Vergleiche diese Verpflichtungen mit denen des Sinaibundes.

- **Missachtung der Gebote.** Lies Jer 7,1-15 und notiere, was genau Juda falsch gemacht hat.
- **Heutige Rede.** Schreibe eine Rede für die heutige Zeit. Was würde Jeremia heute anprangern?
- **Bildbetrachtung.** Betrachte das Bild von Marc Chagall und beschreibe es (vgl. Jer 1,13-16). Stell dir vor, die Menschen auf dem Bild kommentierten ihre Situation. Formuliere ihre Gedanken und Worte.

Das Alte Testament erzählt von verschiedenen Bundesschlüssen zwischen Jahwe und seinem Volk Israel. Der wichtigste ist der sogenannte Sinaibund; die Bundesformel lautet: »Ich bin Jahwe, dein Gott, der dich aus Ägypten geführt hat, aus dem Sklavenhaus« (Ex 20,2). »Bund« bezeichnet seit der Rettung der Israeliten aus Ägypten die Lebensgemeinschaft Israels mit seinem Gott – eine Gemeinschaft, in der jeder Bündnispartner Verpflichtungen eingeht: Israel wird auf die Einhaltung der Weisungen verpflichtet, Jahwe zeigt sich seinem erwählten Volk gegenüber gnädig und schenkt ihm seinen Segen. Um den Bundesschluss in menschlich fassbaren Bilder zu beschreiben, vergleicht das Alte Testament an einigen Stellen diesen Bund mit einer Ehe bzw. einer Hochzeit.

Benno Elkan, 1949-1956

Jeremias Frohbotschaft

Als über Jerusalem die Belagerung durch Nebukadnezzar hereinbricht und die Stadt schließlich fällt (587/586), verlässt Jahwe sein Volk nicht, sondern verheißt ihm angesichts der Bedrängnis und Not durch Jeremia sogar einen neuen Bund als Vertrauensbeweis.

Seht, es werden Tage kommen – Spruch des Herrn –, in denen ich mit dem Haus Israel und dem Haus Juda einen neuen Bund schließen werde, nicht wie der Bund war, den ich mit ihren Vätern geschlossen habe, als ich sie bei der Hand nahm, um sie aus Ägypten herauszuführen. Diesen meinen Bund haben sie gebrochen, obwohl ich ihr Gebieter war – Spruch des Herrn. Denn das wird der Bund sein, den ich nach diesen Tagen mit dem Haus Israel schließe – Spruch des Herrn: Ich lege mein Gesetz in sie hinein und schreibe es auf ihr Herz. Ich werde ihr Gott sein, und sie werden mein Volk sein. Keiner wird mehr den andern belehren, man wird nicht zueinander sagen: Erkennt den Herrn!, sondern sie alle, Klein und Groß, werden mich erkennen – Spruch des Herrn. Denn ich verzeihe ihnen die Schuld, an ihre Sünde denke ich nicht mehr.

Jer 31,31-34

- **Neuer Bund.** Notiere in einer zweispaltigen Tabelle, was Jahwe und die Menschen zur Einhaltung des neuen Bundes beitragen sollen (vgl. Jer 31,31-34). Erläutere davon ausgehend den Begriff »Heilsvision«.

- **Eine neue Welt.** Der Prophet Jesaja hat trotz der trostlosen Lage in Juda im 8. Jahrhundert v. Chr. auch verschiedene Heilsvisionen. Eine davon, das »messianische Friedensreich«, ist auf der Menora vor dem Parlamentsgebäude in Jerusalem zu sehen (vgl. Jes 11,1-10). Lies die angegebene Stelle und erläutere, wie Benno Elkan die Heilsvision umgesetzt hat. Wie würdest du deine Vision eines Friedensreiches malen? Diskutiert in Dreiergruppen, wo ihr Zweifel an der Realisierung eines solchen Friedensreiches habt.

× Prophet O kein Prophet

Merkmale wahrer Propheten

Schon immer sehen sich Menschen, die Propheten hören, vor die Frage gestellt, ob es sich bei diesen um wahre Propheten oder um Lügenpropheten handelt. Vor dieser Frage standen also auch schon die Menschen der biblischen Zeit. Zur Unterscheidung finden sich in der Bibel verschiedene Merkmale für wahre Propheten:

- Propheten kritisieren das Volk und den Herrscher ohne Ansehen der Person und weisen so auf Missstände hin, auch wenn sie die Menschen nicht wahrhaben wollen.
- Sie sind nicht überheblich, sondern machen deutlich, dass sie nur Überbringer göttlicher Worte sind.
- Sie sind finanziell unabhängig, d. h. sie verdienen mit der Prophetie kein Geld.
- Sie erklären sich nicht selbst zum Prophet, sondern werden dazu berufen.

O

LÖWE (23.7.-23.8.)
Sie haben Hunger. Und zwar nach geistiger Nahrung. Wenn Sie am 5. und 6. in Sachen Kultur unterwegs sind, werden Sie garantiert einen smarten Kunsthändler oder Autor treffen.
Für Ihre Finanzen gilt: Jetzt ist eine gute Zeit, Neues zu wagen, damit Sie im Alter gut dastehen.

Darum – so spricht der Herr: Seht, ich plane Unheil gegen diese Sippe. Dann könnt ihr den Hals nicht mehr aus der Schlinge ziehen und ihr werdet den Kopf nicht mehr so hoch tragen; denn es wird eine böse Zeit sein.

Er sagte zu mir: Stell dich auf deine Füße, Menschensohn; ich will mit dir reden. Als er das zu mir sagte, kam der Geist in mich und stellte mich auf die Füße. Und ich hörte den, der mit mir redete. Er sagte zu mir: Menschensohn, ich sende dich zu den abtrünnigen Söhnen Israels, die sich gegen mich aufgelehnt haben. Sie und ihre Väter sind immer wieder von mir abgefallen, bis zum heutigen Tag. Es sind Söhne mit trotzigem Gesicht und hartem Herzen. Zu ihnen sende ich dich. Du sollst zu ihnen sagen: So spricht Gott, der Herr. Ob sie dann hören oder nicht – denn sie sind ein widerspenstiges Volk –, sie werden erkennen müssen, dass mitten unter ihnen ein Prophet war.

WARUM LEIDEN? O
Die wahren Ursachen der Krankheiten und den richtigen Weg zur Gesundheit beschreibt der göttliche Prophet Klaus Müller.
Fordern Sie Infos an!
99 EUR, die Ihr Leben verändern!
Chiffre: 1232/X

Ich aber, ich bin voller Kraft, ich bin erfüllt vom Geist des Herrn, voll Eifer für das Recht und voll Mut, Jakob seine Vergehen vorzuhalten und Israel seine Sünden.

O
Die Propheten verführen mein Volk. Haben sie etwas zu beißen, dann rufen sie: Friede! Wer ihnen aber nichts in den Mund steckt, dem sagen sie den Heiligen Krieg an.

O
So werden Sie reich – zehn Geheimnisse Ihres Erfolges!
Tel.: 0090/1234 (1,99 €/min)

■ **Wahre Propheten.** Lies dir den Informationstext und die Zettel auf der Pinnwand durch. Beurteile dann, welche Zettel auf wahre Propheten und welche auf falsche zutreffen bzw. welche bloß Zukunftsvorhersagen sind. Diskutiere deine Ergebnisse mit deiner Nachbarin oder deinem Nachbarn. Finde gebräuchliche Verwendungen des Begriffs »Prophet« und erläutere, wie sich die Bedeutung von »Prophet« im heutigen Sprachgebrauch gewandelt hat.

O
Wettervorhersage für morgen, den 24.8.:
Ein Hochdruckgebiet zieht über Süddeutschland hinweg. Nach Auflösung von Frühnebel Temperaturen bis 30°C. Erst nach Sonnenuntergang merkliche Abkühlung.

Eine Eigenschaft, die alle biblischen Propheten aufweisen, ist die Fähigkeit, zuhören zu können, offen zu sein für Gottes Wort – auch wenn sie das angreifbar und verletzlich macht.

Toni Zenz, 1957

■ **Hörmeditation.** Nimm dir Zeit für eine kleine Hörmeditation. Suche dir einen bequemen Ort im Raum, lasse dann alle Gedanken in Ruhe auf dich wirken. Wenn du willst, kannst du dir zu jedem Gedanken etwas aufschreiben.

Betrachte die Plastik mit dem Titel »Der Hörende«.
Was fällt dir auf?
Was gefällt dir?
Was gefällt dir nicht?
Woran wirst du erinnert?

Schließe nun die Augen und achte auf die Geräusche, die an dein Ohr dringen.
Welche hörst du?
Welche gefallen dir?
Welche gefallen dir nicht?
Welche sind nah, welche fern?

Stelle dir vor, jemand ruft dich bei deinem Namen.
Wie hörst du deinen Namen gerne?
Wie hörst du ihn nicht gerne?
Willst du dem Rufer zuhören?
Was möchtest du hören?

Wo möchtest du in Zukunft mehr weghören und wo möchtest du mehr zuhören?

Was vom Leben übrig bleibt

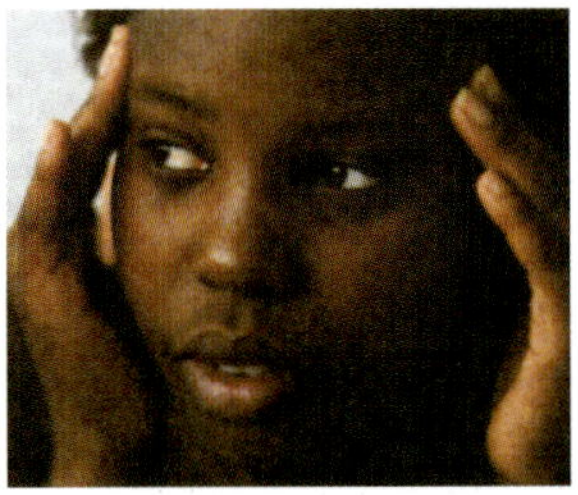

Durban/Südafrika: Hier ist seit ein paar Tagen Zaneles neues Zuhause. Das Mädchen wohnt hier sozusagen zur Probe – bei einer Frau, die vielleicht ihre Pflegemutter werden könnte. Aber noch sind beide dabei, sich kennenzulernen. Beide auf der Suche nach einem Menschen, der zu einem gehört.

Nur zu gut kennt Zanele diese schmerzhafte Sehnsucht. Was es bedeutet, geliebt zu werden, hat sie erst gelernt, als sie mit zehn Jahren ins Kinderheim kam. Dafür kannte sie bis dahin eins umso besser: das Gefühl, unerwünscht zu sein.

»Das Einzige, woran ich mich erinnere, sind meine Mutter und meine zwei Schwestern. Als wir klein waren, hat meine Mutter uns immer wieder irgendwohin mitgenommen und dann einfach dort gelassen. Andere Leute haben uns dann jedes Mal zu ihr zurückgebracht.

Die Mokoenas* wurden meine neue Familie. Sie hatten vier Kinder und eine wunderschöne Farm. Als ich in der zweiten Klasse war, fing der zweitälteste Sohn an, mich zu missbrauchen. Neun war ich damals, er ungefähr 30. Ein Jahr ging das so, bis ich mir ein Herz fasste und mich der Verwandten anvertraute. Sie verständigte das Jugendamt, und die Leute von dort holten mich ab. So kam ich schließlich ins Kinderheim St. Philomena's in Durban.

Ich war etwa ein Jahr dort, als ich krank wurde. Sie schickten mich zum Arzt, der eine Blutuntersuchung anordnete. So kam es raus: Ich bin HIV-positiv. Ich wusste sofort, wo ich mich infiziert hatte. Aber was AIDS wirklich bedeutet, habe ich erst begriffen, als Chanice*, meine beste Freundin in St. Philomena's, daran starb.

Und ich? Es macht mich traurig, dass ich nie Kinder und eine eigene Familie haben kann. Aber ich denke nicht so oft darüber nach, das deprimiert mich zu sehr. Ich will das bisschen Zeit, das mir bleibt, möglichst gut ausfüllen und genießen.

Am meisten Angst habe ich vor den Schmerzen, die kommen, wenn die Krankheit ausbricht. Trotzdem habe ich mich entschlossen, die Medikamente, die mich stabilisieren sollen, nicht zu nehmen. Sie verlängern doch nur das Leiden, aber heilen können sie nicht. Wenn Gott zulässt, dass der tödliche Virus in meinen Körper eindringen konnte, wird es einen Sinn haben.

Natürlich war ich am Anfang zornig, habe nächtelang geschrien, Gott angeklagt und immer wieder gefragt: Warum ausgerechnet ich? Plötzlich war alles, was ich mir jemals gewünscht hatte, wertlos. Aber durch meinen Glauben bin ich zur Gewissheit gekommen, dass ich verzeihen muss, um selber Frieden zu finden. Vor zwei Jahren habe ich meinen Peiniger zufällig auf der Straße wiedergesehen. Da habe ich gemerkt, dass ich keine Gefühle mehr für ihn habe, weder Hass noch Rache.

Dass mir das gelungen ist, verdanke ich Alison*, meiner Betreuerin in der Wohngruppe des Kinderheims, in der wir wie eine Familie zusammenleben. Sie hat gemerkt, was mit mir los ist, und mir geholfen, meine Geschichte zu verarbeiten.«

* Namen geändert

- **»Was vom Leben übrig bleibt«.** Gliedere den Text über Zanele und gib den verschiedenen Teilen Überschriften. Erstelle dann eine Stimmungskurve zu den Textteilen.

- **AIDS in Afrika.** Informiere dich im Internet (www.aids-kampagne.de) oder im Lexikon über die Situation in Afrika (Anzahl der Infizierten, Anzahl der Neuerkrankten, Ansteckungsmöglichkeiten, Lebenserwartung, Behandlung etc.).

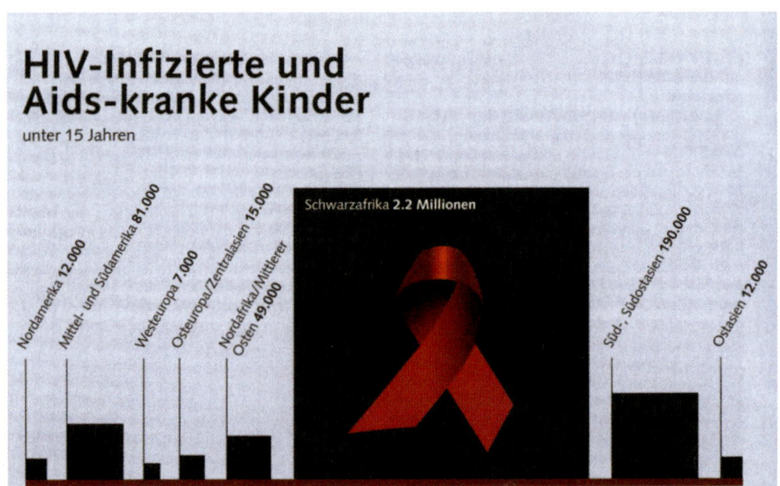

Quelle: UNAIDS und WHO 1.12.2003

Katholisches AIDS-Kontroll-Programm KAKAU

Die Ausbreitung von AIDS in der Region Bukoba/Tansania hat bedrohliche Auswirkungen auf die Lebenssituation der Bevölkerung. Die katholische Kirche will dem nicht tatenlos zusehen, sondern sich der Herausforderung stellen und führt seit einigen Jahren das katholische Programm KAKAU zur Überwindung von AIDS durch.
Der Name KAKAU ist die Abkürzung für »Kanisa Katoliki dhidi ya Ukimwi«, das AIDS-Programm der katholischen Kirche in der Landessprache Suaheli.
Die Mitarbeiterinnen und Mitarbeiter von KAKAU leisten AIDS-Aufklärung in Schulen, bei Jugend- und Frauengruppen. Sie organisieren Seminare und Workshops zur AIDS-Problematik. Und das Thema – sei es der Schutz vor Ansteckung, sei es der Umgang mit Kranken oder Betroffenen – soll packend und praktisch vermittelt werden.
Deshalb arbeitet KAKAU viel mit Straßentheater, mit Gesang und Tänzen. Aufklärung und Information allein reichen nicht. Die nötige Verhaltensänderung braucht Motivation und Wertorientierungen.

KAKAU ermutigt die Menschen, sich gemeinschaftlich der AIDS-Problematik anzunehmen.
Die Gemeinden sind aufgerufen, sich um ihre AIDS-Kranken, insbesondere um die AIDS-Waisen, zu kümmern.
Alle Aktivitäten sind darauf ausgerichtet, den Menschen spirituelle, soziale und wirtschaftliche Hilfe zu geben. Ein wichtiger Aspekt ist die Beratung sowie die medizinische und pastorale Betreuung der AIDS-Kranken. Das Programm trägt weiterhin Sorge dafür, dass etwas für die Grundbedürfnisse der betroffenen Familienangehörigen (Nahrung, Kleidung etc.) getan wird. Bei der Bekämpfung von AIDS und der Hilfe für die Opfer arbeitet KAKAU inzwischen mit staatlichen Stellen und Nichtregierungsorganisationen zusammen.

■ **Flyer.** Gestalte anhand der im Text gegebenen Informationen über KAKAU einen Prospekt für Jugendliche. Zeige auf, in welcher Hinsicht KAKAU eine prophetisch handelnde Organisation ist und in welcher Hinsicht nicht.

Das Logo der »Aktion Schutzengel« von *missio*.

■ **Afrikanisches Sprichwort.** Ein afrikanisches Sprichwort lautet: »Wir Menschen sind Engel mit nur einem Flügel. Um fliegen zu können, müssen wir uns umarmen.« Erläutere, warum die Hilfsorganisation *missio* gerade dieses Motiv für die Aktion »AIDS & Kinder« gewählt hat.

■ **Heilung.** In der Antike wurden Menschen v. a. wegen mangelnder Hygiene und medizinischer Möglichkeiten nicht so alt wie heute. Von Krankheiten erzählt auch die Bibel: von Aussätzigen (Menschen mit Lepra oder Hautkrankheiten), Invaliden (Blinde, Taube, Gelähmte) und psychisch Kranken, in denen man einen bösen Geist vermutete. Heilung versuchte man mit vergleichsweise einfachen Mitteln (Öl, Wein, Speichel ...) und durch Gebete (Krankheit galt auch als Strafe Gottes für eine Verfehlung) zu erreichen. Nicht selten wurden kranke Menschen von ihren Familien verstoßen und mussten außerhalb der Gemeinschaft leben.
Versetze dich in den Alltag eines Blinden in der Antike und verfasse in Ich-Form seine Selbstvorstellung (Tagesablauf, Tagesbeschäftigung, Umgang mit Menschen ...). Lies Mk 10,46-52 und verfasse eine Selbstvorstellung des blinden Bartimäus nach seiner Heilung. Vergleiche beide Selbstvorstellungen miteinander. Ergänze dann diesen Satz: »Wenn Jesus Menschen heilt, ...«

■ **Propheten.** Organisationen wie *missio* nehmen für sich den Heilungsauftrag Jesu sehr ernst. Überprüfe, ob man hier von Berufung und von Prophetie sprechen kann.

Petrus Ceelen

Ein Bild, gemalt von Michelle, einer Patientin von Petrus Ceelen

Der Seelsorger Petrus Ceelen, geboren 1943 in Belgien, lebt nach dem Motto: »Wir können uns nicht jedes Leid zu eigen machen, aber ab und zu versuchen, uns in einen Einzigen hineinzuversetzen und sein Leid erträglicher zu machen.« Aus diesem Grund widmet er sich als Seelsorger zuerst Gefangenen, später kümmert er sich um AIDS-Kranke im Großraum Stuttgart; er kennt die Geschichte und die Namen aller seiner Gemeindemitglieder, weiß um ihre Leiden und begleitet sie auch oft bis zum Ende – daher sein Beiname »AIDS-Pfarrer«.
Einige dieser Menschen haben ihre Gedanken, ihr Leben, ihre Ängste in Worte oder Bilder gefasst – so auch Michelle, von der das hier wiedergegebene Bild stammt.
Auf die Frage, woher Ceelen die Kraft für seine Aufgabe nimmt, sagt er: »Manchmal bin ich selbst auch todtraurig und niedergeschlagen. Trotzdem bekomme ich immer wieder auch Kraft, vor allem von den Menschen selbst, zu denen ich hingehe. Weil sie mich spüren lassen, dass es gut ist, dass ich da bin. Wie sie sich freuen, dass ich zu ihnen komme! Wenn ich jemanden umarme, umarmt er mich auch. Die Hand, die ich halte, hält auch mich. Alles ist gegenseitig, ein Geben und Nehmen.«
Über seine Erfahrungen spricht Ceelen in zahlreichen Vorträgen, in denen er die Menschen immer wieder dazu aufruft, Nächstenliebe und Toleranz gerade den Benachteiligten gegenüber zu zeigen, damit die soziale Kälte nicht noch mehr zunimmt. »Helfen fängt mit Sehen an«, sagt Ceelen, womit er die Menschen motivieren will, nicht wegzuschauen, wenn sie Leid sehen. Ceelen macht jedoch deutlich, dass es einem Menschen nichts nütze, mit ihm in sein Leid zu versinken. Mitleiden heiße vielmehr Geben und Handeln, sich darauf einlassen, das Notwendige zu tun. Als er einmal ein AIDS-krankes Mädchen fragte, was er für sie tun könnte, meinte sie: »Nur ein bisschen da sein.«

Manche Menschen wissen nicht,
wie wichtig es ist, dass sie einfach da sind.

Manche Menschen wissen nicht,
wie gut es tut, sie nur zu sehen.

Manche Menschen wissen nicht,
wie tröstlich ihr gütiges Lächeln wirkt.

Manche Menschen wissen nicht,
wie wohltuend ihre Nähe ist.

Manche Menschen wissen nicht,
wie viel ärmer wir ohne sie wären.

Manche Menschen wissen nicht,
dass sie ein Geschenk des Himmels sind.

Sie wüssten es,
würden wir es ihnen sagen.

Petrus Ceelen

- **Propheten.** Kannst du diesem Gedicht den Titel »Propheten« geben? Wende die Merkmale für Propheten, die du bis jetzt kennst, auf die Menschen darin an.

- **»Manche Menschen«.** Überlege, ob es in deinem Leben Menschen gibt, die »ein Geschenk des Himmels sind«. Schreibe einem von ihnen eine Postkarte mit Ceelens Gedicht.

- **Bildbetrachtung.** Betrachte und beschreibe Michelles Bild. Schau dir einzelne Bildausschnitte an und überlege, wofür sie stehen. Gib dem Bild einen Titel. Ist es ein hoffnungsvoller oder ein verzweifelter?

Waris Dirie

Waris Dirie, geboren 1965 in der Wüste Somalias, wurde im Alter von fünf Jahren »beschnitten« – eine Prozedur, die täglich ca. 6 000 Mädchen in Afrika erleiden. Als sie im Alter von 14 Jahren verheiratet werden sollte, floh sie und gelangte auf ihrer Flucht schließlich nach London, wo sie als Model entdeckt wurde. Seit 1994 kämpft sie als Sonderbotschafterin der UNO gegen die Genitalverstümmelung in Afrika.

■ **»Wüstenblume«.** Waris bedeutet »Wüstenblume«. Inwiefern hat sie ihren Namen zum Programm gemacht?

Warum werden »Beschneidungen« bei Frauen durchgeführt?

Dirie: FGM (*Female Genital Mutilation*) wird in 28 Ländern durchgeführt. Der Hintergrund ist der, dass Familien in diesen Gesellschaften Frauen, die nicht genitalverstümmelt sind, als wertlos ansehen. Das hat seinen Grund auch darin, dass Mädchen in diesen Gesellschaften nicht aus Liebe heiraten, sondern auf den Markt gebracht und verkauft werden, d. h., es ist im Interesse der Familien, dass Mädchen als Jungfrauen in die Ehe gehen. Abgesehen davon werden Mädchen, die nicht genitalverstümmelt sind, als unsauber angesehen.

Sie kämpfen gegen die Genitalverstümmelung von Frauen und haben auch eine diesbezügliche Stiftung ins Leben gerufen. Welche Ziele verfolgt diese Stiftung? Welche konkreten Projekte gibt es?

Dirie: Im Moment gründen wir gerade Spitäler, die speziell als Geburtshilfestationen dienen sollen. In Somalia sind hundert Prozent aller Frauen genitalverstümmelt. Die Geburt ist überaus schwierig und sehr gefährlich. Es gibt sehr viele Frauen, aber auch Kinder, die eine solche Geburt nicht überleben. Wir bemühen uns aber auch um die Aufrüstung der Infrastruktur von Dörfern, in denen es keine Ärzte, keine Schulen und keine Wasserversorgung gibt. Das Herzstück unserer Arbeit ist freilich die Aufklärung. Es handelt sich um Basisarbeit, d. h., wir arbeiten etwa mit Koranpredigern zusammen, die den Menschen erzählen, dass der Koran FGM nicht vorschreibt und dass FGM auch eine Gefahr für die Gesundheit bedeutet.

Dirie schreibt in ihrem Buch »Wüstenblume«: »Mein Ziel ist es, den Frauen in Afrika zu helfen. Die Verstümmelung ihrer Genitalien schwächt sie körperlich und seelisch. Da Frauen aber das Rückgrat Afrikas sind und die meiste Arbeit verrichten, male ich mir gern aus, wie viel sie erreichen können, wenn man sie als Kinder unversehrt ließe und nicht für den Rest ihres Lebens verstümmelte.«

■ **Genitalverstümmelung oder Beschneidung.** Informiere dich über Genitalverstümmelung. Finde Argumente dafür, warum der Begriff »Beschneidung« für diesen Sachverhalt nicht zutrifft.

■ **Prophetische Menschen.** Setzt euch damit auseinander, in welcher Hinsicht Petrus Ceelen und Waris Dirie prophetische Menschen sind. Diskutiert, ob ein Prophet heute das gleiche ist wie ein Prophet zu biblischen Zeiten.

Jugend- und Schulradio 100,7

6.00	Frühstücksprogramm
12.00	**Deutsch:** Kalendergeschichten nacherzählt
12.30	**Mathematik:** Die Mitternachtsformel
13.00	**Biologie:** Evolution – Wie Leben sich entwickelt
14.00	**Religion:** Alttestamentliche und moderne Propheten

■ **Radiofeature.** Der Radiosender eurer Heimatstadt möchte für sein Jugendradio einen Sendebeitrag (= ein *Feature*) zum Thema »Alttestamentliche und moderne Propheten« bringen. Erstellt dafür zwei kurze Informationstexte, die ihr auf Tonträger sprecht. Stellt euch dann gegenseitig alle eure Sendebeiträge vor.

Prophetenmonopoly

Vorbereitung:
Ihr benötigt vier bis sechs Spielfiguren und einen Würfel.
Entscheidet gemeinsam, mit welchem Propheten (Amos bzw. Jeremia, CIR oder Petrus Ceelen) ihr euch beschäftigen wollt. Zeichnet dann auf einen großen Karton die Umrisse von Israel, Honduras oder Deutschland und entwerft einen Parcours mit hellen und dunklen Feldern (s. u.).
Entwerft für die dunklen Felder ca. 15 Ereigniskarten, auf die ihr notiert, welche Ungerechtigkeiten Menschen in dem jeweiligen Land erfahren bzw. womit sie zu kämpfen haben (s. u.). Schreibt diese Ereigniskarten auf dunkles Papier.
Entwerft für die hellen Felder ca. 15 Ereigniskarten, auf die ihr notiert, wie Propheten sich dafür einsetzen, dass ihre Welt besser wird (s. u.). Schreibt diese Ereigniskarten auf helles Papier.

Spielverlauf:
Stellt eure Spielfiguren am Start auf, und wer zuerst eine »6« würfelt, darf beginnen.
Bei den dunklen Ereignisfeldern zieht derjenige, der das Ereignisfeld erreicht hat, eine dunkle Ereigniskarte und folgt den darauf notierten Anweisungen; das Gleiche gilt für die hellen Ereignisfelder und die hellen Ereigniskarten.
Das Spiel ist beendet, wenn alle Mitspieler am Ziel angekommen bzw. ausgeschieden sind.

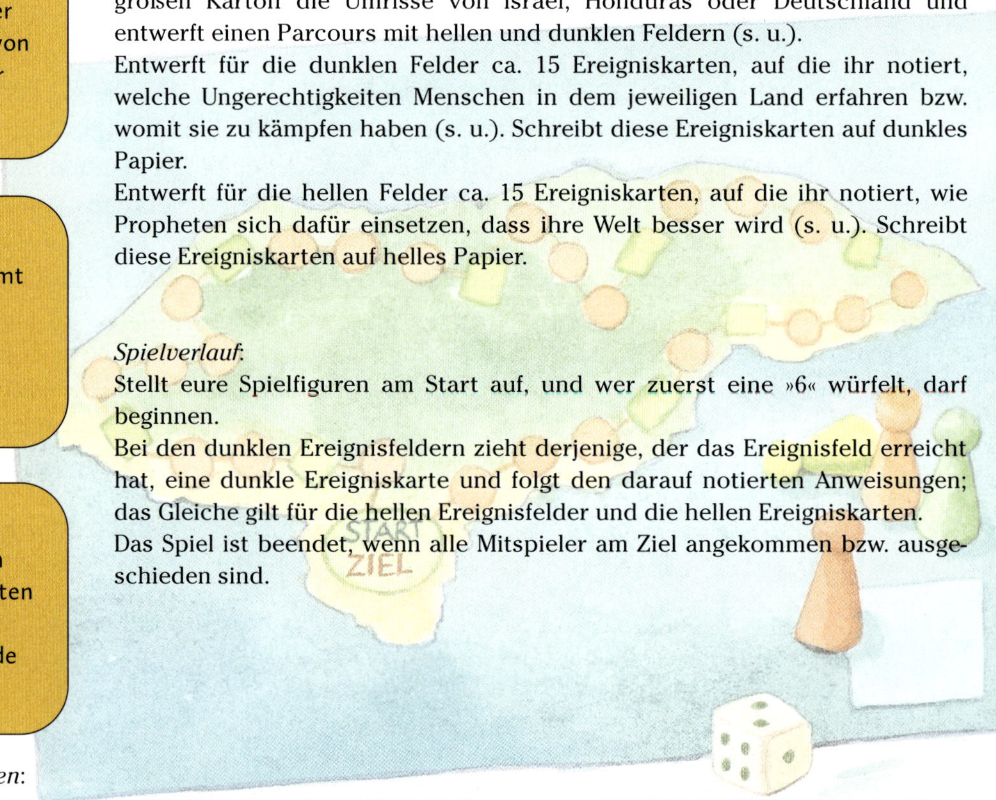

Beispiele für dunkle Ereigniskarten:

Du hast dein Tagespensum, 960 Hosen zu nähen, nicht geschafft und verlierst daher deinen monatlichen Bonus von fünf Dollar. Gehe fünf Felder zurück!

Bei einem routinemäßigen Schwangerschaftstest kommt heraus, dass du schwanger bist. Du wirst aus der Fabrik entlassen – das Spiel ist für dich vorbei!

Nach zwölf Stunden Arbeit bist du müde und schläfst in der Fabrik, weil es am nächsten Morgen wieder um 6.00 Uhr weitergeht. Setze eine Runde aus!

Beispiele für helle Ereigniskarten:

Die CIR setzt sich in deiner Fabrik für bessere Arbeitsbedingungen ein, sodass du auch einmal zu Hause bleiben kannst, wenn dein Kind krank ist. Rücke drei Felder vor!

Auf Betreiben couragierter Mitarbeiter werden die Überwachungskameras abgeschafft. Jetzt kannst du in der 50 Grad heißen Halle auch einmal trinken, ohne deinen Job zu verlieren. Rücke ein Feld vor!

Du bist krank, aber da du einen Arzt besuchen darfst, bist du bald wieder gesund und kannst weiterarbeiten, weil dir dein Job erhalten bleibt. Rücke fünf Felder vor!

Prophetendomino

Beginne mit dem Dominostein, auf dem START steht. Lies nun die Aufgabe auf der zweiten Hälfte dieses Steins und suche die passende Lösung dazu usw. Das richtige Lösungswort ergibt sich, wenn du alle Steine richtig aneinandergelegt hast und die Buchstaben miteinander verbindest; es drückt aus, worin Propheten v. a. ihre Aufgabe sahen.
Tipp: Gestalte selbst Dominosteine nach diesem Frage-Antwort-Prinzip.

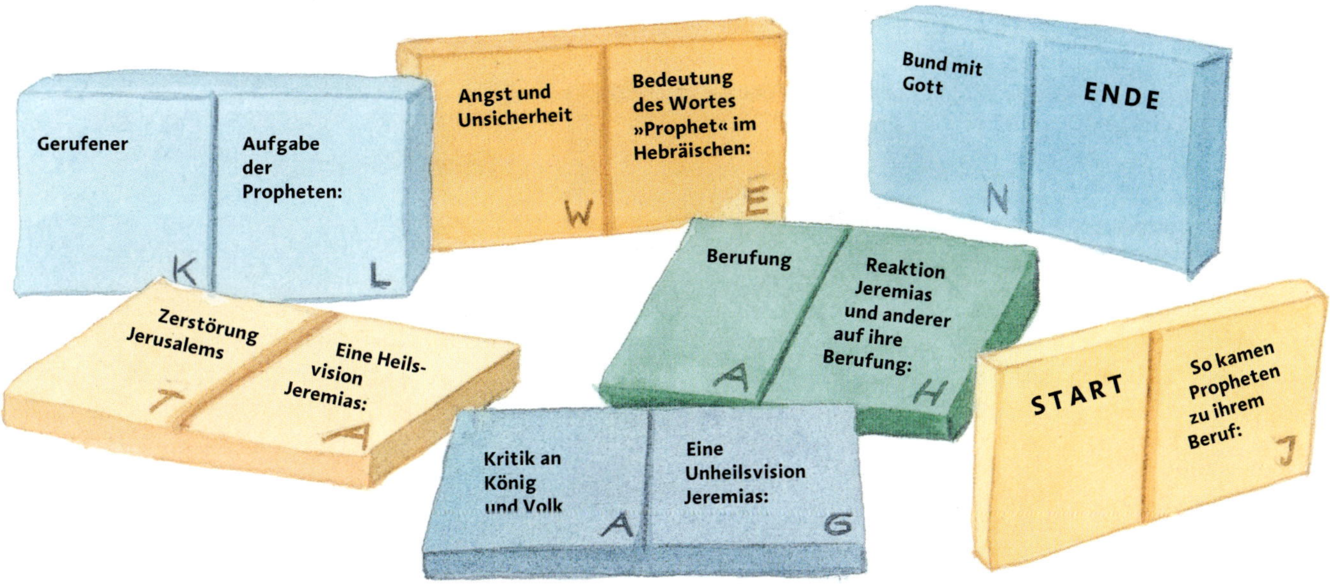

»Klage und Dank«

Zahlreiche alttestamentliche Texte – und auch einige neutestamentliche – sind sogenannte Klagelieder; in ihnen findet sich die Klage über den Tod eines Menschen, die Klage zu Gott, die Anklage Gottes, die Verklagung der Feinde bei Gott und v. a. in prophetischen Büchern die Totenklage über den Untergang eines ganzen Volkes. Sinn und Zweck dieser Klagelieder ist die Erflehung göttlicher Hilfe angesichts schlimmer Notlagen. Gleichzeitig enthalten aber v. a. das AT sowie das NT auch zahlreiche Danklieder, die von einem bestimmten Gnadenerweis Gottes berichten.
Besonders eindrücklich finden sich die Themen Klage und Dank in den Psalmen, die Grundsituationen des Menschen vor Gott lebensnah und in poetischer Sprache schildern:

Klagepsalmen: Hier klagt das Volk bzw. der Einzelne in besonderen Notsituationen (z. B. Naturkatastrophen, Bedrängnis durch Feinde, Unglück, Krankheit, Schuldverstrickung, Verleumdung, falsche Anklage, Lebensbedrohung etc.), um Jahwes Hilfe zu erflehen.

Dankpsalmen: Thema ist der Dank an Jahwe, der sein Volk oder einen einzelnen Menschen aus Bedrängnissen befreit hat.
Klage und Dank sind jedoch keine Themen, die die Menschen ausschließlich vor Tausenden von Jahren beschäftigten, auch heute klagen Menschen in Notlagen und danken, wenn sie eine Wohltat erfahren haben.

■ **Klage-/Danklied.** Rufe dir Menschen, Ereignisse oder Situationen in Erinnerung, die dich bewegt haben zu klagen oder zu danken. Verfasse dann dein eigenes Klage-/Danklied; du kannst es auch mit Farben, die für dich Klage oder Dank ausdrücken, verzieren.

HERBST
Dunkelheit aushalten
Allerseelen / Totengedenken
Reifen und ernten
Herbst
Die Fülle genießen
Sommer
SOMMER
Mut schöpfen
Pfingsten

DAS JAHR –

Die Lernlandschaft, die dich hier erwartet, ist vielfältig einsetzbar. Die Meditationen und Impulse können in andere Lernlandschaften mit aufgenommen werden und dort die Themen ergänzen und vertiefen. Sie können aber auch begleitend durch das Jahr aufgegriffen werden, um den Jahreskreis, der geprägt ist durch christliche Feste, erlebbar zu machen. Es bietet sich dann an, das Butterbrotbeutel-Buch auf S. 65 zu Beginn des Schuljahres zu basteln, um es dann im Verlauf des Schuljahres zu füllen.

EINE RUNDE SACHE

Ein Jahr geht zu Ende und wird von einem neuen abgelöst. Beim Jahreswechsel erinnern wir uns an wichtige Ereignisse des alten Jahres. Gleichzeitig sind wir gespannt, was das neue Jahr uns bringen wird.

Das neue Jahr ist wie ein unbeschriebenes Blatt, wie eine geöffnete Tür ... Was sich wohl dahinter verbirgt? Ergeben sich neue Wege? Tun sich bisher ungeahnte Zugänge und Einblicke auf? Erwarten mich neue Aufgaben und Schwierigkeiten im neuen Jahr?

Neujahrswunsch

Nicht, dass es keine Wolken gibt,
nicht, dass jeden Tag die Sonne scheint,
nicht, dass dir niemals etwas wehtut,
nicht, dass du niemals traurig bist;
nein, das alles wünsche ich dir nicht.

Mein Wunsch an dich ist:
Dass du die Erinnerung bewahrst
an jeden schönen Tag;
dass du mutig bist,
wenn Schwierigkeiten kommen;
dass du nicht aufgibst,
wenn es keinen Ausweg zu geben scheint.

Dass du immer Freunde hast,
denen du vertrauen kannst;
dass du immer Menschen findest,
die dir helfen, wenn du Hilfe brauchst.

Dass jede Gabe, die Gott dir geschenkt hat,
in dir weiterwächst
und dass du immer Kraft hast,
andere froh zu machen.
Und dass zu jeder Zeit,
ob du froh oder traurig bist,
Gott mit dir ist
und du in Gottes Nähe bleibst.

Aus Irland

■ **Segenswunsch.** Wählt in der Gruppe jemanden aus, der oder die den irischen Neujahrswunsch der ganzen Klasse vorliest. Ihr könnt euch den Segenswunsch auch in Zweiergruppen gegenseitig zusprechen.

■ **Eine offene Tür.** Schreibe deine Wünsche und Sehnsüchte sowie deine Ängste und Befürchtungen für das neue Jahr auf eine (Tür-)Postkarte und stecke sie in einen Briefumschlag. Klebe ihn zu und gib ihn einer Person deines Vertrauens mit der Bitte, ihn dir am Ende des gerade begonnenen Jahres zurückzugeben.

Einen neuen Anfang wagen

■ **Überzeugungsarbeit.** Überlege dir ein Gespräch, in dem Mose und sein Bruder Aaron zwei sehr zögernde Israeliten überzeugen wollen, Ägypten zu verlassen. Diese jedoch machen es den beiden Brüdern nicht leicht, da sie viele Gefahren und Unsicherheiten im Zusammenhang mit dem Aufbruch sehen ... Formuliere einen Dialog.

■ **Schritte ins Leben.** Vieles in unserem (Schul-)Alltag ist Gewohnheit und Alltagstrott. Wir meinen, die anderen zu kennen, und haben sie in bestimmte Schubladen gesteckt. Wir selbst trauen uns nicht, aus der Rolle zu fallen, Ungewohntes zu denken oder Ungewöhnliches auszuprobieren. Oft sind wir dadurch in uns selbst gefangen, werden verschlossen und unbeweglich. Überlege mit deinem Nachbarn oder deiner Nachbarin, wo ihr in der Klasse bzw. in eurem Alltag Festgefahrenes aufbrechen wollt. Schneidet Fußspuren aus und gestaltet sie mit Gedanken, Farben und Formen. Legt sie auf den Boden eures Klassenzimmers, sodass ein »Weg ins Leben« entsteht.

Als israel aus ägypten aufbrach
als die unterdrückung ein ende nahm
als sie aufhörten sich ausbeuten zu lassen
als sie die antreiber loswurden
    da hörte die sicherheit auf
    da wurde es unbequem
    da sank der konsum
das volk murrt
    wollte gott wir wären in ägypten
    gestorben
    als wir bei den fleischtöpfen saßen
    und hatten brot in fülle zu essen
    denn ihr habt uns in die wüste geführt
    um uns alle verhungern zu lassen

Als israel aus ägypten aufbrach
als die bauarbeiter nicht mehr mitmachten
und die ziegelbrenner genug davon hatten
für königsgräber zu brennen
    da war es mit dem schönen leben zu ende
    da kam unter ihnen angst auf
    wohin sie kämen und was nun würde
das volk murrt
    hätten wir doch fleisch zu essen
    wir gedenken der fische, die wir in ägypten umsonst aßen
    der gurken melonen zwiebeln des knoblauchs
    nun bekommen wir
    nichts als manna zu sehen

Als israel die selbstbestimmung wählte
    statt der fremdbestimmung
als sie die wüste nahmen statt der wohnlichen städte
als sie die wanderschaft vorzogen der sesshaftigkeit
    da kamen sie nicht in das land
    von dem sie gesungen hatten
    nichts war da mit milch und honig
    da gab es einen langen marsch
    und viele starben darüber

das volk fragte sich
    wir müssen wissen was wir wollen genossen
    die kaufhäuser ägyptens
    oder den langen marsch durch die wüste
    vierzig jahre
    die permanente revolution

Dorothee Sölle

■ **Neubeginn.** Lies den Text von Dorothee Sölle laut vor und erinnere dich an die Geschichte vom Auszug aus Ägypten. Notiere stichwortartig auf verschiedenfarbigen Kärtchen, was die Israeliten an Negativem (z. B. Unterdrückung), aber auch an Positivem (z. B. Sicherheit) zurücklassen müssen. Stelle dem auch die Hoffnungen gegenüber, die das Volk Israel mit diesem Neubeginn verbindet und die sich in den Weisungen Gottes als neuer Freiheitsordnung widerspiegeln. Ordne alle Kärtchen an der Tafel.

Ostern, das Fest der Auferstehung Jesu, wird am Sonntag nach dem ersten Frühlingsvollmond gefeiert. Gott schenkt Jesus nach Kreuz und Tod neues, unvergängliches Leben.
Der Frühling wird von vielen nach den langen, dunklen Wintermonaten ersehnt. Die Sonne gewinnt an Kraft und die Tage werden länger. In der Natur bricht das zarte Grün der Bäume hervor, die ersten Frühlingsblumen sorgen für bunte Farbtupfer und der Gesang der Vögel kündet das Frühjahr an.
Für den Menschen ist das wohltuend. Alle haben Lust, nach draußen zu gehen, Menschen zu treffen und Neues auszuprobieren.

Meditation: Auf-brechen

Vorbereitung:
Schneidet Papierblüten entsprechend der Vorlage aus; legt Farben und Stifte bereit.
Rückt die Tische zur Seite und bildet mit den Stühlen einen Stuhlkreis.
Stellt in die Mitte eine große Schale auf eine Decke und legt in die Schale eine »Rose von Jericho«. Neben die Schale wird ein Krug mit warmem Wasser gestellt und rings um die Schale für jeden und jede von euch eine mit Wasser gefüllte kleine Schale (z. B. einen Blumentopfuntersetzer). Besorgt meditative Musik, die während der Meditationsübungen eingespielt werden kann.

Auf-brechen

Jeder Frühling
ist ein Neubeginn:

neu wahrnehmen
was vorher war
neu sehen hören riechen schmecken

neu wahrnehmen
was schon da ist
neue Knospen, Farben, Töne, Wärme

neu wahrnehmen
was in mir steckt
neue Ideen, Fantasie, Lebenslust

neu wahrnehmen
was möglich ist
neue Begegnungen,
Abwerfen von Last,
die eigene Energie spüren.

Jeder Frühling
ist ein Neubeginn.

Lies den Text »Aufbrechen« oder lasse ihn dir vorlesen. Achte darauf, wie der Frühling beschrieben wird, und überlege, was du mit den Begriffen »Frühling« und »Neubeginn« verbindest.

1. Körperübung
Setze dich entspannt auf deinen Stuhl. Schließe die Augen. Stelle deine Füße nebeneinander auf den Boden. Spüre den Boden und die Stuhlfläche. Versuche alles loszulassen und zu vergessen, was dich beschäftigt.

2. Symbolhandlung
Gieße bei leiser, meditativer Musik das Wasser aus dem Krug in die große Schale.

3. Blumen gestalten bei meditativer Musik
Nimm dir eine der vorbereiteten Papierblumen. Gestalte deine Blume, indem du darauf deine Gedanken zum Frühling und Neubeginn aufschreibst oder deine Gedanken in Farben und Formen umsetzt.
Falte, wenn du fertig bist, die Blütenblätter zur Mitte und halte deine Blume in deinen Händen.

4. Symbolhandlung
Gehe zur Mitte und lege deine Blüte in eine der kleinen Wasserschalen. Bleibe in der Mitte und beobachte, was passiert. Gehe um die kleinen Schalen herum und schaue dir die Blumen an.

5. Evtl. Austausch über die Meditation

■ **Auf-brechen.** Bereitet gemeinsam die Meditation vor. Jemand von euch oder eure Lehrkraft leitet die Meditation an und liest die Texte vor, spielt die Musik ein usw.

Lydia wagt den Aufbruch

In der Bibel ist immer wieder von Menschen die Rede, die aufbrechen oder die neu beginnen. In der Apostelgeschichte ist beispielsweise von einer Frau namens Lydia die Rede. Sie ist eine Heidin, die zum Judentum übergetreten ist, und Purpurhändlerin in Philippi. Der Apostel Paulus begegnet ihr auf seinen Reisen. Lydia zeigt sich als aufgeschlossene Gastgeberin. Später wird sie Gemeindeleiterin.

- **Lydias Geschichte**. Lies Apg 16,11-15.40 und informiere dich über die gesellschaftlichen Verhältnisse der damaligen Zeit. Überlege, was es für eine Frau wie Lydia in der damaligen Gesellschaft bedeutete, sich zu Jesus Christus zu bekennen und ein neues Leben zu beginnen.

Annette Mecklenburg, 1995

- **Bildbetrachtung.** Beschreibe Farbgebung und Gesichtsausdruck des Mädchens auf dem Bild von Annette Mecklenburg. Das Bild trägt den Titel »Herbstmädchen«. Warum hat die Künstlerin wohl diesen Titel gewählt? Welchen Titel würdest du dem Bild geben?

- **Aufbruchstimmung.** Stelle dir vor, das Mädchen auf dem Bild stehe vor einer Veränderung, einem Aufbruch in ihrem Leben. Schreibe einen Tagebucheintrag aus ihrer Sicht, in dem sie diesen Aufbruch und ihre Gefühle dabei beschreibt.

Passion und Auferweckung Jesu stehen im Zentrum des christlichen Glaubens. Auferweckung ist eine Verheißung, die jenseits des irdischen Lebens eines Menschen ihre Erfüllung findet. Sie beinhaltet aber auch, dass sich durch den Glauben an die Auferweckung Jesu das Leben des Menschen, so gebrochen es auch ist, grundsätzlich ändert, ja, dass es neu ausgerichtet wird.

1. Gerade sein

Schau dir den Ast an, befühle ihn und fasse ihn dann an beiden Enden an.

Dieses Stück Ast kann ein Gleichnis für mich und mein Leben sein.
So bin ich – so möchte ich sein:
jung, gesund, voller Kraft und Leben, natürlich und schön,
ein Teil der guten Schöpfung.
Wird alles glattgehen im Leben – in meinem Leben?

2. Gespannt sein

Biege den Ast zwischen deinen Händen, erst leicht, dann etwas stärker, sodass er unter Spannung steht.

Nur keine Angst vor Anforderungen, ich verkrafte einiges!
Mich bringt so schnell nichts um, auch wenn ihr mich verbiegt!
Ich schaff das schon! Ich lasse mich nicht unterkriegen!
So schnell geb ich nicht auf!
Selbst ist der Mann, selbst ist die Frau!
Auch allein fühle ich mich nicht einsam und verlassen.

3. Belastet bis zum Äußersten

Biege den Ast immer stärker, fühle der intensiven Spannung innerlich nach und halte sie aus.

Belastung! Gespannt bis zum Äußersten.
Nicht zum Aushalten! Es geht über meine Kräfte.
Viel lastet auf meinen Schultern.
Ich beginne, an mir und an anderen zu zweifeln.
Auf Biegen und Brechen – hat das Sinn?
Ich kann nicht mehr, ich breche zusammen.

4. Gebrochen werden

Biege den Ast, bis er knackst, aber brich ihn nicht ganz durch.

Schuld, Leid, Enttäuschung!
In mir ist etwas zerborsten, gebrochen.
Zu viel! Sinnlos! Ohne Aussicht!
Versagt! Hoffnungslos!
Ausgeliefert und ausgebrannt!
Es fühlt sich leer und einsam an.
Einfach aus!
Einfach aus?

■ **Naturale Meditation.** Für diese Meditation brauchen alle Beteiligten ein Aststückchen von etwa 25 Zentimetern Länge und ungefähr Fingerdicke. Wichtig ist, dass diese Stückchen frisch und geschmeidig sind, damit sie beim starken Anspannen nicht ganz auseinanderbrechen. Zweige von Flieder oder Obstbäumen eignen sich besonders gut. Alle haben ein Aststückchen in der Hand und führen bei den sieben angegebenen Schritten das Entsprechende aus. Jemand von euch oder eure Lehrkraft spricht die kurzen Sätze, alle anderen führen die Handlungen aus. Nach jedem Abschnitt kann zweimal ein Kyrie-Ruf gesungen werden.

ihr fragt
wie ist
die auferstehung der toten?
ich weiß es nicht

ihr fragt
wann ist
die auferstehung der toten?
ich weiß es nicht

ihr fragt
gibt's
eine auferstehung der toten
ich weiß es nicht

h weiß
ur
onach ihr nicht fragt:
die auferstehung derer die leben

h weiß
ur
ozu Er uns ruft:
zur auferstehung
heute und jetzt

Kurt Marti

■ **Auferstehung heute und jetzt.** Lies das Gedicht von Kurt Marti. Überlege, wen Marti anspricht und was er diesen Menschen sagen möchte. Erkläre, was Marti mit der letzten Strophe ausdrücken möchte.

5. Gebrochen leben

Schau dir die Bruchstelle an und versetze dich in diese offene Mitte.

Bis jetzt lief alles glatt.
Die Bruchstelle reißt auf, setzt aus, macht offen,
ermöglicht einen Blick in das Innere, in die Tiefe.
Das bin also ich – der Mensch.
Aufgebrochen, offen und verletzt.
Ich – und du auch.
Unverhüllt siehst du mich, hältst du mich.

6. Verwundet anderen begegnen

Suche dir eine Mitschülerin, einen Mitschüler. Betrachtet gegenseitig eure gebrochenen Äste und lasst sie auf euch wirken. Dann verkeilt sie an den Bruchstellen so, dass ein Kreuz entsteht, das in den Bruchstellen gehalten wird.

Auch der und die andere ist gebrochen – ist wie ich.
Die Masken sind gefallen.
Es gibt nichts mehr zu verheimlichen.
Wir können ein Stück von uns preisgeben und einander trauen.
Im Kreuzungspunkt des ungeschminkten Lebens
liegt die Chance einer echten Begegnung – mit dir, mit mir.
Wir werden eins: du und ich und du.

7. Gekreuzt hoffen

Biegt die Stäbe zurecht und schaut das gemeinsame Kreuz an.

Mein Stab, dein Stab – unser Kreuz.
Mit dir gekreuzt – hoffen wir.
Wirst du unsere Schwachstelle zur Stärke verwandeln?
Wirst du alle Bruchstücke zusammenfügen
und zum Großen-Ganzen vollenden?
Lässt du Kraft aus Gebrechen, Leben aus Tod
– damals schon, heute auch, morgen noch –
wachsen?

Gott, in Jesu Kreuz,
in unserem Kreuz schenkst du
uns und mir
Begegnung und Hoffnung,
Stärke und Leben
für diese Zeit und in deiner Ewigkeit.

■ **Jesu durchkreuztes Leben.** Verschaffe dir mithilfe des Markusevangeliums (Mk 14-15) einen Überblick über die Passion Jesu. Überlege, welche Abschnitte sich mit der Meditation in Verbindung bringen lassen. Inwiefern kannst du darauf hoffen, dass sich auch in deinem Leben trotz Schwierigkeiten und Dingen, die nicht gut gelingen, alles zum Guten wendet?

■ **Kreuz und Auferstehung kreativ.** Gestalte ein Bild zum Thema Kreuz oder Auferstehung.

Die Pfingstgeschichte erzählt von einer Erfahrung, die von den Jüngern Jesu selbst als Geist-Erfahrung gedeutet wird und die als Geburtsstunde der Kirche gilt. Sie führt uns vor Augen, was die Sendung des Geistes bewirkt: Nach einer Phase tiefer Trauer und Resignation schöpfen die Jünger neuen Mut. Sie sprechen von Jesus in einer lebendigen, ansprechenden Sprache, durch die Menschen bewegt werden und die sie mitten ins Herz trifft. Es entsteht eine Bewegung der Umkehr und der Lebenserneuerung, der Sammlung zu einer neuen Lebensgemeinschaft im Geiste Jesu. Die Geist-Erfahrung selbst entzieht sich unserem Begreifen und lässt sich nicht erklären. Es ist aber möglich, sich dieser Geist-Erfahrung anzunähern und sich dem Geist zu öffnen, der begeistert, der Beziehungen stiftet, der uns von Jesus betroffen sein lässt und uns auf dem Weg der Nachfolge begleitet und führt.

■ **Bibellektüre.** Lest einander die beiden biblischen Erzählungen zum Pfingstereignis (Apg 2,1-13 und Apg 2,37-42) und dessen Wirkungen laut vor.

■ **Zeugen gesucht.** Lies das Gedicht von Paul Weismantel. In der letzten Strophe heißt es, es gehe heute weiter, auch heute seien Zeugen gesucht. Schreibe eine eigene Strophe, in der deutlich wird, wofür heute Zeugen gesucht werden.

■ **Aufhellen.** Greife dir eine Szene oder einen Gedanken aus den Bibeltexten oder aus dem Gedicht von Paul Weismantel heraus und gestalte dazu ein Bild. Male mit Farben auf einen schwarzen oder dunkelbraunen Fotokarton im Format DIN A4.

Zeugen gesucht

Zeugen gesucht.
Gefragt sind Frauen und Männer,
die überzeugen,
weil sie überzeugt sind von dem,
was sie verkünden.
Gefragt sind Menschen, die das ausstrahlen,
was sie sagen und verkörpern,
wovon sie reden,
die einfach glaub-würdig sind.

Zeugen gesucht.
Gefragt sind Frauen und Männer,
die Zeugnis geben
von der Hoffnung, die sie trägt,
vom Vertrauen, das sie prägt,
von der Sehnsucht, die sie bewegt,
von Gott, der zu uns steht.

Zeugen gesucht.
Gefragt sind Frauen und Männer,
die zeigen, wie die Person und Botschaft
Jesu zum wahren Leben befreit
und ermutigt, Zuspruch und Anspruch
beinhaltet, fördert und fordert zugleich.
Gefragt sind Menschen,
die bereit sind, die Kraft zu empfangen,
die der Geist Gottes schenkt,
und sich von ihm beseelen und senden
zu lassen bis an die Grenzen.

Zeugen gesucht.
So fing es an.
Damals in der Apostelgeschichte.
So geht es weiter, heute in der Kirche.
So bleibt Gottes schöpferischer Geist am
Werk in und durch uns Menschen

Paul Weismantel

■ **Schreibgespräch.** Schreibe in die Mitte großer Plakate die Wörter »Sturm«, »Feuer«, »Wasser/Taufe« und »Bewegung«. Lege die Plakate auf Tische. Schreibe um die Stichwörter deine Gedanken auf. Du kannst auch auf einen Gedanken eines Mitschülers oder einer Mitschülerin reagieren, indem du eine Frage hinzufügst oder den Gedanken ergänzt.

■ **Sprechmotette.** Gestaltet das Gedicht von Paul Weismantel (oder eure eigenen Strophen) als Sprechmotette. Arbeitet in Gruppen von drei bis vier Schülern und Schülerinnen zusammen. Ihr könnt Verse ergänzen, einzelne Verse oder Wörter wiederholen, einzeln oder in Gruppen sprechen, laut und leise lesen usw. Tragt die Motette im Plenum vor.

Stefanie Wiegel, 2006

- **Bildbetrachtung.** Notiere die Eindrücke, die bei dir durch das Bild der Schülerin Stefanie Wiegel entstehen. Überlege, was diese Zeichnung mit »Pfingsten – Mut schöpfen« zu tun hat.

- **Bild gestalten.** Fertige ein Bild oder eine Collage zum Thema »Pfingsten – Mut schöpfen« an (vgl. S. 57).

Im Sommer erreicht die Sonne ihren höchsten Stand. Die Tage sind lang und warm, erst der Abend bringt etwas Abkühlung. Der Höhepunkt des Sommers – der längste Tag und die kürzeste Nacht – wird besonders in Skandinavien ausgiebig gefeiert. Das Johannisfeuer steht als Abbild der Sonne im Mittelpunkt der Johannisfeiern auch bei uns. Im Sommer quillt die Natur über vor Lebenskraft und Lebensfülle: Auf den Wiesen und in den Gärten blühen bunte Blumen, die Linden duften, an Sträuchern und Pflanzen hängen pralle süße Früchte. Der Sommer ist eine Zeit der Fülle und der Freude, eine Zeit, in der man staunend und dankbar die Fülle der uns von Gott geschenkten Gaben betrachtet und genießen kann. In Psalm 104, einem Loblied auf Gott, den Schöpfer, wird dies so ausgedrückt:
»Lobe den Herrn, meine Seele! Herr, mein Gott, wie groß bist du! Du bist mit Hoheit und Pracht bekleidet … Du lässt Gras wachsen für das Vieh, auch Pflanzen für den Menschen, die er anbaut, damit er Brot gewinnt von der Erde und Wein, der das Herz des Menschen erfreut, damit sein Gesicht von Öl erglänzt und Brot das Menschenherz stärkt … Herr, wie zahlreich sind deine Werke! Mit Weisheit hast du sie alle gemacht, die Erde ist voll von deinen Geschöpfen« (Ps 104,1.14-15.24).
Sommerzeit ist auch Ferienzeit. In den Ferien hast du freie Zeit, die du nach deinen Bedürfnissen gestalten und genießen kannst.

- **Sommerspaziergang.** Mache einen Spaziergang. Genieße die Farbenpracht der Gärten und Wiesen, lausche dem Summen der Bienen und dem Zwitschern der Vögel, rieche und schmecke die Süße und den fruchtigen Geschmack der Beeren. Nimm mit allen Sinnen wahr, wie die Natur im Sommer vor Lebenskraft und Lebensfülle überquillt.

- **Schöpfungspsalm.** Lies in deiner Bibel alle Verse des Psalms 104 nach. Finde heraus, für was der Beter Gott als Schöpfer lobt, und verfasse anschließend selbst ein Loblied auf den Schöpfer.

- **Buchstabenplakate.** Schreibt die einzelnen Buchstaben des Wortes »Ferienzeit« auf je ein Plakat. Gestaltet diese Buchstabenplakate in kleinen Gruppen aus, indem ihr Assoziationen, Wünsche oder Symbole zu den einzelnen Buchstaben notiert und das Plakat mit Farben verschönert.
  Setzt eure ausgestalteten Buchstabenplakate zusammen und klebt sie in der richtigen Reihenfolge an eine Wand. Vielleicht könnt ihr sie auch für den Schuljahresabschlussgottesdienst verwenden.

- **Mandala.** Pflücke, sammle und suche Dinge aus der Natur (z. B. Blütenblätter, Gräser, Steine, Muscheln, Früchte), die du mit in die Schule bringst. Lege zusammen mit deinen Mitschülerinnen und Mitschülern ein großes Mandala – ein Kreisbild – mit den mitgebrachten Dingen aus der Natur (wenn möglich draußen auf einer Wiese oder auf dem Schulhof). Geht folgendermaßen vor:
  1. Skizziert oder legt zunächst die äußere Begrenzung des Kreises und markiert die Mitte (mit einem besonders schönen Stein, einer Blume, einer Kerze).
  2. Legt nun eure mitgebrachten Dinge in das Kreisinnere. Achtet darauf, dass jedes Mandala aus seiner Mitte lebt, d. h. jede Bewegung von dort ausgeht und auf sie zurückführt. Entwickelt gemeinsam, ohne miteinander zu reden, Muster und Symmetrien.
  3. Stellt euch außen um das Mandala herum. Lest/sprecht das Gebet »Du Gott der Fülle«.

Die Fülle genießen

Du Gott der Fülle,
im Sommer schenkst du uns
Licht und Wärme,
Blumen und Blüten,
Früchte und Beeren.
Aus deiner Fülle kann ich nehmen,
was ich zum Leben brauche.
Vor dir kann mein Leben blühen,
wachsen und Früchte tragen.
Breite deinen Segen über mich,
wie die Sonne ihre Strahlen über uns breitet.
Amen.

Bilder gestalten

Gestalten bedeutet, etwas eine bestimmte äußere Form zu geben, etwas zu verändern, verwandeln, eventuell auch verschönern. Mithilfe von Stiften und Farben kannst du einem weißen Blatt Papier ein völlig neues Gesicht verleihen. Wenn jede und jeder von euch ein Bild gestaltet, wird die Unterschiedlichkeit und Individualität der Bilder ins Auge springen, denn alle bringen jeweils das zu Papier, was sie in sich tragen. Gestalten hat somit immer auch mit »etwas zum Ausdruck bringen« zu tun. Im Prozess des Gestaltens drückst du durch sichtbare Formen und Farben etwas aus, was zuvor unsichtbar war – beispielsweise ein Gedanke, eine Idee, eine (bereits gemachte) Erfahrung. Manches, was bis dahin unbewusst war, gelangt beim Gestalten ins Bewusstsein. Bei allen Gestaltungsprozessen solltest du dich nicht an einem scheinbar von außen festgelegten (Schönheits-)Ideal orientieren, sondern die Dinge so verändern, wie sie dir entsprechen und gefallen.
Es gibt zwei unterschiedliche Wege, etwas zu gestalten:

- Entweder überlegst du dir im Vorhinein, wie das Endprodukt aussehen soll. In diesem Fall wählst du Materialien und Arbeitstechniken aus, die dich zu diesem Ziel führen.
- Oder du lässt dich vom vorhandenen Material und deinen spontanen Einfällen leiten, ohne vorher zu wissen, was dabei als Endprodukt herauskommen wird. Dieser Weg ist risikoreicher, bietet aber auch viele positive Überraschungen.

Färben sich die Blätter der Bäume und Sträucher ins Gelblich-Rötliche, so ist es unverkennbar Herbst geworden. Die heißen Sommertage sind vorüber. Herbstzeit ist Reife- und Erntezeit: Was noch nicht geerntet wurde, was noch reifen muss, nimmt jetzt die Kraft der Sonne in sich auf. Anderes ist bereits eingelagert und für den Winter haltbar gemacht worden. Zu allen Zeiten hat es Feste gegeben, mit denen die Menschen für eine gute Ernte, für die reichen Gaben ihrem Schöpfer gedankt haben. Das größte Fest im Herbst – Erntedank – lädt uns ein, darüber nachzudenken, was uns an Lebensnotwendigem geschenkt ist, wofür wir Gott danken wollen.

■ **»Sorgt euch nicht ...«.** Lies die Fortsetzung dieses Satzanfanges in der Bergpredigt (Mt 6,25-34) nach. Überlege, weshalb es uns so schwerfällt, dieser Aufforderung Folge zu leisten. Male dir aus, was sich in deinem Leben ändern würde, wenn du materiellen, vergänglichen Dingen wie Kleidung oder Nahrung weniger Bedeutung geben würdest.

Der Engel der Dankbarkeit

Dankbarkeit ist heute selten geworden. Die Menschen haben unermessliche Ansprüche. Sie haben den Eindruck, sie würden zu kurz kommen. Daher brauchen sie immer mehr. Sie sind unersättlich geworden und können daher nichts mehr genießen.
Der Engel der Dankbarkeit möchte einen neuen Geschmack in dein Leben bringen. Er möchte dich lehren, alles mit neuen Augen anzuschauen, mit den Augen der Dankbarkeit. Dann kannst du mit einem dankbaren Blick auf den neuen Morgen schauen, dass du gesund aufstehen kannst und dass du die Sonne aufgehen siehst. Du bist dankbar für den Atem, der dich durchströmt. Du bist dankbar für die Gaben der Natur, die du beim Frühstück genießen kannst. Du lebst bewusster. Dankbarkeit macht dein Herz weit und froh.
Du bist nicht mehr fixiert auf Dinge, die dich ärgern könnten. Du fängst den Morgen nicht gleich mit dem Ärger über das schlechte Wetter an. Du bist nicht gleich frustriert, weil die Milch überkocht. Es gibt ja Menschen, die sich das Leben selbst schwermachen, weil sie nur das Negative sehen. Und je mehr sie das Negative sehen, desto mehr werden sie durch ihr Erleben bestätigt. Sie ziehen kleine Unglücksfälle durch ihre pessimistische Sichtweise geradezu an.

Danken kommt von denken. Der Engel der Dankbarkeit möchte dich lehren, richtig und bewusst zu denken. Wenn du zu denken anfängst, kannst du dankbar erkennen, was dir in deinem Leben alles gegeben wurde.
Du wirst dankbar sein für deine Eltern, die dir das Leben gegeben haben. Der Engel der Dankbarkeit möchte dir die Augen dafür öffnen, dass dich dein ganzes Leben ein Schutzengel vor manchem Unglück bewahrt hat.
Der Engel der Dankbarkeit schenkt dir neue Augen, um die Schönheit der Schöpfung bewusst wahrzunehmen und dankbar zu genießen, die Schönheit der Wiesen und Wälder, die Schönheit der Berge und Täler, die Schönheit der Meere und Flüsse und Seen. Du wirst nicht mehr unbewusst durch die Schöpfung gehen, sondern denkend und dankend. Du wirst wahrnehmen, dass dich in der Schöpfung der liebende Gott berührt und dir zeigen möchte, wie verschwenderisch er für dich sorgt.
Wer dankbar auf sein Leben blickt, der wird einverstanden sein mit dem, was ihm widerfahren ist. Er hört auf, gegen sich und sein Schicksal zu rebellieren. Er wird erkennen, dass täglich neu ein Engel in sein Leben tritt, um ihn vor Unheil zu schützen und ihm seine liebende und heilende Nähe zu vermitteln. Versuche es, mit dem Engel der Dankbarkeit durch die kommende Woche zu gehen. Du wirst sehen, wie du alles in einem neuen Licht erkennst, wie dein Leben einen neuen Geschmack bekommt.

Anselm Grün

■ **Dein Engel der Dankbarkeit.** Überlege, was dir in deinem Leben alles gegeben wurde – wofür du dankbar bist. Zeichne den Umriss eines Engels auf Papier/Pappe und gestalte ihn mit Gedanken, Symbolen und Farben aus. Schenke einen solchen Engel einer Person, der gegenüber du Dankbarkeit empfindest: deiner Mutter, deinem Vater, deinen Großeltern, deinen Freunden ...

■ **Erntedankgottesdienst.** Besucht gemeinsam den Erntedankgottesdienst in eurer Gemeinde oder bereitet mit eurem Pfarrer eine Dankandacht vor. Es steht jeder und jedem von euch frei, dabei einen persönlich formulierten Dank auszusprechen.

Paul Klee, 1939

Anfang November feiern Christen die Feste Allerheiligen und Allerseelen. Die Kirche gedenkt am 1. November, dem Fest Allerheiligen, ihrer Heiligen, besonders der vielen Heiligen, die keinen eigenen Feiertag und dennoch eine Vorbildfunktion für den Glauben im Alltag haben. Das Fest Allerseelen, das am 2. November gefeiert wird, ist dem Gedenken an alle Verstorbenen gewidmet. Die Gläubigen erinnern sich an die Endlichkeit des Lebens, sie setzen sich mit ihrem eigenen Tod auseinander und denken an Menschen, die bereits gestorben sind. Das Fest wird von Christen aber im Bewusstsein gefeiert, dass ihnen die Auferstehung verheißen ist. Allerseelen ist also nicht bloß von Traurigkeit, sondern auch von Hoffnung und Zuversicht geprägt.

Predigt zum Fest »Allerseelen«

Sie alle, sie kennen ihn, den Tod. Er hat sich Ihnen aufgedrängt, er hat Sie nicht gefragt, so wie er nie einen von uns fragen wird; und Sie alleine wissen, was er Ihnen genommen hat – und viele von Ihnen tragen den Schmerz der Verwundung überdeutlich noch mit sich. Sie mussten erfahren, dass er nicht nur den Menschen neben Ihnen, sondern auch einen Teil Ihres Herzens, Ihrer Liebe, Ihrer Hoffnung und gar Ihres Glaubens geraubt hat. Und ich wünschte mir gerade heute, wenn all die Namen der Verstorbenen genannt werden, ich könnte Ihnen das alles wieder geben: Ihre Liebe, Ihre Hoffnung, Ihren Glauben.

Sie wissen, dass ich es nicht kann und kein anderer von uns, aber gemeinsam können wir dorthin blicken, wohin alles gelegt wird, wenn es uns genommen wird: in manus tuas pater, in die Hände des Vaters, an sein Herz, in sein Licht. Wir wagen diesen Blick, weil da einer vor uns war; er hat es uns gesagt: Jesus von Nazaret. Wir tasten glaubend danach, dass es im Haus des Vaters, in seinem Herzen, in seinen Händen ein Bleiben und ein Bewahrtsein gibt und dass es kein endgültig aufgezwungener Abschied sein wird, sondern ein vorläufiger – als wäre einer ins Zimmer nebenan gegangen, um vorzubereiten, wohin auch wir gehen werden.

Vielleicht kann es Ihnen ein Trost sein, dass man das Weggenommensein und das Fortgegangensein auch als Vorausgegangensein bezeichnen kann; und dass wir erwartet werden im Leben, hier und dort. Denn unsere Verstorbenen sind in das Leben bei Gott gegangen, der Liebe und Leben in Fülle ist. Wo immer wir uns diesem Leben und dieser Liebe zuwenden, dort werden wir von ihnen, die wir selbst lieben, erwartet.

So schenken uns unsere Verstorbenen die Zuversicht, dass wir im Leben erwartet werden, ja, dass sie von uns erwarten, wir könnten uns wieder dem Leben entgegenstrecken und nicht stehen bleiben unter den Schatten des Todes.

Karl-Heinz Berger

■ **Predigt.** Lest den Auszug aus der Predigt von Pfarrer Karl-Heinz Berger und fasst seine Aussagen zusammen. Tauscht euch über seine Sichtweise des Todes und des Lebens nach dem Tod aus.

In manus tuas. Lies das Gedicht von Karl-Heinz Berger und betrachte das Gemälde von Edvard Munch. Notiere dir, was im Text und/oder im Bild über den Tod ausgedrückt wird.

Orte der Trauer. Überlege, wo heute Orte der Trauer sind und wie sie aussehen. Male einen solchen Ort.

Edvard Munch, 1895

Noch einen Tag. Stelle dir vor, du hättest noch einen Tag zu leben. Schreibe auf, was du an diesem Tag machen würdest.

In manus tuas ...

todesschatten und grauen
unausweichlich bedrängen sie einen
wenn weggeholt wird von den tischen
ein mensch
in dessen augen glanz für mich war
ein lächeln auf dem mund
ein wort für die seele –
wohin lege ich meinen schmerz
die trauer
die angst
wohin lege ich meine liebe
in manus tuas pater
in deine hände
VATER
vielleicht, dass du sie für mich bewahrst

Karl-Heinz Berger

Kreuz aus Garn. Gestalte ein Kreuz. Lege ein Kreuz aus zwei Ästen, knote das Garn an einem Ast fest und wickle den Faden so um die Äste, dass sie zusammenhalten und sich ein Muster ergibt. Du musst ihn dabei um die eine Seite des Längsbalkens führen, dann zu einer Seite des Querbalkens und diesen umwickeln, dann zur anderen Seite des Längsbalkens führen und diesen umwickeln usw. Du kannst die Farbe des Garns wechseln, indem du das Ende des einen Fadens mit dem Anfang des nächsten verknotest. Achte darauf, dass der Knoten überwickelt wird oder sich auf der Rückseite des Kreuzes befindet. Zum Schluss den Faden festknoten.

An Weihnachten feiern Christen die Geburt Jesu Christi. Mitten in der Dunkelheit der Welt wird Gott Mensch und macht so das Leben der Menschen hell. Der himmlische Glanz der Heiligen Nacht, wie ihn Lukas am Beginn seines Evangeliums über den Hirtenfeldern »malt«, soll auch in unseren Alltag hineinstrahlen. Jesus gilt als das Licht der Welt, und in der Bergpredigt ermutigt er uns: »Ihr seid das Licht der Welt« (Mt 5,14). Dieses Licht soll den Menschen leuchten – nicht nur an Weihnachten.

Ansprache einer Kerze

Vorbereitung einer Meditation

Bildet einen Stuhlkreis. Stellt in die Mitte eine große Kerze und entzündet sie. Legt, ausgehend von der Kerze, eine Spirale mit Tüchern oder grünen Zweigen. Stellt vor jeden Stuhl ein Teelicht und lasst im Hintergrund meditative Musik laufen. Stellt euch vor, die Kerze in der Mitte spreche folgende Worte:

■ **Meditation.** Bereitet gemeinsam die Meditation vor. Wählt jemanden aus, der oder die den Text vorliest.

Ihr habt mich angezündet und seht nun mein Licht. Ich freue mich, dass ich brenne. Denn wenn ich jetzt nicht brennen würde, dann läge ich in einem Karton mit anderen Kerzen, die nicht brennen, und das wäre sinnlos. Es gibt nur zwei Möglichkeiten: Entweder ich bleibe ganz und unversehrt im Karton liegen. Dann werde ich zwar nicht kürzer, aber verpasse auch mein eigentliches Kerzenleben. Oder ich brenne und gebe dabei etwas von mir selbst ab: Licht und Wärme. Dann entfalte ich meine Fähigkeiten, dann weiß ich, wofür ich da bin. Bei dir ist das genauso. Wenn du dich zurückhältst mit deinem Tun, mit deinen Äußerungen und in den Begegnungen mit anderen Menschen, dann kann dir zwar wenig passieren, aber dann spürst und weißt du auch nicht, was du mit deinem Leben und deinen Fähigkeiten anfangen kannst. Dann bist du wie die Kerze im Karton. Die andere Möglichkeit ist, dass du brennst, manchmal nur auf Sparflamme, aber manchmal auch lichterloh. Das heißt, dass du dein Leben lebst und dabei auch Licht und Wärme an deine Mitmenschen, deine Umwelt abgibst. Dann freust du dich über das Aufleuchten deiner Möglichkeiten und andere freuen sich, dass es dich gibt. Dann gibst du etwas von dir selbst: von deiner Freude, von deiner Herzlichkeit, von deinem Lachen und Weinen, von deinen Ängsten, von deinen Sehnsüchten und Träumen, von allem, was in dir steckt. Die Angst, dabei kleiner zu werden, ist unbegründet, das ist nur äußerlich so. Innerlich wirst du zu menschlicher Größe wachsen. Manchmal passiert es auch heute noch, dass plötzlich das elektrische Licht ausgeht. Dann ist es unerwartet finster. Alle rufen nach einer Kerze und wenn sie leuchtet, ist die Dunkelheit schon überwunden.
So ist es auch bei dir. Du erlebst in dir selbst oder in deiner Umgebung Zeiten, die du als finster empfindest. Du fühlst dich ausgebrannt, traurig und verzweifelt. Dann gibt es vielleicht jemand, der oder die dir leuchtet, dich wärmt, dir Kraft und Energie, Zuwendung und Liebe schenkt und dir Lebenskraft gibt.
Jetzt ist Weihnachtszeit. Jetzt darf ich für dich, für euch, leuchten als Erwartungs- und Hoffnungszeichen. Ich möchte dich ermutigen, mitzubrennen. Warte nicht immer auf die anderen! Brenne, leuchte und wärme! Das ist der Sinn deines Lebens!

■ **Ein Licht entzünden.** Gehe, nachdem du die »Ansprache einer Kerze« gehört hast, die Spirale entlang in die Mitte des Stuhlkreises und entzünde dort deine Kerze. Gehe mit dem Licht wieder zurück an deinen Platz und stelle es vor dich auf den Boden.

■ **Ein Begleiter im Alltag.** Nimm deine Kerze mit in deinen Alltag. Entzünde sie hin und wieder, um über ihre Botschaft nachzudenken und um dich auf das Weihnachtsfest, die Geburt des Lichts, vorzubereiten.

■ **Gestalte deine eigene Kerze.** Verziere eine Kerze mit Motiven, die du aus Wachsplatten ausschneidest, oder schreibe mit einem Kerzenwachsstift deinen Namen auf ein Teelicht.

Gottes Wort ist wie Licht in der Nacht

Musik: aus Israel (Vijhuda)

■ **Gottes Wort ist wie Licht.** Singt gemeinsam das Lied »Gottes Wort ist wie Licht in der Nacht«. Überlegt euch dann Gesten, mit denen ihr das, was ihr singt, unterstreicht.

■ **Liedersuche.** Sucht im Gotteslob oder in anderen Liedheften Texte, in denen es um das Licht geht, das durch die Geburt Jesu in die Welt gekommen ist. Ihr könnt diese Lieder gemeinsam singen.

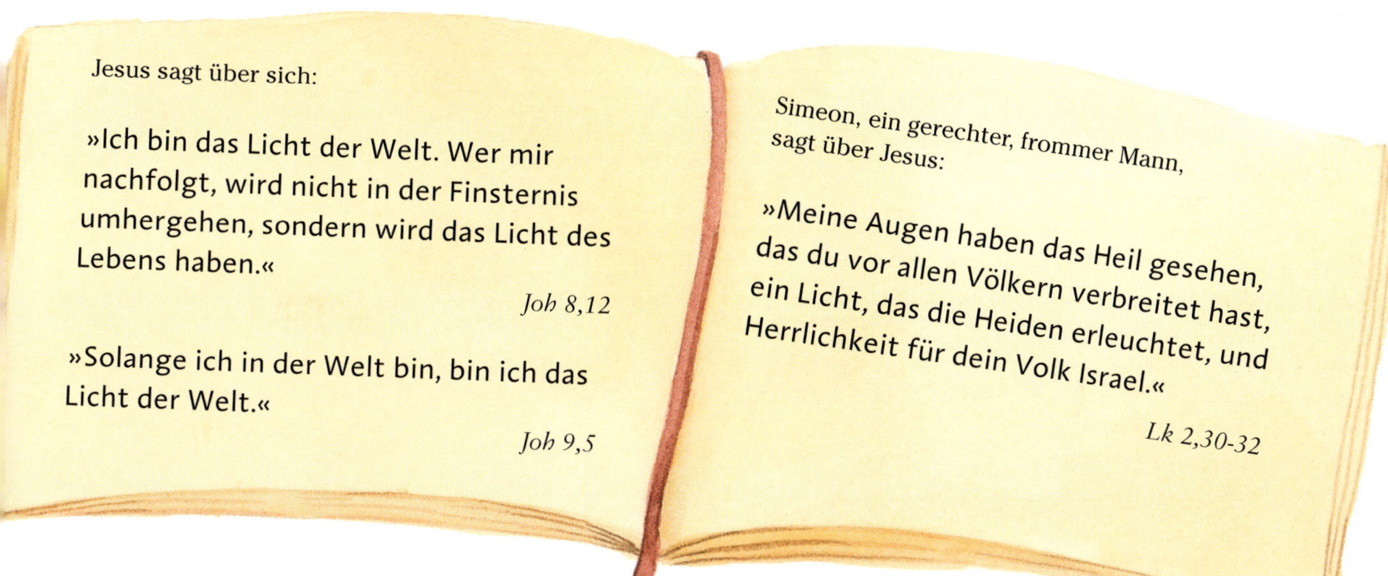

■ **Bildworte.** Lies die Bibelverse. Überlege, was es bedeutet, wenn Jesus als »Licht« bezeichnet wird. Suche eigene Bildworte, die ausdrücken, welche Bedeutung Jesus für die Menschen hat.

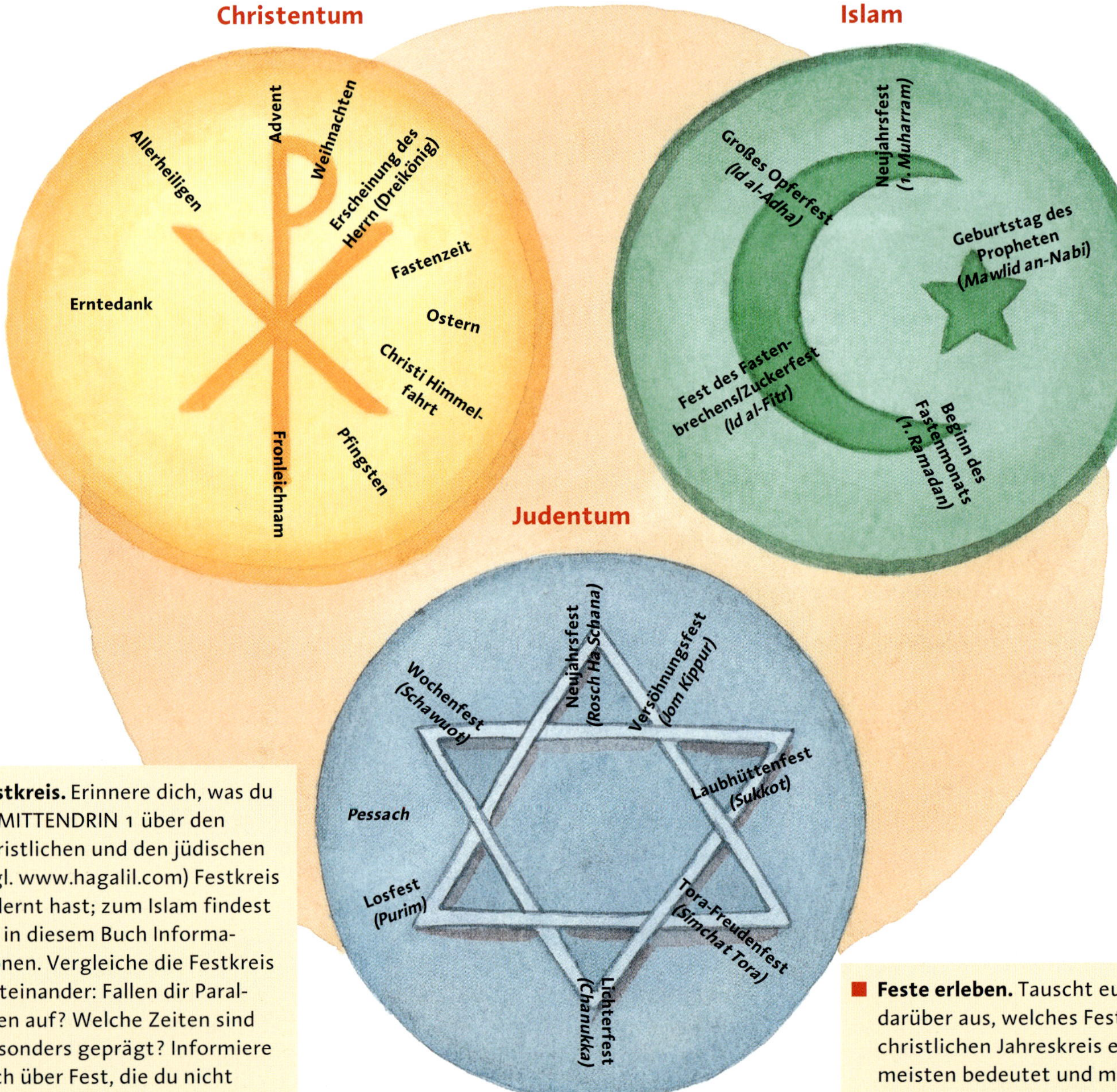

■ **Festkreis.** Erinnere dich, was du in MITTENDRIN 1 über den christlichen und den jüdischen (vgl. www.hagalil.com) Festkreis gelernt hast; zum Islam findest du in diesem Buch Informationen. Vergleiche die Festkreis miteinander: Fallen dir Parallelen auf? Welche Zeiten sind besonders geprägt? Informiere dich über Fest, die du nicht kennst, und finde heraus, welches das jeweils wichtigste Fest ist.

■ **Feste erleben.** Tauscht euch darüber aus, welches Fest im christlichen Jahreskreis euch am meisten bedeutet und mit welchem Fest ihr am wenigsten anfangen könnt, und sucht Erklärungen, woran das liegt.

■ **Feste und das menschliche Leben.** Überlege, wie der Wechsel der Jahreszeiten und das Leben des Menschen zusammenhängen und welche Bedeutung Feste im Leben eines Menschen spielen.

■ **Ein Leben ohne Fest ist eine weite Reise ohne Gasthaus** *(Demokrit, um 460-370 v. Chr.).* Bereitet gemeinsam ein Fest zu einem von euch bestimmten Anlass vor. Überlegt euch, wann das Fest stattfinden soll und welchen Namen ihr ihm gebt.

Ein Begleiter durch das Jahr: Butterbrotbeutel-Buch

Material:
Sechs Butterbrotbeutel aus Papier, Schere oder Tapeziermesser, farbiger Fotokarton, Nadel, Zwölferfaden, Locher, Schnur, Buntstifte, Klebstoff

Bastelanleitung:

1. Falte sechs Butterbrotbeutel aus Papier (17 x 21 cm) einmal zusammen und lege die Brottüten ineinander.

2. Schneide am oberen, offenen Ende etwa einen Zentimeter ab, sodass zwölf Öffnungen entstehen.

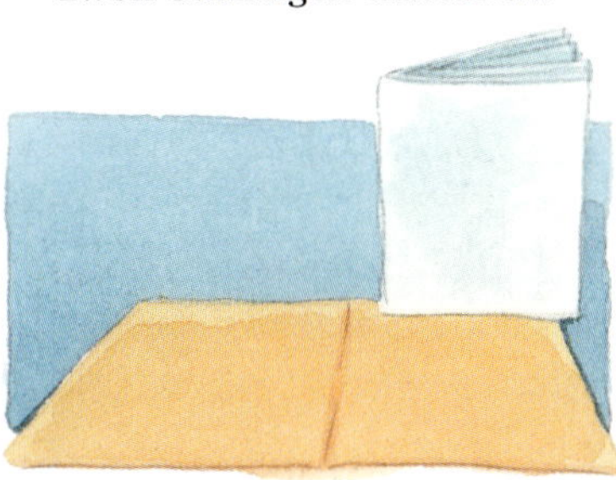

3. Schneide aus Fotokarton ein Rechteck (ca. 13,5 x 21 cm). Falte das Rechteck in der Mitte und lege die gefalteten Butterbrotbeutel hinein.

4. Stich mit einem Pinnwandstift vier Löcher durch den Falz der Butterbrotbeutel und durch den Falz des Fotokartons: zirka eineinhalb und drei Zentimeter vom Rand aus gemessen.

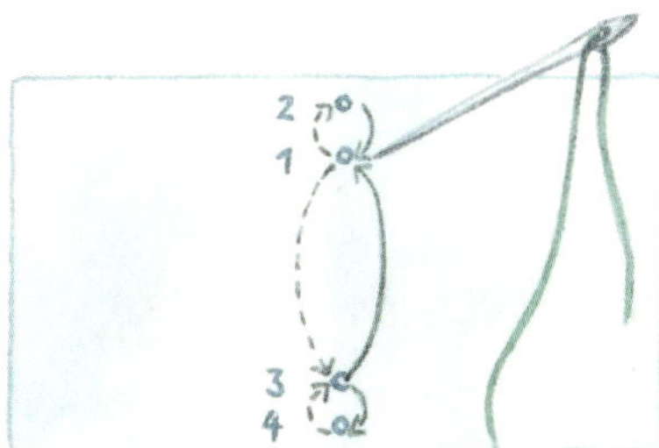

5. Ziehe nun mit einer Nadel einen Zwölfer-Faden durch die Löcher, damit die Butterbrotbeutel und der Fotokarton zusammenhalten. Jetzt ist dein Buch fertig.

6. Stanze jeweils ein Loch mit dem Locher in den Fotokarton. Ziehe durch diese beiden Löcher eine Schnur, damit du das Buch schließen kannst.

7. Schreibe vorne auf das Buch »Begleiter durch das Jahr«.

8. Jetzt kannst du jede »Buchseite« verzieren: Schreibe auf die erste Seite »Januar« und klebe oder male ein Motiv, das zu diesem Monat passt, darauf. So hast du am Ende für jeden Monat eine Buchseite, in die du etwas hineinlegen kannst, das dir in diesem Monat wichtig ist/war.

■ **Butterbrotbeutel-Buch.** Um den Jahreskreis bewusst zu erleben, brauchst du einen persönlichen Zugang zu den Festen. Bastle nach der Anleitung ein Butterbrotbeutel-Buch. Es soll dein Jahr begleiten und dir die Möglichkeit geben, jeden Monat etwas, das dir wichtig ist, in das Buch zu legen: ein Gedicht, ein Blatt, einen flachen Gegenstand usw. Vielleicht kennst du auch jemanden, dem du ein solches Buch schenken möchtest.

DAS LEBEN

Früher wurde die Welt, in der unser Leben spielt, oft mit einer Theaterbühne verglichen. Umgekehrt sagte man den Bühnenbrettern nach, dass sie die Welt bedeuteten. Denn im Theater wie im richtigen Leben werden Regeln – mal gern, mal aus Pflichtgefühl, mal aus Einsicht, mal nicht – befolgt.

Die Doppelseiten dieser Lernlandschaft helfen dir, dein Leben selbst in die Hand zu nehmen, Anforderungen an dich zu gestalten und deine Pläne umzusetzen. Probiert doch beim Durchblättern das Gedankenspiel aus: »Was wäre, wenn/wenn nicht …?« Neugierig geworden? Dann mal los!

SPIELEND UMSETZEN?!

Der Sprung ins Ungewisse

Wieder kam die Stimme des Bosses, lauernd, erregt: »Nun, warum bist du nicht erschienen?« Und drohend, heiser: »Ich frage zum letzten Mal!« Martin schwieg. Er konnte, durfte die Mutter nicht erwähnen. Alles konnte er sagen, nur das nicht. Er wusste, was sie von ihm hielten seit der Turnstunde damals ...
Oh, er hatte kommen wollen! Er hatte ihnen beweisen wollen, dass er Mut hatte! Seit damals hatte er auf diese Gelegenheit gewartet. Gestern hätten sie ihn aufgenommen. Er hätte bestanden. Aber Mutter – er konnte ihr nicht widersprechen, seit er das wusste ... (»Wissen Sie schon«, sagte Frau Strelow im Treppenhaus, »mit Frau Neumann? Es ist unheilbar.« Und Frau Jansen sprach es aus: »Krebs?«) Jetzt wussten es alle im Haus. Nur Mutter wusste es nicht. Er sah sie auf der Couch liegen unter der Decke mit den braunen Mäandern. »Martin, du musst mir helfen heute Nachmittag: spülen, einkaufen ...« Mutter verstand sonst alles. Aber wenn er gesagt hätte: Lass mich gehen, bitte! Sie wollen mich in den Klub aufnehmen, so hätte sie als Erstes gefragt: »Ist dieser Conny dabei? Du weißt, ich will nicht, dass du mit ihm verkehrst.« Und Conny war der Boss.
»Schön, du willst nicht«, sagte der Boss, »dann also Tortur. He, G 3 und G 4! Tortur, erster Grad!« Während Paul und Gerd Martins Handgelenke umklammerten, schnürten Gerold und Hans mit einem Riemen seine Füße zusammen. Dann fassten sie sein Haar über den Schläfen zwischen Daumen und Zeigefinger und zogen nach oben. »Ich konnte nicht kommen!«, stieß Martin hervor – der Schmerz an den Schläfen war unerträglich –, »ich konnte einfach nicht!«
»Schön«, sagte der Boss, »ich geb' dir noch eine Chance.« Er holte Zigaretten und Streichhölzer aus der Hosentasche, steckte sich eine Zigarette an und sagte grinsend: »Wir werden die Mutprobe nachholen. Jetzt.« Martin atmete tief ein. Er wusste nicht, was sie mit ihm vorhatten. Aber es war eine Chance. Er würde die Probe bestehen, und sie würden keinen Grund haben, ihn weiter zu quälen.
Während die »Tiger« sich um den Boss scharten und tuschelten, stand Martin allein und wartete.
Nein, sie würden es ihm nicht leicht machen. Aber er wollte es ihnen zeigen! Endlich würden sie ihn anerkennen. Es hatte alles damit angefangen, dass er Conny für die Berichtigung sein Deutschheft geliehen hatte; das Heft, in dem ein Gedicht lag, das er in den Ferien bei Onkel Bernhard gemacht hatte, an dem Abend, als Mutter spät in der Dunkelheit mit ihm durch die Felder gegangen war. Conny hatte das Gedicht gefunden. In der Pause hatten sie ihn umlagert, Kopf an Kopf, eine johlende, brüllende Menge. »Dichter! Dichter!« Von einer Ecke des Schulhofs zur andern hatten sie ihn verfolgt, die aus der Parallelklasse waren hinzugekommen, es war ein Schauspiel ohnegleichen.
Die Stimme des Bosses riss ihn jäh aus seinen Gedanken: »Die Mutprobe lautet: Der Sprung ins Ungewisse.« Martin fühlte sein Herz schlagen. Er

wusste nicht, was sie ausgeheckt hatten. Man musste anders sein, wenn man mit ihnen auskommen wollte. Man durfte nicht dichten. Was verstanden sie von Stimmungen, Farben, Klängen, Gerüchen ...? Das verstand nur Mutter. Aber sie waren stärker. Man musste sich gut mit ihnen stellen. Rolf verband ihm die Augen mit einem Fetzen Sackleinen, in der Dunkelheit, die ihn jäh umgab, hörte er den Befehl des Bosses: »Los! Tragen!«
Bald hab ich's geschafft, bald, dachte er. Aber zugleich stieg Angst in ihm auf. Jemand packte ihn unter den Armen, ein anderer fasste seine Füße, sie trugen ihn. Er lauschte. Nichts war zu hören als das Keuchen

■ **Mutprobe.** Kennst du vergleichbare Erfahrungen wie die von Martin? Oder hast du schon erlebt, wie ernst ein »Spiel« sein kann? Tauscht euch darüber in Kleingruppen aus.

der Träger, das dumpfe Tosen des Straßenlärms von ferne und das Geräusch von Schritten, vieler Schritte, der Schritte der »Tiger«, die das Geleit gaben. Es ging eine Treppe hinauf. Der Straßenlärm schien näher zu kommen – die Schwärze vor seinen Augen hellte sich auf, sie mussten jetzt im Tageslicht sein. Die Schritte hallten wider. Sand knirschte unter Schuhsohlen, das musste der Betonboden der Maschinenhalle sein, in die sie aus dem Keller heraufgestiegen waren. Wieder wurde es heller. Man stützte ihn, bis er stand, fasste ihn an den Schultern, drehte ihn in eine bestimmte Richtung. Von irgendwoher kam die Stimme des Bosses:

■ **Mut und Selbstvertrauen.** Nenne Situationen, in denen Mut, Standhaftigkeit und Selbstvertrauen nötig sind.

»So stehen bleiben! Nicht von der Stelle rühren, eh ich es sage! Aufgepasst! Einen halben Meter vor dir ist ein Abgrund. Du weißt nicht, wie tief. Verfolger sind hinter dir. Der Sprung ins Ungewisse ist deine einzige Rettung. Ich zähle bis drei. Bei ›drei‹ springst du! Verstanden?«
Martin nickte. »Er muss sich durchsetzen«, hatte Vater gesagt. Mehr als einmal hatte er das gehört. – Ich werde mich durchsetzen!, dachte er. Was ich jetzt mache, tu ich freiwillig, damit –
»Du kannst noch einen halben Schritt vorgehn!«, rief der Boss. Seine Stimme schien von unten zu kommen. Martin tastete sich mit den Füßen nach vorn. Der Boden war eben und aus Stein. Dann stieß sein Fuß ins Leere. Er fühlte mit der Fußspitze nach, der Boden brach geradlinig vor ihm ab. Vielleicht stand er auf einer Mauerkrone, drei, vier, fünf Meter hoch? Wie sah es unten aus? War Wasser da, Gebüsch, Schutt? »So, Dichter, jetzt lass sehn, was du kannst!« Martin keuchte. Ich will nicht – ich will nicht!, dachte er.

Oh, sein Zimmer jetzt in der Nachmittagssonne, die Boote auf dem Wasser, die Stimmen der Ruderer – »Ich kommandiere!«, rief der Boss.
Wie sie triumphieren würden, wenn er nicht sprang! »Zwei ...« Nein! Dieser Triumph musste ihm gehören. Er würde sie besiegen, dies eine Mal, was immer sie auch mit ihm vorhatten. – Er widerstand der Versuchung, in die Hocke zu gehen, damit der Sprung nicht so tief sein sollte – was würde das schon ändern –, straffte sich und stand, mit den Füßen wippend, aufrecht auf der Kante. »Drei!«
Abstoß, die Arme fliegen nach vorn. Wind saust an den Ohren – Mutter, die Decke mit den braunen Mäandern, »Er muss sich durchsetzen!«, Sonnenschirme, rot, blau, gelb, Lampions – jäh der Aufprall. Die Wucht reißt ihn nach vorn. Er fängt

■ **Weiterspinnen.** Überlege, wie die Geschichte deiner Meinung nach ausgehen könnte.

den Sturz mit den Armen ab, da dringen Schneiden in seine Handflächen, scharf und stechend. Blut läuft warm über seine Handballen, das Tuch herunter! Licht! ...

Theodor Weißenborn

■ **Stimmenskulptur.** Bildet zunächst ein Standbild für eine Szene, die euch zentral erscheint. Wer von euch nicht zufrieden ist mit der »Skulptur«, darf sie begründet verändern.
Alle, die keine »Statuen« darstellen, dürfen danach einer Figur, der sie ihre Stimme leihen wollen, ihre Hand auf die Schulter legen und deren mögliche Gedanken äußern.
Redet abschließend darüber, warum eventuell eine Figur nicht öffentlich sagt, was sie wirklich denkt.

Jakobs Kampf mit Gott (Gen 32,23-31) – eine psychologische Deutung

Die Lebensbedingungen weisen oft auf den Ernst unseres Daseins hin: verursacht durch äußere Umstände oder eigenes Unvermögen.

Jakob ist von Geburt an benachteiligt, er kommt als Zweiter zur Welt, als der zweite Zwilling nach Esau. Damit ist von Anfang an klar, dass sein Bruder alles erben würde, dass dem Bruder alles offensteht an Erfolg und Glück und väterlichem Segen. Er selbst würde leer ausgehen. Aber Jakob will sein Schicksal ändern, selbst in die Hand nehmen. Er hat Erfolg damit. Mit Tricks und Finessen setzt er sich durch: Den Vater betrügt er, den Bruder haut er übers Ohr, seinen Gastgeber überlistet er.

Jetzt ist er ein gestandener Mann. Er ist reich, hat große Viehherden, auch mit Nachkommen ist er gesegnet. Nun kehrt er heim. Abends erreicht er den Grenzfluss zum Land seiner Kindheit, den Jabbok, der in einer tiefen Schlucht von Osten her dem Jordan zufließt. Seine Frauen, seine Mägde, seine Kinder und seine Herden bringt er an das andere Ufer. Er selber bleibt mitten in der Nacht am Fluss zurück. Er braucht Zeit für sich, bevor er an den Ort seiner Kindheit zurückkehren kann. Die Gedanken gehen zurück.

Je näher er dem Ort seiner Kindheit kommt, umso mehr holt ihn die Vergangenheit ein. Er denkt an seinen Bruder Esau, dem er das Erstgeburtsrecht für ein Linsengericht abgekauft hat und vor dessen Rache er vor 20 Jahren geflohen ist. Er sendet deshalb üppige Geschenke voraus, um seinen Bruder gnädig zu stimmen. Er erinnert Gott, dass er ihm doch Glück und Segen zugesagt hat. Eine Antwort hat er nicht bekommen. Nun ist er allein inmitten der Nacht. Alles, was bisher hell und schön gewesen ist, kehrt sich nun gegen ihn. Er merkt: Alles, was ich habe, ist hohl und leer.

Plötzlich fällt ihn, so erzählt die Bibel, eine Gestalt an. Lange kämpfen die beiden miteinander, ohne dass einer den anderen bezwingt. Übermenschliche Kräfte sind am Werk. In dem nächtlichen Kampf ringt Jakob mit seinem schlechten Gewissen und mit seinem Gott zugleich: mit der Frage nach dem Sinn seines Lebens und der Rolle, die Gott darin spielen soll.

Als der andere sieht, dass Jakob ihm widersteht, verrenkt er ihm die Hüfte. In diesem Moment steigt die Morgenröte herauf und Jakob meistert seine Angst. Plötzlich ist er nicht mehr auf sich selbst fixiert, sondern kann seinem Gegenüber begegnen.

Durch seinen eigenen Schatten, seine dunklen Gedanken hindurch bekommt er den lebendigen Gott zu fassen: Trotz allem, was er ist, will er Gottes Segen. Er gibt sich in seinem Namen preis als Jakob, der Betrüger, zeigt damit Mut, sich zu sich selbst zu bekennen. Deshalb kann er nun ein neues Leben beginnen – unter einem neuen Namen: ›Israel‹ – Gottesstreiter; denn er hat es mit Gott, mit unbezwingbar scheinenden Mächten, mit sich selbst aufgenommen.

Die Heimkehr in die Heimat kann insofern auch als Heimkehr zu sich selbst gedeutet werden, die vorangegangene Flucht als Ausweichen vor sich selbst, der Frage nach dem

- **Inhalt.** Lies die Erzählung Gen 32,23-31 zunächst leise für dich. Danach lest ihr sie einander laut vor. Dabei könnt ihr euch versweise abwechseln. Teilt die Geschichte in verschiedene Abschnitte ein und erstellt Teilüberschriften (mit Versangaben). Haltet das Ergebnis im Heft fest.

- **Psychologisch gedeutet.** Formuliere mit eigenen Worten, wie der Kampf Jakobs mit Gott gedeutet werden kann.
Stelle einen Bezug zum Bild von Ilse Greif her. Diskutiert anschließend, ob diese Darstellung dem Bild Jahwes gerecht wird.

- **Stuhltheater.** Die biblischen Erzählungen scheinen oft weit weg von uns. Deshalb ist es hilfreich, das Geschehen im szenischen Spiel zu vergegenwärtigen. Eine Möglichkeit ist das »Stuhltheater«.
Überlegt dazu, wie viele Personen in der Perikope (dem Abschnitt aus der Bibel) erwähnt werden und zu Wort kommen sollen. Kennzeichnet entsprechend viele Stühle und stellt diese in einem Halbkreis auf. Etwa zwei Meter gegenüber gibt es einen weiteren Stuhl für die Person, die Fragen an die Akteure in der biblischen Szene stellen will.
Wer eine Frage an eine oder mehrere Personen hat, die durch die »Stühle« im Halbkreis repräsentiert werden, setzt sich auf den »Frage-Stuhl« und stellt sie.
Wer die Frage aus Sicht der angefragten Person beantworten will, setzt sich auf den entsprechenden Stuhl und antwortet.
Wer diese Antwort korrigieren, ergänzen oder präzisieren will, kann das (ebenfalls auf dem entsprechenden Stuhl) tun.

■ **Mit mir und meinem Schatten ringen.** Fasse im Heft oder auf einem separatem Blatt Papier zusammen, wann du bereits selbst mit »deinem Schatten« gerungen hast. Füge hinzu, worum es jeweils gegangen ist. Könntest du dieses Geschehen auch als »Ringen mit Gott« bezeichnen? Wie – verwundet?, gesegnet?, gestärkt? – bist du aus diesem inneren Kampf hervorgegangen?

Sinn des Lebens und damit zugleich nach Gottes Dasein. Der Kampf mündet nicht in den Tod, sondern in die Geburt zu einem neuen Leben. Der Segen steht somit erst ganz am Ende des nächtlichen Ringens. Jetzt ist er kein Ergebnis der Forderung Jakobs mehr, sondern reine Gabe. Jakob ist durch den Kampf zu einem Menschen geworden, der weiß, dass er sich nicht sich selbst verdankt.

Als Jakob anschließend Esau begegnet, nützt der Bruder die Schwäche Jakobs nicht aus, sondern umarmt und küsst ihn, sodass Jakob in ihm Gott selbst sehen kann. In der Begegnung mit seinem Bruder spürt er nun den Segen, in dem Gott sein Angesicht liebevoll zuwendet. Gott ist eben kein kleinlicher Buchhalter, sondern nimmt den Menschen in seiner verschwenderischen Liebe immer wieder neu an und will ihn durch Annahme der eigenen Unzulänglichkeiten zu einem wahren Mitmenschen machen.

Im Idealfall entwickelt sich innerhalb des Halbkreises auch eine Diskussion über das Frage-Antwort-Schema hinaus zwischen den Personen auf den besetzten Stühlen.

Am Ende des Stuhltheaters beantworte die folgenden Fragen im Heft:
- Welche Worte haben mich berührt?
- Welche Erinnerungen aus meiner eigenen Geschichte hatte ich?
- In welche Figur konnte ich mich gut einfühlen, in welche nicht?
- Welche Botschaft war mir unangenehm?
- Welcher Vorsatz für den nächsten Tag hat sich in mir entwickelt?
- Welche Ängste und Befürchtungen lasse ich hier zurück?

Vergiss nicht, deine Antworten zu begründen.

Ilse Greif, 2005

Die Begegnung mit dem Auferstandenen auf dem Weg nach Emmaus

Am dritten Tag nach Jesu Kreuzigung waren Kleopas und ein anderer Jünger Jesu auf dem Weg in ein Dorf namens Emmaus, das sechzig Stadien von Jerusalem entfernt ist. Sie sprachen miteinander über all das, was sich ereignet hatte. Während sie redeten und ihre Gedanken austauschten, kam Jesus hinzu und ging mit ihnen. Doch sie erkannten ihn nicht. Jesus fragte sie:

Jesus: Was sind das für Dinge, über die ihr auf eurem Weg miteinander redet?

Kleopas (traurig stehen bleibend): Ja bist du denn so fremd hier in Jerusalem, dass du als Einziger nicht weißt, was in diesen Tagen dort geschehen ist?

Jesus: Was denn?

Kleopas: Das mit Jesus aus Nazaret. Er war ein Prophet, mächtig in Wort und Tat vor Gott und dem ganzen Volk. Doch unsere Hohenpriester und Führer haben ihn zum Tod verurteilen und ans Kreuz schlagen lassen. Wir aber hatten gehofft, dass er der sei, der uns und ganz Israel erlösen werde. Und dazu ist heute schon der dritte Tag, seitdem das alles geschehen ist.

Der andere Jünger: Aber nicht nur das: Einige Frauen aus unserem Kreis haben uns in große Aufregung versetzt. Sie waren in der Frühe beim Grab, fanden aber seinen Leichnam nicht. Als sie zurückkamen, erzählten sie, es seien ihnen Engel erschienen und diese hätten gesagt, er lebe. Einige von uns gingen dann zum Grab und fanden alles so, wie die Frauen gesagt hatten; ihn selbst aber sahen sie nicht.

Jesus: Begreift ihr denn nicht? Wie schwer fällt es euch, alles zu glauben, was die Propheten gesagt haben. Musste nicht der Messias all das erleiden, um so in seine Herrlichkeit zu gelangen? Bei Mose und bei den Propheten steht doch alles geschrieben ... *(Er legt den Jüngern die Heilige Schrift aus.)*

Kleopas: Wie? Da ist ja schon das Dorf. Die Zeit verging jetzt wie im Fluge.

(Jesus tut so, als wolle er weitergehen.)

Kleopas: Halt! Bleib doch bei uns; denn es wird bald Abend, der Tag hat sich schon geneigt.

Jesus: Also gut. Danke. *(Sie gehen in ein Haus.)*

Der andere Jünger: Komm, setz dich zu Tisch und iss mit uns. *(Sie begeben sich zu Tisch; Jesus bricht das Brot und spricht den Lobpreis.)*

Jesus: Dies ist das Brot des Lebens. Wer von diesem Brot isst, wird in Ewigkeit nicht sterben. Nehmt und esst es zu meinem Gedächtnis.

Kleopas und der andere Jünger (sich erstaunt ansehend): Der Herr! Jetzt erst erkennen wir dich! – *(Plötzlich sehen sie Jesus nicht mehr.)*

Der andere Jünger: Aber wo bist du?

Kleopas: Brannte uns nicht das Herz in der Brust, als er unterwegs mit uns redete und uns den Sinn der Schrift erschloss? Komm, lass uns sofort aufbrechen und nach Jerusalem zurückkehren.

(Sie eilen nach Jerusalem, wo sich die anderen Jünger bereits versammelt haben.)

Einer der versammelten Jünger: Ihr kommt gerade recht! Hört mal her! Der Herr ist wirklich auferstanden und ist dem Simon erschienen!

Kleopas: Stellt euch vor, was wir unterwegs erlebt haben! Auch bei uns war der Herr. Und wir haben seine Gegenwart erst erkannt, als er das Brot brach.

- **Verstehen.** Lies bei Lk 24,13-35 nach und gliedere die Geschichte vom Gang nach Emmaus in ihre einzelnen Abschnitte (mit Versangaben zu deinen Teilüberschriften). Halte die Ortsangaben und Raumveränderungen in einer Skizze fest. Versuche eine Deutung der Perikope in eigenen Worten.

- **Hoffnungen und Enttäuschungen.** Erzähle die Geschichte aus der Sicht des Kleopas. Lasse darin seine möglichen Wünsche einfließen, die enttäuscht worden sind. Was hat ihm neue Kraft geschenkt?

- **Inszenieren.** Die beiden Jünger kehren sehr niedergeschlagen von Jerusalem in ihr Dorf zurück, da ihre ganzen Hoffnungen zerstört und ihre Träume geplatzt sind. Spielt gemeinsam die Szene nach. Probiert aus, durch welche Körperhaltungen, Mimik und Gestik Niedergeschlagenheit und Verzweiflung auszudrücken sind.

Janet Brooks-Gerloff, 1992

■ **Kraft zur Entscheidung.** Tauscht zunächst mit einem Partner oder einer Partnerin, dann erst in der Klasse Erfahrungen aus, wann ihr enttäuscht und mutlos wart und wie ihr zu neuer Hoffnung und Kraft gefunden habt.

■ **Bildinterpretation.** Betrachte das Bild und deute Anordnung und Haltung der Personen sowie Farbgebung. Inwiefern interpretiert die Künstlerin die biblische Erzählung? Hast du jemals das Gefühl gehabt, dass während einer Unterhaltung plötzlich eine weitere Person – unsichtbar, doch spürbar – anwesend ist? Überlege, in welchen Situationen und wie uns Jesus auch heute noch begleitet.

■ **Miteinander essen.** Formuliere in eigenen Worten, was die Mahlgemeinschaft mit Jesus bewirkt (vgl. Lk 24,30f.), und notiere dies in deinem Heft.

Berührende Geschichten

Biblische Geschichten wollen nicht nur Geschichten aus dem Leben Jesu oder vom Israel in alten Zeiten erzählen, sondern immer auch das Leben der Leserinnen und Leser berühren – egal, wie alt sie sind und zu welcher Zeit sie leben. Umgekehrt haben Menschen zu allen Zeiten die Erfahrung gemacht, dass ihnen die Texte der Bibel tatsächlich in ihrem eigenen Leben wichtig geworden sind und ihnen geholfen haben, das Leben besser zu verstehen.
Um solche Erfahrungen zu machen, reicht es oft nicht, die Bibel aufzuschlagen und darin einfach flüchtig zu lesen. Man muss sich Zeit nehmen für die oft auf den ersten Blick langweilig oder manchmal auch sehr blutrünstig wirkenden Texte. Die wissenschaftliche Auslegung von Bibeltexten (z. B. die »historisch-kritische Exegese«) fragt dann nach der Zeitgeschichte, in der biblische Texte entstanden sind, nach der Textsorte (Gleichnis, Gedicht, Wundererzählung, Gebet etc.), nach Brüchen im Text und dem (ursprünglichen und jetzigen) Zusammenhang einer Aussage, ob ein Abschreiber den Text verändert hat und vieles mehr.
Manchmal ist es auch hilfreich, die Texte nicht nur einfach mit dem Kopf »verstehen« zu wollen, sondern mit allen Sinnen zu »erfahren«. Wie das funktionieren kann, beschreiben die folgenden Methoden:

Standbild bauen: Bei dieser Methode liest zunächst jeder für sich eine bestimmte biblische Geschichte (z. B. Gen 19,15.16.22.26), bevor ihr dann in der Gruppe darüber sprecht, welche Höhe- und Wendepunkte in der Geschichte am wichtigsten sind. Diese »zementiert« ihr dann in einer »Statuengruppe«: Einige aus der Gruppe, die sich trauen, lassen sich von den anderen als Statue modellieren. Dabei solltet ihr besonders auf Körperhaltung, Gesichtsausdruck und Stellung der Personen zueinander achten. Anschließend betrachtet ihr mit der gesamten Klasse das Standbild und teilt einander eure Beobachtungen mit: Wie stehen die Personen zueinander? Was fällt mir auf?
Wichtig: Die einzelnen Darsteller werden als Figuren angeredet, nicht mit ihrem eigenen Namen.

Rolle einnehmen: Dazu sucht ihr gemeinsam biblische Figuren aus (z. B. Bartimäus aus Mk 10,46-52) und weist ihnen Bereiche im Klassenzimmer zu. Tretet dann in den Bereich einer biblischen Figur und äußert in dieser Rolle deren Gedanken, z. B. »Als Geheilter werde ich ...« – »Ich, Jesus, möchte dir sagen ...« – »Als Jünger spüre ich ...«.

Fortsetzung gestalten: Die ausgewählte biblische Geschichte (z. B. Lk 15,11-32) wird unter einem bestimmten Aspekt fortgeschrieben, z. B. unter der Frage: Wie könnte das Leben für die Beteiligten weitergegangen sein?

Fantasiefigur hinzufügen: Reizvoll ist es, einer biblischen Geschichte eine Fantasiefigur hinzuzufügen, die das Geschehen aus einer bestimmten Perspektive deutet (z. B. bei Mk 10,46-52). So kann z. B. ein ohnehin mitgedachter Außenstehender hinzuerfunden werden oder gar ein »moderner« Mensch mittels Zeitreise hinzukommen und auf den Vorgang reagieren.

Interview führen: Ein erfundenes Interview mit einer der dargestellten Personen (z. B. bei Gen 12,1-5) führt oft zu verblüffenden Ergebnissen. Fragen könnten z. B. sein: »Herr N., was dachten Sie über Gott/Jesus vor Ihrer Begegnung?« – »Was halten Sie davon, wie mit Ihnen umgegangen worden ist?«.

Die Geschichte aktualisieren: Verwandle z. B. Lk 15,11-32 in eine heutige Szene. Ist eine solche aktualisierende Verfremdung deiner Meinung nach sinnvoll? Tauscht anschließend eure Ansichten miteinander aus.

■ **Bibel in Aktion.** Teilt euch in Kleingruppen, wählt eine der im Text genannten Methoden aus und setzt sie um. Stellt einander die Ergebnisse vor. Überlegt gemeinsam, welche Gestaltungen eurer Meinung nach den erlaubten Spielraum einer Textinterpretation verlassen. Besprecht am Schluss: Welche Methoden findet ihr sinnvoll, welche nicht?

■ **Emil Nolde.** Beschreibe zunächst das Bild; deute es danach. Gestaltet ein Standbild, das sich in Gestik, Mimik und Proxemik (Wahrnehmung der Anordnung im Raum) an Noldes Gemälde orientiert. Lasst die Figuren anschließend erzählen, wie sie das Geschehen erleben.

■ **Bewertung.** Lies Joh 20,24-29 und beurteile mit diesem Hintergrund, ob Noldes Interpretation der biblischen Perikope gerecht wird. Zeige auf, inwiefern gerade metaphorisches »Be-greifen«, Glauben und Vertrauen zusammenhängen (vielleicht findest du auch ein Beispiel aus deinem alltäglichen Leben).

Emil Nolde, 1912

Szene eins

■ **Begegnung.** Beschreibe die Situation auf der Zeichnung. Berichte von eigenen Erfahrungen. Spiele die Szene mit einem Mitschüler oder einer Mitschülerin nach: Die Rolle des Jungen soll dabei von einem Mädchen und die Rolle des Mädchens von einem Jungen gespielt werden. Die Darstellerin und der Darsteller werden von zwei Gruppen beobachtet – das Mädchen von den Jungen, der Junge von den Mädchen: Diskutiert miteinander, ob sie sich eurer Meinung nach richtig verhalten. Diskutiert, ob euch Klischees oder Erwartungen anderer einengen.

Szene zwei

Lieber Hans, liebe Kolleginnen und Kollegen,
nichts freut mich mehr, als zu so einer Gelegenheit eine Rede halten zu dürfen. Dreißig Jahre ist unser Hans Schöller nun schon bei uns, gewissermaßen seit den ersten Stunden also, und ich kann mit Fug und Recht behaupten: Ohne ihn wären wir heute nicht so weit! Ohne die innovativen Produkte, die Hans Schöller entwickelt und ständig verbessert, gäbe es keinen Marktführer Brosch im Segment Auto-Türschlösser. Lieber Hans, wenn wir dir auch unsere Dankbarkeit für deinen Fleiß und deine Arbeit nicht jeden Tag zeigen, so sei dir heute umso herzlicher versichert: Wir wissen, dass wir letztlich dir unser Wohlergehen verdanken, auch und gerade – und lassen Sie mich das an dieser Stelle betonen – weil wir eine Gemeinschaft sind, die auf ein faires Miteinander aufgebaut ist; denn nur im Team, im kommunikativen Miteinander bleiben wir erfolgreich. Deshalb ein dreifaches Hoch auf unseren Hans. Er lebe hoch, hoch, hoch!

■ **Schön reden.** Begründe, ob du nebenstehende Rede für glaubhaft hältst. Fallen dir vergleichbare Situationen ein?

■ **Kompliment.** »Nix g'sagt isch g'nug g'lobt«, heißt es bei Schwaben. Stimmst du dieser Ansicht zu? Hast du heute schon jemanden gelobt, bist du heute schon gelobt worden?

■ **Laudatio.** Verfasse eine »Laudatio« (Lobrede) auf einen Menschen deiner Wahl und trage sie anschließend vor. Tauscht euch danach aus: Wie hat sich der Gelobte gefühlt, wie der Laudator?

Szene drei

■ **Gewalt.** Beschreibe die Situation. Erzähle von eigenen Erlebnissen.

■ **Jetzt handeln.** »Es gibt nichts Gutes, außer: Man tut es.« So formulierte einmal Erich Kästner. Testet auf dem Pausenhof, ob Mitschülerinnen oder Mitschüler eingreifen würden, wenn z. B. einem Mädchen die Wasserflasche aus der Hand geschlagen, ein Junge von einer Jugendgang gehänselt, die Umwelt verschmutzt oder Schulinventar (scheinbar!) beschädigt wird. Dazu müsst ihr zuvor eine Drehbuchskizze entwerfen und die Szene üben.

Zu klären:
- Ort und Zeit der Aktion; Requisiten; Kamera/Fotoapparat
- Unbedingt benachrichtigen: Aufsicht führende Lehrkräfte, Schülerzeitung.

Überlegt im Vorfeld, mit welchen Reaktionen ihr rechnet:
- Wer wird sich wohl (wie?) am ehesten einmischen, wer nicht?

Arbeitet einen Beobachtungsbogen aus, z. B.:
- Schauen die Mitschülerinnen und Mitschüler her, bleiben aber uninteressiert?
- Schauen welche her und bleiben stehen?
- Greifen sie ein?
- Wie mischen sie sich ein (verbal, gehen dazwischen, vermitteln, mit Gewalt ...)?
- Männlich/weiblich?
- In einer Gruppe/allein?
- Ungefähres Alter? ...

Formuliert einen schriftlichen Fragenkatalog, nach dem ihr Schülerinnen und Schüler interviewen könnt, z. B.:
- Warum hast du (nicht) eingegriffen?
- Was hätte passieren müssen, damit du (nicht) eingegriffen hättest?
- Hast du nun ein schlechtes (gutes) Gewissen?
- Hast du schon einmal schlechte Erfahrungen gemacht, als du dich eingemischt hast?
- Warum/wie schnell wirst du handgreiflich?
- Welche anderen Lösungsmöglichkeiten außer Gewaltanwendung siehst du?
- Wann/wie hast du selbst Gewalt erlebt? ...

Was »Migrationshintergrund« bedeuten kann

Virtuelle Trainerin

Kim ist schwarzhaarig, blauäugig, schlank. Sie trägt eine Sporthose und ein bauchfreies Top und turnt an einem Palmenstrand. Eigentlich nur am Bildschirm, denn Kim ist ein Cybergirl. Alen Jevsenak, der »Vater« von Kim und Gründer der Firma fitatwork, ist ein 33-jähriger Kybernetik-Ingenieur. Er wurde in Slowenien geboren. Mit fünf Jahren brachten ihn die Eltern nach Stuttgart, weil sie dort eine Beschäftigung gefunden hatten. Es kam ihm vor, als ob er aus einem Paradies voller Freiheit, Natur und Freunde in eine fremde Großstadt eines Landes entführt wurde, dessen Sprache er noch zu lernen hatte. Nach dem Studium programmierte und designte er vier Jahre allein und im Verborgenen. Er sperrte sich Tag und Nacht im Zimmer ein! Das große Interesse gab ihm schließlich Recht. Inzwischen hat er Kim per Internet tausendfach in die ganze Welt verkauft. Alen Jevsenak träumt davon, einen »Ein-Mann-Weltkonzern« zu gründen – und dessen Sitz nach Maribor in Slowenien zu verlegen.

Helena aus Kasachstan

Ich bin mit meinem Mann und meinen drei Kindern hierher gekommen, weil meine Vorfahren aus Deutschland stammten. Wir bekamen einen deutschen Pass, die Kinder gingen in die Schule, mein Mann bekam eine Anstellung im Straßenbau. Die Kinder lernten bald Deutsch, die Älteste bekam auch nach der Schule einen Ausbildungsplatz. Wir zogen mit anderen Familien aus Kasachstan zusammen in eine neue Siedlung, wo wir oft die Freizeit miteinander verbringen. Besonders die Jugendlichen sind ständig zusammen. Uns geht es besser als früher und wir wollen nicht mehr zurück. Aber immer noch sind wir die »Russen«, wenn die Deutschen von uns reden.

- **Abrahams Aufbruch.** Schreibe Gen 12,1-9 in eine moderne Geschichte um oder gestalte ein Tischgespräch, in welchem Abraham seinen Clan von seinem geplanten Aufbruch in Kenntnis setzt. Wie reagieren seine Tischgenossen?

- **Integration.** Stellt euch gegenseitig (evtl. in Dreiergruppen) die einzelnen Schicksale vor. Achtet besonders darauf, warum die Personen ihr Land verlassen haben und wie sie in Deutschland integriert sind (rechtlich, sozial, kulturell, emotional). Überlegt, welche Rolle die Religion in diesem Zusammenhang spielen kann.

- **Sich bewegen.** Sprecht darüber, aus welchen Gründen ihr eure Familie/euer Land verlassen würdet bzw. verlassen habt. Wie offen empfindet ihr Zuwanderer, wie offen seid ihr selbst Zuwanderern gegenüber? Wie wichtig ist für euch dabei das religiöse Bekenntnis (das eigene/das anderer)?

Kemal Sahin, geschäftsführender Gesellschafter der Sahinler Group Europa

Kemal Sahin studierte mit einem Stipendium an der RWTH Aachen. Nach dem erfolgreichen Abschluss bekam er keine Arbeitserlaubnis für Deutschland. Also machte er sich mit 5 000 DM Startkapital selbstständig; er gründete eine Boutique in Würselen. Heute ist die Sahinler Group das größte türkische Unternehmen außerhalb der Türkei. In der Region Aachen ist das Textilunternehmen eines der erfolgreichsten Ausbildungszentren der IHK Aachen. Dabei werden 40 % ausländische Jugendliche zusammen mit deutschen Jugendlichen ausgebildet. Viel Wert wird bei dieser Integration auf Internationalität, Sprachenvielfalt und die verschiedenen Kulturen gelegt. Zur Ausbildung gehört ein viertägiger Aufenthalt in den Produktionsstätten in der Türkei. Nach der Ausbildung bleiben viele im Unternehmen und werden wegen ihrer Sprach- und Kulturkompetenz oft in Unternehmen außerhalb Deutschlands eingesetzt. 11500 Mitarbeiter werden weltweit, 1700 in Deutschland beschäftigt. 20 % davon sind türkischer Abstammung, 10 % kommen aus 35 verschiedenen Nationen und 70 % der Arbeitsplätze haben deutsche Arbeitnehmer.

■ **Selbstkritik.** Lege den Schülerinnen und Schülern mögliche Äußerungen in den Mund. Überlege, wann sie sich deiner Meinung nach offen auf ihr Gegenüber einlassen.

■ **Bibel aktuell.** Teilt euch in Kleingruppen und wählt eine der folgenden Bibelstellen als Grundlage für eine aktualisierende szenische Interpretation: Lev 16,20-22; Lev 25,35-38; Mt 5,33.37; Mt 5,38f.; Mt 6,1.5; Mt 7,3; Mt 21,28-30. Folgende Überlegungen und das Stichwort »Bibliodrama« im Lexikon helfen euch dabei:

- Zu welchem der folgenden Bereiche gehört das Thema: Familie, Gesellschaft, Kirche, Glaube oder Schicksal?
- Wie kommt das Thema im Text vor?
- Wie kommt das Thema in meinem eigenen Leben vor?
- Welche Gefühle, Stimmungen oder Bewegungen sind damit verbunden?
- Welche Aufforderung ergibt sich für mein eigenes Leben/meinen Alltag?

■ **Dialog.** Antworte deinem Gesprächspartner oder deiner Gesprächspartnerin zu einem Thema aus dem Bereich der Religion nonverbal (mit Gestik, Mimik, Körperhaltung). Kann das Publikum deine Reaktion erraten?
In einem zweiten Schritt kannst du auch differenziert (abgestuft) zustimmen: »In dem letzten Punkt stimme ich mit dir überein, aber ...«; »im Wesentlichen gebe ich dir recht, aber ...«. So kannst du deinem Gegenüber sachlich antworten und eventuell einzelne Teile seines Beitrags kritisieren, ohne die Person selbst anzugreifen.

■ **Monolog.** Teile deinen Mitschülerinnen und Mitschülern in fünf Sätzen mit, was du heute Sinnvolles in der Schule (oder vergangene Woche in Religion) gelernt hast. Stelle dich dazu vor dein Publikum. Halte danach den kurzen Beifall aus und verbeuge dich kurz.

■ **Rede.** Beschreibe und deute das Bild auf S. 81 (der Redner ist Wladimir Iljitsch Uljanow, gen. Lenin, 1870-1924). Halte anschließend im Heft fest, warum sowohl Monolog als auch Dialog für eine funktionierende Gemeinschaft wichtig sind.

Monolog – Dialog

Darstellen

Wenn du etwas darstellen willst, solltest du Folgendes bedenken:

- Immer, wenn du auftrittst, stellst du dich als Person selbst dar, deine Wünsche, Gefühle, Stimmungen.
- Zugleich vermittelst du aber auch einen Inhalt (hier kannst du unterscheiden zwischen dem, was du mit Absicht sagst, und dem, was unterschwellig mitschwingt, etwa in deinem Tonfall).
- Deine »Botschaft« ist an ein »Du« gerichtet.
- Du bist Bestandteil einer größeren Geschichte.

■ **Darstellen.** Begründe die vier Punkte im Abschnitt »Darstellen« anhand konkreter Beispiele. Erläutere in diesem Zusammenhang die Fotos oben.

Monolog

Du kennst *»mono«* – im Unterschied zu *»stereo«* – bei einer Hifi-Anlage; das Wort bedeutet »allein« und stammt aus dem Griechischen. Das griechische Wort *»logos«* heißt unter anderem »Wort«, »Rede«.
Ein Monolog ist also eine Rede, die du entweder nur für dich hältst (eine Art Selbstgespräch: Nachdenken über Vergangenes, Überlegen einer zukünftigen Entscheidung) oder bei der nur du sprichst und andere zuhören. Bei einer Rede solltest du aber stets dein Publikum im Auge behalten, wenn du willst, dass jemand aktiv zuhört.

Dialog

Erst im Dialog – im Sprechen mit einem Gegenüber – wirst du, so seltsam es klingen mag, im eigentlichen Sinne zum Ich; denn erst in der Zusammen- und Auseinandersetzung mit anderen erfährst du, wie du auf sie wirkst, nicht nur, wer du sein willst: Du spürst, wo deine Stärken und Schwächen liegen (schlage dazu in der entsprechenden Lernlandschaft S. 8 und 24 nach). Es klingt paradox: Auch wenn du nichts sagst, »sagst« du den anderen etwas.

Isaak J. Brodsky, 1920

- **Religion.** Diskutiert eine oder mehrere der folgenden Thesen:
  - Ich brauche dich, um zu erfahren, wer ich bin.
  - Der Glaube an Gott zeigt mir, was ein Mensch ist.
  - Um menschlich zu sein, braucht die Welt Religion.
  - Was zählt: Sein oder Design?
  - Nur der Glaube an Gott motiviert letztlich dazu, die Welt zum Guten zu verändern.

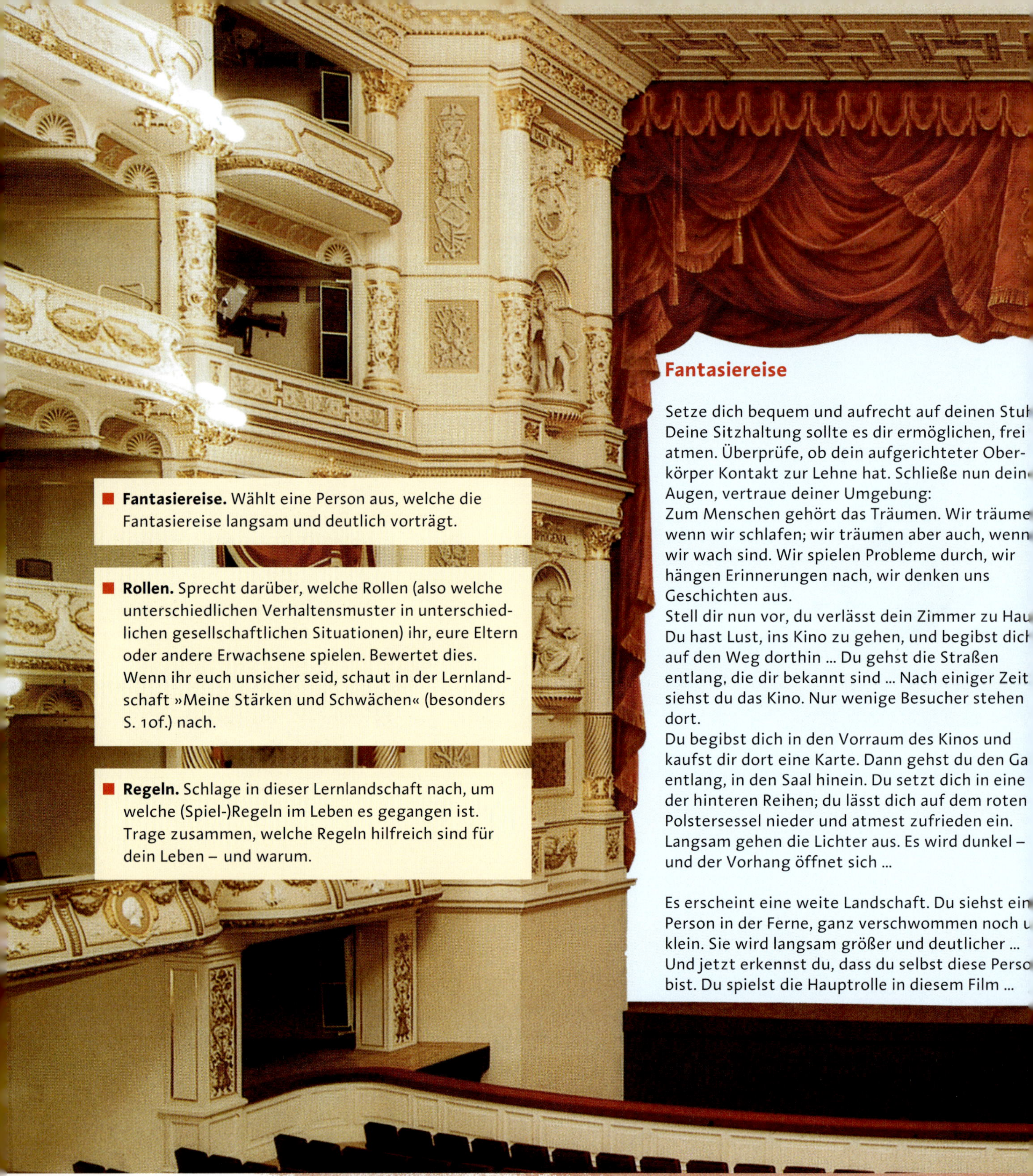

■ **Fantasiereise.** Wählt eine Person aus, welche die Fantasiereise langsam und deutlich vorträgt.

■ **Rollen.** Sprecht darüber, welche Rollen (also welche unterschiedlichen Verhaltensmuster in unterschiedlichen gesellschaftlichen Situationen) ihr, eure Eltern oder andere Erwachsene spielen. Bewertet dies. Wenn ihr euch unsicher seid, schaut in der Lernlandschaft »Meine Stärken und Schwächen« (besonders S. 10f.) nach.

■ **Regeln.** Schlage in dieser Lernlandschaft nach, um welche (Spiel-)Regeln im Leben es gegangen ist. Trage zusammen, welche Regeln hilfreich sind für dein Leben – und warum.

Fantasiereise

Setze dich bequem und aufrecht auf deinen Stuh
Deine Sitzhaltung sollte es dir ermöglichen, frei
atmen. Überprüfe, ob dein aufgerichteter Oberkörper Kontakt zur Lehne hat. Schließe nun dein
Augen, vertraue deiner Umgebung:
Zum Menschen gehört das Träumen. Wir träume
wenn wir schlafen; wir träumen aber auch, wenn
wir wach sind. Wir spielen Probleme durch, wir
hängen Erinnerungen nach, wir denken uns
Geschichten aus.
Stell dir nun vor, du verlässt dein Zimmer zu Hau
Du hast Lust, ins Kino zu gehen, und begibst dich
auf den Weg dorthin … Du gehst die Straßen
entlang, die dir bekannt sind … Nach einiger Zeit
siehst du das Kino. Nur wenige Besucher stehen
dort.
Du begibst dich in den Vorraum des Kinos und
kaufst dir dort eine Karte. Dann gehst du den Ga
entlang, in den Saal hinein. Du setzt dich in eine
der hinteren Reihen; du lässt dich auf dem roten
Polstersessel nieder und atmest zufrieden ein.
Langsam gehen die Lichter aus. Es wird dunkel –
und der Vorhang öffnet sich …

Es erscheint eine weite Landschaft. Du siehst ein
Person in der Ferne, ganz verschwommen noch u
klein. Sie wird langsam größer und deutlicher …
Und jetzt erkennst du, dass du selbst diese Perso
bist. Du spielst die Hauptrolle in diesem Film …

DAS LEBEN SPIELEND UMSETZEN

Und deine Hauptrolle?

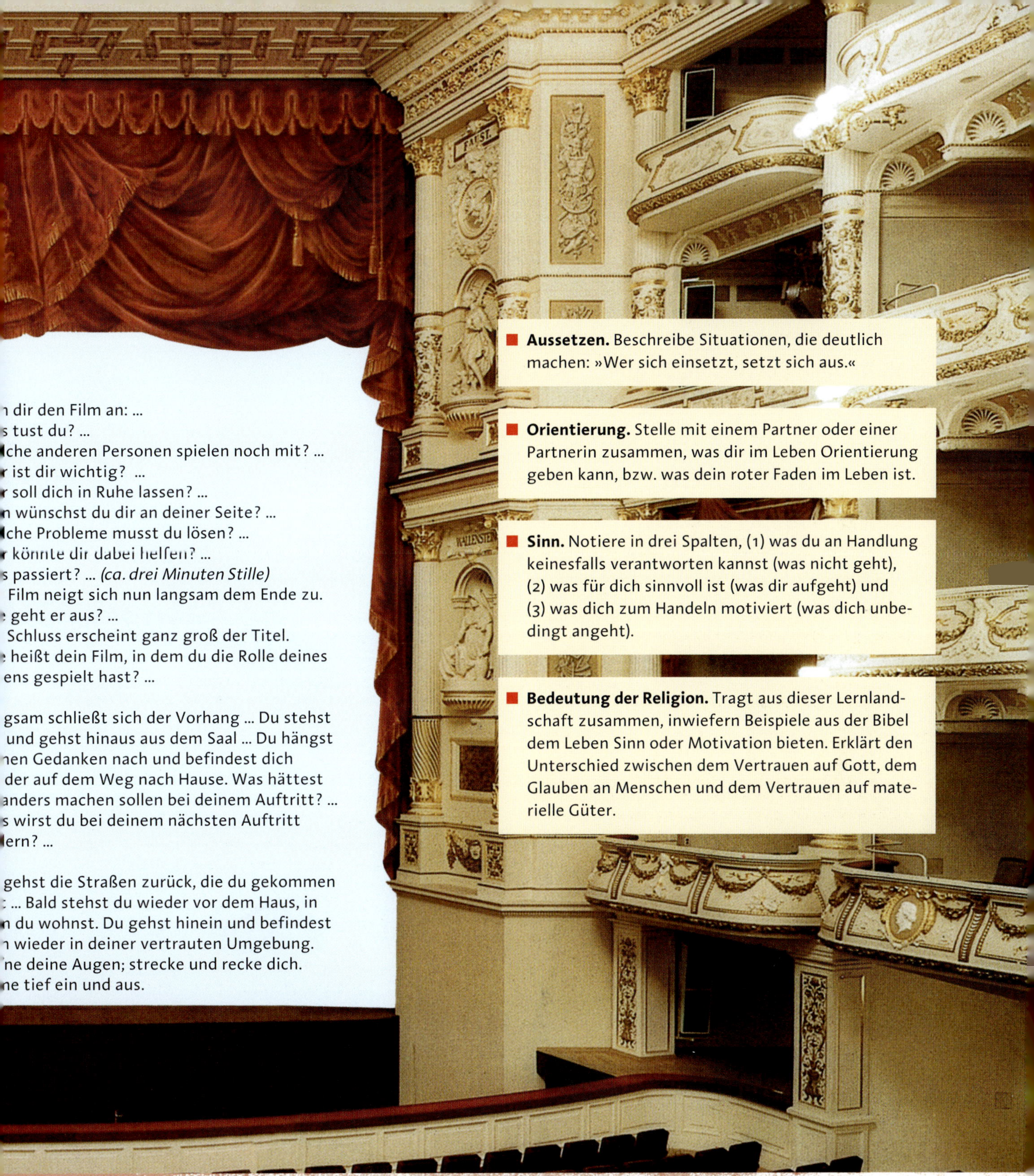

ı dir den Film an: ...
s tust du? ...
lche anderen Personen spielen noch mit? ...
r ist dir wichtig? ...
r soll dich in Ruhe lassen? ...
n wünschst du dir an deiner Seite? ...
lche Probleme musst du lösen? ...
r könnte dir dabei helfen? ...
s passiert? ... *(ca. drei Minuten Stille)*
Film neigt sich nun langsam dem Ende zu.
: geht er aus? ...
Schluss erscheint ganz groß der Titel.
: heißt dein Film, in dem du die Rolle deines
ens gespielt hast? ...

gsam schließt sich der Vorhang ... Du stehst
und gehst hinaus aus dem Saal ... Du hängst
nen Gedanken nach und befindest dich
der auf dem Weg nach Hause. Was hättest
anders machen sollen bei deinem Auftritt? ...
s wirst du bei deinem nächsten Auftritt
lern? ...

gehst die Straßen zurück, die du gekommen
: ... Bald stehst du wieder vor dem Haus, in
n du wohnst. Du gehst hinein und befindest
ı wieder in deiner vertrauten Umgebung.
ne deine Augen; strecke und recke dich.
ne tief ein und aus.

- **Aussetzen.** Beschreibe Situationen, die deutlich machen: »Wer sich einsetzt, setzt sich aus.«

- **Orientierung.** Stelle mit einem Partner oder einer Partnerin zusammen, was dir im Leben Orientierung geben kann, bzw. was dein roter Faden im Leben ist.

- **Sinn.** Notiere in drei Spalten, (1) was du an Handlung keinesfalls verantworten kannst (was nicht geht), (2) was für dich sinnvoll ist (was dir aufgeht) und (3) was dich zum Handeln motiviert (was dich unbedingt angeht).

- **Bedeutung der Religion.** Tragt aus dieser Lernlandschaft zusammen, inwiefern Beispiele aus der Bibel dem Leben Sinn oder Motivation bieten. Erklärt den Unterschied zwischen dem Vertrauen auf Gott, dem Glauben an Menschen und dem Vertrauen auf materielle Güter.

Leitern, Sehnsucht und Religion – das hört sich nach einer sonderbaren Mischung an. Alle, die auf einer Leiter aufwärtssteigen, bekommen jedoch mehr zu sehen und oftmals auch den Wunsch, immer höher hinaufzusteigen. Dazu musst du jedoch den sicheren Boden verlassen, dich auf Neues einlassen. So kommst du dem Himmel etwas näher und mitunter auch verblüffenden Vorstellungen zum Greifen nahe. Der Blick von oben verschafft dir Überblick, und Einzelheiten fügen sich zu einem Gesamtbild zusammen.
Mit den verschiedenen Leitern kannst du nun auch verschiedene Bereiche des Themas dieser Lernlandschaft erreichen.

Die Himmelsleiter

- Sie verbindet unsere Welt und Gottes Wirklichkeit miteinander.
- Sie führt dich an die Wundertaten Jesu mit ihrer heilsamen Wirkung und an seine Gleichnisse heran.
- Sie macht dir auch verständlicher, was du dir unter dem »Reich Gottes« vorstellen kannst.

DA BERÜHREN SICH

Die Tonleiter

- Sie soll dein Gehör für verschiedene Töne unserer Sprache und religiöse Ausdrucksweisen schärfen, die häufig in bildlichen Sprachformen wie Metaphern vermittelt werden.
- Sie zeigt dir auch, welche besonderen Töne Jesus, hier als Anspruch an seine Mitmenschen, in den Gleichnissen anschlägt.
- Dabei klingt nicht alles im ersten Moment wie einfache Musik oder ein Ohrwurm. Manchmal wirst du intensiver oder länger hinhören müssen!

Die Drehleiter

- Sie führt dich zu verschiedenen Gleichnissen Jesu und kann unterschiedliche Sichtweisen und Zugänge dazu vermitteln.
- Sie kann dir auch den Drehpunkt, die unerwartete neue Richtung in der Botschaft Jesu näherbringen.
- Sie soll dir aber auch helfen, deutlicher zu erkennen, dass in den Taten und Worten Jesu alltägliche Situationen mit einem anspruchsvollen Appell an jeden Menschen verbunden werden.

HIMMEL UND ERDE

Wie spät kann es sein?

Morgens, wenn sich die Fenster öffnen,
streckt die Welt ihre Hände
und der Baum seine Zweige aus.
Guten Tag.
Jede Blume hat ihren Platz unter der Sonne,
jeder Mensch hat einen Traum.
Jeder Mensch hat
einen Himmel über seiner Wunde
und einen kleinen,
gesetzwidrigen Frühlingszettel
in seiner Tasche.

Jannis Ritsos

- **Eindrücke austauschen.** Tausche deine Empfindungen zu dem Gedicht mit anderen Schülern und Schülerinnen der Klasse aus und zeige auf, was davon auch im Bild deutlich wird. Finde heraus, worin der Mensch sich hier von der Natur unterscheidet.

- **Frühlingszettel.** Verfasse einen kleinen »Frühlingszettel« mit einem geheimen Wunsch für den heutigen Tag und gib ihn einem Menschen, dem du eine Freude bereiten möchtest.

Nobelpreis für Medizin: Bakterium erlangt Weltruhm

In diesem Jahr ist der Medizinnobelpreis eine echte Würdigung der praktischen Forschungsarbeit der Medizin. Die Entdeckung des Bakteriums *Helicobacter pylori* als Verursacher von Darmproblemen und sogar Krebs hatte unverzügliche Konsequenzen. Unzähligen Menschen konnte aufgrund der Erkenntnisse der Australier Barry Marshall und Robin Warren auf rasche und schonende Weise geholfen werden. Vielen Menschen, die bis in die achtziger Jahre als empfindsame Mäuschen abgestempelt worden waren, geht es heute gut. Und gespart werden konnte dabei zudem: Eine schnelle Behandlung mit Medikamenten ist sehr viel billiger als eine Operation.

Stuttgarter Zeitung vom 4. Oktober 2005

- **Neue Hoffnungen.** Erkläre möglichst genau, welche Sehnsüchte und Hoffnungen von Menschen durch den im Zeitungsbericht beschriebenen medizinischen Durchbruch in Erfüllung gehen.

- **Schlagzeilen erstellen.** Formuliere Schlagzeilen für ähnliche Erfolge in anderen Lebensbereichen. Bewertet anschließend in der Klasse, welche ihr für erreichbar haltet.

Die Sache mit dem Aber – ein Erfahrungsbericht

Gestern haben wir eine Mathearbeit zurückbekommen, ich habe mich über meine Zwei riesig gefreut. *Aber* ausgerechnet Tobias, der doch sonst nicht viel mitkriegt, hat die beste Arbeit geschrieben. Er ist *aber* nicht zur Geburtstagsfeier von Sonia eingeladen. Alle anderen Jungs aus meiner Klasse werden wohl kommen. *Aber* leider kommt Sarah nicht.
Wie gut, dass wir bald Ferien haben, endlich Zeit zum Ausruhen und für größere Aktionen mit den Freunden. *Aber* leider ist dieses Jahr das Geld bei uns etwas knapp, der Ski-Urlaub musste abgeblasen werden und die Ski-Freizeit vom Verein wurde abgesagt, weil zu wenige Anmeldungen eingegangen sind.
Ständig dieses kleine Wort »*aber*« – fehlt uns tatsächlich immer noch etwas zu unserem Glück? Mich stört dieses *Aber*, das kann einen richtig deprimieren.

- **Verschiedene Anlässe.** Sammle einige Situationen, in denen das Wort »*aber*« häufig gebraucht wird, und erkläre, wozu wir es verwenden.

- **Sehnsüchte unserer Zeit.** Ohne *Wenn und Aber* steht Gott zu uns. Formuliere einige Sehnsüchte und Träume unserer Zeit, die wir uns nicht mit unseren eigenen Mitteln erfüllen können.

- **Anstehen zur Himmelsleiter.** Diskutiert, ob im Bild typische Träume moderner Menschen dargestellt werden. Male ein eigenes Bild mit Himmelsleiter und Wolken, die mit Symbolen oder treffenden Slogans für unerfüllte Sehnsüchte gefüllt sind.

■ **Passende Übersetzungen.** Sonderbare Formulierungen, aber jeder weiß sofort, worum es hier geht. Übersetze einige Aussagen davon ins Englische. Was fällt dir dabei auf?

■ **Aktuelle Ausdrücke.** Sammelt gemeinsam eure eigenen Formulierungen dafür, dass jemand sich verliebt hat, und haltet sie an der Tafel fest.

■ **Helle Aussichten.** Beschreibe die Atmosphäre des Liedes »Du bist das Licht der Welt« und erkläre die Bedeutung von bildlichen Ausdrücken für den Inhalt. Weshalb sind sie gerade für eine religiöse Botschaft so geeignet?

Eine handfeste Verhandlung – bildlich gesprochen

Willy Wühlbeck hielt um Susi Seilers Hand bei ihrem Vater an. Der aber schlug die Hände entnervt über dem Kopf zusammen und sagte: »Hand aufs Herz, Sie leben doch von der Hand in den Mund, haben selten einen festen Job, wie soll ich Ihnen meine Tochter anvertrauen können?« – »Aber das stimmt doch gar nicht«, antwortete ihm Willy entrüstet, »ich werde natürlich nicht mit leeren Händen kommen. Ich bin nämlich mittlerweile die rechte Hand meines neuen Chefs und wir arbeiten sogar Hand in Hand, er vertraut mir wichtige Aufträge an. Die Arbeit geht mir deshalb leicht von der Hand und läuft wie geschmiert. Außerdem will Susi mich so, wie ich bin, und ich werde sie auf den Händen tragen, wenn sie mir keinen Korb gibt.« »Das sagen sie doch alle«, entgegnet jedoch der Vater, »diese Heiratsanträge nehmen inzwischen überhand und jeder verspricht natürlich, Susi mit Handkuss zu nehmen. Aber ...«

■ **Fortsetzung verfassen.** Schreibe die Erzählung von Willys Antrag weiter und verwende dabei passende Metaphern (vgl. Lexikon), die sich aber vom Wortfeld »Hand« lösen.

■ **Irgendwie verdreht?** »Bildliche Ausdrucksformen wie Metaphern lenken vom Wesentlichen ab.« Diskutiere diese Behauptung mit den Mitschülerinnen und Mitschülern.

■ **Andere Bereiche.** Es gibt noch andere Bereiche, in denen oft Metaphern verwendet werden, ohne dass man dies noch bewusst wahrnimmt: Sprichwörter (»Lügen haben kurze Beine«), Kosenamen (»Mein Schatz«, »Mein Prinz«) oder Kraftausdrücke (»Dummer Hund«, »Sau« etc.).
Gestaltet zu zweit eine Seite mit dem Titel: Bildlich gesprochen, aber anders gemeint.

Du bist das Licht der Welt – Metaphern und Vergleiche im Lied

T/M: Helga Poppe

2. *So wie eine Lampe plötzlich Wärme bringt und Licht,*
wie der Strahl der Nebelleuchte durch die Sichtwand bricht.
Wie ein rasches Streichholz eine Kerze hell entflammt
und dadurch die Dunkelheit verbannt.

3. *So wie im Widerschein ein Fenster hell erstrahlt,*
wenn die Sonne an den Himmel bunte Streifen malt.
Wie ein altes Haus im Licht der Straßenlampe wirkt
und dadurch manch Hässlichkeit verbirgt.

Metaphern verstehen und richtig verwenden

Metaphern begegnen wir häufig, ohne dass uns dabei die Bedeutungsvielfalt oder -tiefe hinter den Ausdrücken bewusst ist. Den vermittelten Inhalt einer Aussage verstehen wir meistens problemlos, weil unsere Auffassungsgabe gut trainiert ist und fast automatisch funktioniert. Für das genaue Verständnis von Metaphern lohnt sich jedoch ein schrittweises Vorgehen. Verdeutliche dir das an dem folgenden Beispiel: Du bist das Licht der Welt.

1. Schritt: Nimm den bildlichen Ausdruck (Metapher) genau wahr und grenze ihn von anderen Worten ab. Was ist nicht wörtlich zu verstehen?
2. Schritt: Überlege dir, wozu diese Formulierung dem Inhalt nach gehört oder worauf sie sich bezieht. Worin liegt der Bezugspunkt?
3. Schritt: Beurteile, worin nach deinem Verständnis die besondere Aussagekraft oder die neue Bedeutung der Worte besteht. Was ist gegenüber einer einfachen, direkten Aussage hier betont und deutlicher?
4. Schritt: Überprüfe anschließend dein Verständnis im Gespräch mit anderen: Entsteht so eine sinnvolle und beabsichtigte Aussage?

Nachdem du die vier Schritte nun einmal durchgeführt hast, solltet ihr in der Klasse alle zu einem ähnlichen Verständnis gekommen sein.
Probiere die Schritte nun an dem Beispiel einer weiteren Metapher aus dem religiösen Bereich aus, z. B. an dem Liedvers: »Kleines Senfkorn Hoffnung, mir umsonst geschenkt, werde ich dich pflanzen, dass du weiter wächst« (vgl. Mk 4,30-32).

Wachsen lassen? Vom Unkraut unter dem Weizen

Und Jesus erzählte ihnen noch ein anderes Gleichnis:
Mit dem Himmelreich ist es wie mit einem Mann, der guten Samen auf seinen Acker säte. Während nun die Leute schliefen, kam sein Feind, säte Unkraut unter den Weizen und ging wieder weg. Als die Saat aufging und sich die Ähren bildeten, kam auch das Unkraut zum Vorschein. Da gingen die Knechte zu dem Gutsherren und sagten: Herr, hast du nicht guten Samen auf deinen Acker gesät? Woher kommt dann das Unkraut? Er antwortete: Das hat ein Feind von mir getan. Da sagten die Knechte zu ihm: Sollen wir gehen und es ausreißen?
Er entgegnete: Nein, sonst reißt ihr zusammen mit dem Unkraut auch den Weizen aus. Lasst beides wachsen bis zur Ernte. Wenn dann die Zeit der Ernte ist, werde ich zu den Arbeitern sagen: Sammelt zuerst das Unkraut und bindet es in Bündeln, um es zu verbrennen; den Weizen aber bringt in meine Scheune.

Mt 13,24-30

■ **Umformung mit Folgen.** Formuliere das Gleichnis so um, dass das Entstehen des Unkrauts anders erklärt wird und auch eine andere Lösung für das Verhalten der Knechte entsteht. Besprecht, wann für euch ein stärkerer Eingriff gegen das Unkraut nützlich erscheint.

Liebe Freunde,
nehmen wir an, dass alles, was ihr seht, so einfach zu beurteilen wäre und man immer genau
wüsste, was von Gott kommt und was nicht. Nehmen wir an, die ganze menschliche Geschichte
läge so klar vor unseren Augen und wir hätten teil am göttlichen Wissen und wir wüssten,
was Nahrung bringt und was Schatten wirft: Was folgt daraus?
Es ist möglich, mit der Ungeduld des Herzens in die Saat zu fahren und auszureißen und
zu trennen. Man kann nur sagen: Hört damit auf, denn ihr werdet alles zerstören!
Ihr werdet am Ende nicht Leben bewirken, sondern Zerstörung und Tod.
Ihr Jünger müsst euch entscheiden zwischen dem langen Atem des Wartens, des engagierten
Begleitens und dem Drang, selber zu tun, was man Gott überlassen muss.

Eugen Drewermann

■ **Unerwartetes.** Einige Dinge im Leben entwickeln sich unkontrollierbar oder anders, als wir dies erwarten: z. B. eigene Fähigkeiten, Freundschaften, Hoffnungen. Suche dafür Beispiele aus deinem Leben und erkläre, wann du zu schnellen Entscheidungen neigst und wann du geduldig aushalten kannst.

■ **Deutliche Reaktionen.** Überlege dir mögliche Reaktionen der Jünger auf die deutenden Worte im Brief oben und notiere dies in deinem Heft. Den Wortwechsel könnt ihr auch als kleine Spielszene vortragen.

Arbeit für alle?

Rembrandt, um 1637

■ **Bildbeschreibung.** Beschreibt euch gegenseitig das Bild und seinen Aufbau. Klärt dabei, um was für eine Situation es sich hier handeln kann.

■ **Mögliche Reaktionen.** Entwirf drei Sprechblasen zu unterschiedlichen Personen im Bild und eine mögliche Reaktion der links sitzenden Person. Vergleiche deine Sprechblasen zum Bild mit der im Gleichnis von den Arbeitern im Weinberg beschriebenen Situation (Mt 20,1-11).

■ **Maßstäbe.** Versuche, den Maßstab für das Verhalten des Gutsbesitzers zu bestimmen: Wonach richtet er sich? Stelle in einer Tabelle gegenüber, was seinen Maßstab bestimmt und welcher Maßstab für uns in Situationen der Abrechnung oder der Bewertung von Leistungen anderer meistens gilt.

■ **Heutige Arbeitswelt.** Entwerft in Gruppenarbeit eine Szene aus der heutigen Arbeitswelt und lasst euch dabei von der Botschaft des Gleichnisses leiten. Spielt sie dann den anderen in der Klasse vor.

Stell dir vor, es ist Jugendgottesdienst und keiner geht hin

Die Klasse 8c möchte nicht nur über den Glauben reden, sondern einen Jugendgottesdienst für alle Schülerinnen und Schüler ihres Gymnasiums organisieren. Nach der gemeinsamen Fahrt einiger Schüler zum Weltjugendtag in Köln ist die Idee entstanden, einen besonderen Gottesdienst von und für Jugendliche zu gestalten. Die Initiatoren wollen bewusst solche Jugendliche für die gemeinsame Feier gewinnen und auch gleich mit einbeziehen, die bisher noch wenig Bezug zu Kirche und Glauben haben. Deshalb soll diesmal einiges anders werden.

Die Schülerinnen und Schüler der Klasse haben für Samstagabend einen Jugendgottesdienst vorbereitet, fünf von ihnen haben sich zu einer Band zusammengefunden und drei Mädchen aus der Theater-AG wollen eine Pantomime vorspielen. Der junge Vikar der Ortsgemeinde unterstützte die Gruppe bei der Vorbereitung und leitet den Gottesdienst.

Wenige Tage vor dem geplanten Gottesdienst wird ein Benefiz-Konzert für den Wiederaufbau eines durch Vandalismus zerstörten Jugendhauses angekündigt. Drei bekannte Bands aus der Region wollen auftreten, und die Begeisterung unter allen Jugendlichen ist groß. Einige Klassenkameraden der Jugendlichen, die eigentlich zum Gottesdienst kommen wollten, machen klar, dass sie nun andere Pläne hätten und das Konzert vorzögen.

Und dann stellt sich auch noch heraus, dass die Jugendmannschaften der örtlichen Sportvereine kurzfristig einen Ausflug in einen Freizeit-Park anbieten. Wieder teilen einige Schüler ihren Freunden mit, dass sie zwar gerne zum Gottesdienst gekommen wären, ihnen jetzt aber doch ihre Gemeinschaft und der Ausflug wichtiger seien.

Samstagabend, eine viertel Stunde vor Beginn des Gottesdienstes ist die Kirche bis auf einige wenige Jugendliche am Rand der hinteren Reihen leer. Nicht einmal die immer treuen Schüler der letzten Schulgottesdienste sind gekommen. Die Band spielt sich warm, fröhliche Melodien schwingen durch die Kirche. Einige Schülerinnen und Schüler der Klasse kommen, leider haben sie keine weiteren Freunde mitgebracht. Was nun? Auf Wunder wollen die Jugendlichen nicht warten, aber gerade jetzt darf ihre Feier nicht ausfallen – für sie steht zu viel auf dem Spiel: neue Ideen, gute Vorsätze vom Weltjugendtag ... Der Altar ist gedeckt, der junge Vikar betritt in gespannter Erwartung die Kirche. Die Jugendlichen schauen sich ratlos an: Unsere Vorarbeiten und Überlegungen wollen wir nicht einfach platzen lassen! Was können wir tun, um die Feier zu retten?

■ **Gemeinsame Beratung.** Entwerft gemeinsam eine kleine Szene als Rollenspiel, in der sich die Jugendlichen beraten und genauer klären, weshalb ihnen dieser Gottesdienst so wichtig ist und wie sie doch noch einige Mitfeiernde gewinnen könnten.

■ **Unterschiedliche Lösungen.** Lies das Gleichnis Jesu vom Festmahl (Lk 14,16-23) und vergleiche das Verhalten des Gastgebers mit euren Vorschlägen zur Rettung des Jugendgottesdienstes. Überlege, weshalb der Gastgeber nicht zu einfacheren Lösungen greift, und beziehe in deine Überlegungen Lk 14,12-14 ein.

■ **Festmahl.** Betrachte das Bild auf S. 93, das auch eine Mahlgemeinschaft darstellt, und finde heraus, welche Personen hier am Mahl teilnehmen.
Überlege, wie ein Gespräch zwischen den Gästen verlaufen könnte, in dem sie den Gründen für ihre Einladung nachgehen und herausfinden wollen, was sie verbindet und zur Gemeinschaft werden lässt. Verfasst zu zweit solch ein Gespräch.

■ **Neue Strophen.** Die Gemeinschaft mit Gott kann zu wesentlichen Veränderungen im Leben führen, wie die Beispiele von Brot und Wort im Lied auf S. 93 zeigen. Schreibe vom Bild ausgehend eine oder mehrere weitere Strophen für das Lied. Verwende dazu auch Elemente des Bildes oder Anregungen aus dem Text »Stell dir vor ...«.

Sieger Köder, 1973

Wenn das Brot, das wir teilen

Das gibt es doch gar nicht! Hast du das gelesen, ja, in den Abendnachrichten kam es doch auch. Selbst die Reporter waren fast sprachlos, haben nur so mit den Armen herumgefuchtelt. Ich habe gleich alle meine Freunde angerufen. Aber so richtig erklären konnten wir es auch nicht – einfach unglaublich und auch sensationell!

- **Auslöser.** Suche nach Ereignissen, welche die starke Reaktion ausgelöst haben könnten, die in der Sprechblase anklingt.

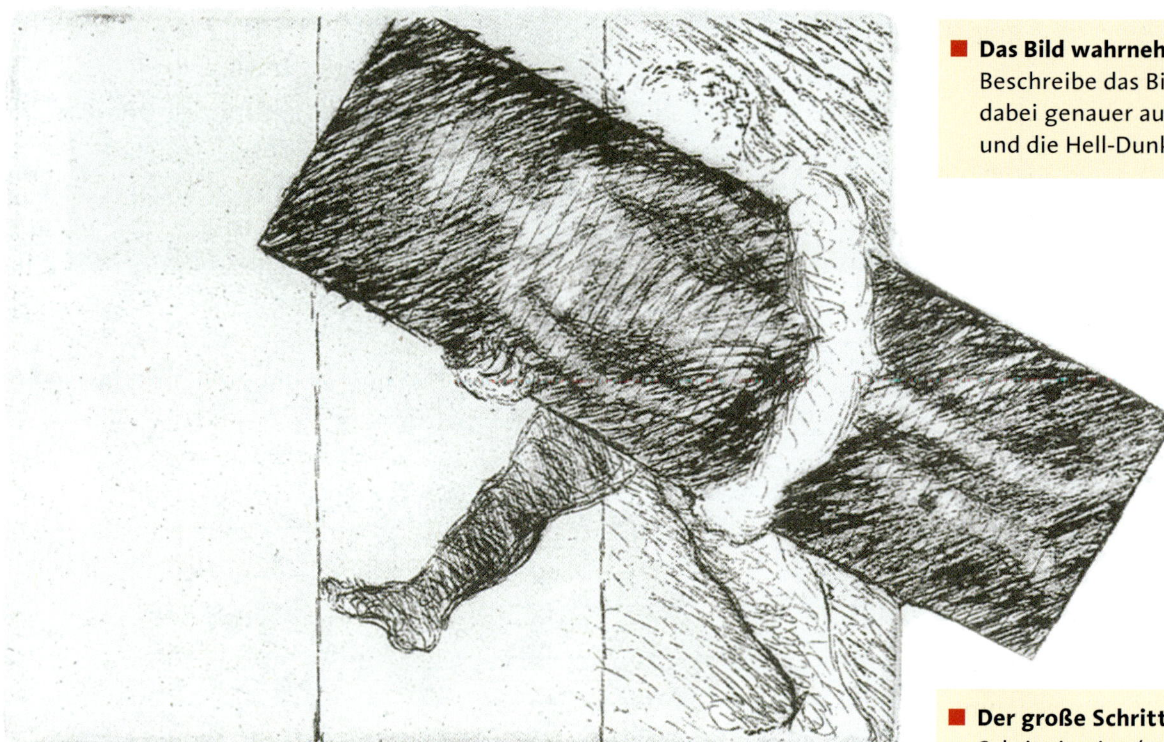

Thomas Zacharias, 1992

- **Das Bild wahrnehmen.** Beschreibe das Bild und achte dabei genauer auf den Aufbau und die Hell-Dunkel-Kontraste.

- **Der große Schritt.** Mit großem Schritt in eine (neue) Richtung. Welches Ziel oder Vorhaben könnte die Person ansteuern?

- **Heilung des Gelähmten.** Lies die Erzählung von der Heilung des Gelähmten in Mk 2,1-12 nach. Erkläre, welchen Moment der Wundererzählung das Bild herausstellt und welche wichtigen Schritte der Handlung vorausgehen. Was bringt die Menschen zum Staunen?

- **Auf eigenen Füßen stehen.** Ein menschliches Leben wird wieder auf die eigenen Füße gestellt. Überlege, was sich damit alles für den Geheilten verändern kann.

blinde sehen
krüppel tanzen
stumme singen freudenlieder

Mut
mein sohn
sagt jesus zu dem gelähmten
mut
meine tochter
zur blutflüssigen
zu den blinden
euch geschehe wie ihr geglaubt

heilung durch anfassen
heilung durch großes geschrei
heilung durch aufdringlichkeit
auf einer bahre
durch das abgedeckte dach
vor seine füße
den gelähmten mann

was ist leichter zu sagen ihr heuchler
deine sünden sind dir vergeben
oder
geh lahmer mann geh
beides sagt der menschensohn
sündenlos springt der lahme nach hause

blinde sehen
krüppel tanzen
stumme singen freudenlieder
wenn jesus durch die stadt geht
durch die barria von recife
durch die randgeschwüre der großstädte
durch die gassen in panama-city
aus hinterhöfen schreien die kranken
aus den fenstern im dritten Stock
jesus erbarme dich unser

jesus hört alle
und die mit ihm sind hören alle
und keiner kann sagen
ich habe nichts gehört
und keiner kann sagen
ich habe nichts gesehen
und keiner kann sagen
ich habe nichts gewusst
und alle wissen
in wessen namen geholfen werden kann

Nach Kurtmartin Magiera

■ **Worte an alle.** Diskutiert gemeinsam die Bedeutung der letzten Strophe des Gedichts und klärt dabei auch, was das von jedem Christen verlangt.

■ **Wie gelähmt.** »Ich fühle mich wie gelähmt!« – Formuliere eine kleine Geschichte, die in diese Aussage einer Person mündet. Tauscht dann die Geschichten untereinander aus und schreibt eine passende Fortsetzung zur Geschichte eines Mitschülers bzw. einer Mitschülerin nach dem Motto: Der Schritt zurück ins aktive Leben.

■ **Vergleich verschiedener Heilungserzählungen.** Jesus heilt nicht nur einmal. Vergleiche verschiedene Heilungserzählungen (z. B. Mk 8,22-26; Mk 9,14-29; Mk 10,46-52; Lk 8,40-56). Finde heraus, was es für die Menschen seiner Zeit bedeutet, dass Jesus in Zusammenhang mit seinen Taten verkündet: Das Reich Gottes ist bereits angebrochen.

Biblische Bezeichnungen

Die Botschaft vom Reich Gottes steht im Mittelpunkt der Verkündigung Jesu, wie in den Gleichnissen besonders deutlich wird. Jesus greift dabei jedoch auf Vorstellungen zurück, die zu seiner Zeit weder neu noch außergewöhnlich waren. In älteren jüdischen Schriften, aber auch in der Botschaft jüdischer Gruppen zur Zeit Jesu taucht dieser Begriff auf, um deren jeweilige Heilsvorstellung auszudrücken. Allerdings wird nicht immer dasselbe Wort und somit auch dieselbe Bedeutung verwendet.

Reich des Friedens (Jesaja)
Der Prophet Jesaja entwickelt schon früh eine weitreichende Vision eines neuen Reiches Gottes, einer Zeit der Gerechtigkeit und mächtigen Gegenwart Gottes unter den Menschen. Damit verbunden erwartet er einen Messias und prophezeit den bedrängten Juden seiner Zeit ewiges Licht und das Ende aller Schmerzen und allen Leids (vgl. Jes 65,17-20).

■ **Verschiedene Bezeichnungen.** Arbeite aus den verschiedenen Bezeichnungen heraus, was sie gemeinsam haben und was sie deutlich unterscheidet.

Reich der Himmel (Matthäus)
Matthäus berücksichtigt in seinem Evangelium jüdische Traditionen und vermeidet es daher, das Wort »Gott« bzw. den Namen Gottes zu verwenden. Er will so jedoch auch ausdrücken, dass Gott als Herrscher die ganze Welt regiert und königliche Macht erhält. Von den Menschen fordert er die Einhaltung strenger Gerechtigkeit, ein Gericht Gottes über die Taten der Menschen sieht er als unvermeidlich (vgl. Mt 6,19-21; Mt 7,19-21).

Reich Gottes (Markus und Lukas)
Die beiden Evangelisten sprechen vom Reich Gottes, das für sie mit Jesus angebrochen ist, gleichzeitig aber noch in seiner vollen Entfaltung aussteht. Ein Vorgeschmack auf diese neue Wirklichkeit, Gottes spürbare Nähe in allen Lebensbereichen, ist für die Menschen erfahrbar. Markus stellt auch Bedingungen für den Eintritt ins Gottesreich auf (vgl. Mk 1,14f.; 10,15; Lk 6,20; 11,20).

■ **Neue Einstellungen.** Stelle notwendige Einstellungen der Menschen für den Mitbau am Reich Gottes aus den folgenden Textstellen zusammen: Mk 10,13-16; 10,41-45; Mt 5,20; 7,19-21. Welche erscheinen dir besonders wichtig?

Die Gemeinschaft Sant' Egidio

Die Gemeinschaft Sant' Egidio ist 1968 in Rom durch eine Initiative von Jugendlichen entstanden. Andrea Riccardi, selbst noch Schüler, begann eine Gruppe von Schülerinnen und Schülern zu versammeln, um auf das Evangelium zu hören und es ins Leben umzusetzen. Die Urgemeinde aus der Apostelgeschichte und Franziskus von Assisi waren dabei die Vorbilder. Die kleine Gruppe ging in die römischen Stadtrandviertel, wo viele Arme lebten, und organisierte Nachmittagsschulen für die Kinder. Heute umfasst die Gemeinschaft circa 50 000 Mitglieder in über 70 Ländern.
Fünf Grundpfeiler tragen die Überzeugung der jungen Menschen: das Gebet, die Weitergabe des Evangeliums, Gemeinschaft ohne Grenzen, Freundschaft mit den Armen und der Dienst am Frieden.

■ **Mit vollem Einsatz.** Finde weitere Hintergrundinformationen über die Gemeinschaft Sant' Egidio heraus (www.santegidio.org/de). Stellt arbeitsteilig zusammen, welche konkreten Handlungsweisen sich aus ihrer Grundüberzeugung ergeben.

■ **Aktivisten für das »Reich Gottes«.** Informiert euch in Kleingruppen über christliche Initiativen und Personen, die versuchen, das Reich Gottes ansatzweise zu verwirklichen. Präsentiert eure Ergebnisse zum Leben und Einsatz dieser Menschen (z. B. Abbé Pierre, Ruth Pfau, Aktion Sühnezeichen, Gemeinschaft von Taizé).

»Vigilfeier« beim WJT in Köln, 2005

Der Weltjugendtag 2005 in Köln

Auch in unserer Zeit erleben wir besondere Ereignisse, die als Leben im Horizont Gottes in unseren Alltag hineinstrahlen. Der Weltjugendtag (WJT) ist nicht nur aufgrund seiner Größe und Buntheit ein herausragendes Ereignis gewesen: Bei den Großveranstaltungen der Vigilfeier und dem Hauptgottesdienst mit Papst Benedikt XVI. waren eine Million Besucher. Sondern es wurden auch durch zahlreiche spirituelle Veranstaltungen in Gemeinden und durch Gespräche mit Priestern und Ordensleuten tiefe Glaubenserfahrungen ermöglicht und neue Perspektiven eröffnet. Ein Aufbruch scheint durch die junge Glaubensgeneration der Kirche zu gehen, die Vielfalt und kulturelle Verschiedenheit der Besucher wurde von vielen als echte Bereicherung wahrgenommen. Für Beobachter grenzte es an ein Wunder, dass so viele Menschen an einem Ort ohne größere Zwischenfälle zusammengetroffen sind und ein friedliches und engagiertes Bild des christlichen Glaubens als globale Gemeinschaft vorgelebt haben.

■ **Eindrücke.** Lass deiner Fantasie freien Lauf: Was fällt dir zum abgebildeten Foto ein, was verbindest du mit einzelnen Bildelementen?

Die WJT bewegt – ein Besucherkommentar

Für mich war der WJT eine super Sache, vor allen Dingen wegen der Solidarität, die dort herrschte. Nie werde ich vergessen, wie mir ein Mädchen aus Heidelberg ihr Essen schenkte mit den Worten: »Komm, nimm mein Essen und gib mir deine Marken!« Das war echte Solidarität!!! Was mir auch noch nachgeht, ist die Stimmung im Rhein-Energie-Stadion! Da war eine riesige Fete, mit Jugendlichen aus so vielen verschiedenen Nationen, das hat mir gezeigt, dass Frieden unter allen Völkern möglich ist. Schließlich sind wir ja die Zukunft der Welt! Ich erhoffe mir vom WJT, dass eine neue Generation von Gläubigen entsteht, die mit Begeisterung den Glauben lebt und diesen, aber ohne Zwang, an ihre Kinder weitergibt! Dann ist und bleibt unsere Kirche wirklich jung!

Birgit Stricker

■ **Beispiele aufzeigen.** Überprüfe, inwieweit in den beschriebenen Erfahrungen des Weltjugendtages, in den Handlungsweisen der Gemeinschaft von Sant' Egidio oder im Einsatz von Petrus Ceelen (siehe S. 42f.) Züge der Botschaft vom Reich Gottes konkret werden.

Nachdem du nun einige Stunden mit dem Thema »Reich Gottes« verbracht und dabei über Gleichnisse und Wunder, menschliche Sehnsüchte und göttliche Möglichkeiten nachgedacht hast, kannst du jetzt einen »Blick von oben« werfen. Erinnerst du dich noch an die verschiedenen Leitern auf S. 84f.? Wir wollen das Thema aus Sicht der letzten Stufen der verschiedenen Leitern noch einmal in den Blick nehmen.

- **Bildlich sprechen.** Wann verwende auch ich bildliche Ausdrucksformen für wichtige Erfahrungen? Statt deinen Mitschülerinnen und Mitschülern direkt die eigene Meinung zu sagen, kannst du auch mal versuchen, sie durch eine raffinierte Geschichte zum Nachdenken anzustiften. Probiere es einfach aus!

- **Moderne Gleichnisse.** Geschichten eines jungen Taxifahrers modernisieren die biblischen Gleichnisse. In dem Buch *Mit dem Taxi in New York* von Ralf Martens (Freiburg i. B. 2004) erzählt Cab Checker von den eigenartigen Erlebnissen auf seinen Taxitouren, welche die Botschaft der Gleichnisse durchscheinen lassen. Damit könnt ihr mit der Religionsgruppe einen anregenden Lesenachmittag gestalten.

- **Mehrwert.** Warum entsprechen die Gleichnisse oft nicht unseren gewohnten Ansprüchen an das Verhalten unserer Mitmenschen? Womit kann ich heute das Reich Gottes vergleichen?

- **Drehbuch.** Schreibt alleine oder zu zweit ein modernes Gleichnis oder ein kleines Drehbuch für einen Gleichnis-Kurzfilm. Tragt bzw. spielt es dann auch den Mitschülerinnen und Mitschülern vor.

Am Reich Gottes

Gottes Nähe, die ganz weit reicht,
direkt in unsere Welt,
direkt in unsere Wirklichkeit,
die guttut und herausfordert.

Kein fester Machtbereich,
keine starre Ordnung.
Ein Raum der Möglichkeiten,
der Einladung, der Nähe,
der Aufmerksamkeit.

Manche glauben, es ist
das Paradies, das Schlaraffenland –
der Himmel.

Es ist das lebensfrohe Liebesland
der unbegrenzten Zuneigung,
ein Lachen Gottes,
das alle mitreißen will.

Gerald Siebert

Dieter Groß, 1997

- **Jesus now.** Wie kann die Botschaft von Jesu heilsamen Taten auch heute noch das Leben von Menschen verändern? Kennst du Beispiele für solche Nachfolgerinnen und Nachfolger Jesu heute?

- **Blick auf Himmelsleitern.** Entwirf einen kleinen Meditationstext zum dargestellten Bild. Beachte dabei auffällige Bildmotive und führe deine Mitschülerinnen und Mitschüler behutsam mit geeigneten Impulsen durch das Bild.

In der folgenden Lernlandschaft geht es um die Frage, was ein Einzelner alles bewirken kann, wenn er von seinem Tun überzeugt ist. Aber du siehst auch, wie die besonderen geschichtlichen Umstände menschliche Absichten in ganz andere Bahnen lenken können. Weiterhin wirst du lernen, inwieweit die Religion das Tun der Menschen bestimmt und wo sie auch den egoistischen Bestrebungen einzelner Menschen als Ausrede dient.
Schließlich geht es um den Streit innerhalb der Kirche: Welche Überlieferungen und Traditionen sind für den Menschen wertvoll? Inwieweit spiegelt sich in den unterschiedlichen Konfessionen der christliche Glaube wider? Ist aus diesem Streit um die rechte Nachfolge Jesu heute ein Wettstreit geworden?

■ **Marktkirche zu Halle.** In St. Marien am Marktplatz zu Halle predigte einst Martin Luther. Versetze dich in die Lage der Menschen vor dem Kirchengebäude. Tauscht aus, was sie empfinden könnten.
Auf der folgenden Doppelseite zeigen dir die dortigen Abbildungen, was sich in der Zeit um 1500 alles verändert.

REFORMATION – AUS

LIEBE ZUR KIRCHE?

Johannes Gutenberg, ca. 1450

Landung der Spanier auf der Insel Hispaniola (Stich von Theodor de Bry, 1594, also 102 Jahre nach der »Entdeckung«)

Mensch am Rand der Erdscheibe

Mittelalter

1500

Martin Behaim, 1492

Michelangelo, 1501-04

Dom von Florenz, 1436 (mit 39 m Durchmesser die größte Kuppel in Europa seit Errichtung des Pantheons)

REFORMATION – AUS LIEBE ZUR KIRCHE

Die Welt im Umbruch

Scheiterhaufen, 16. Jahrhundert

Neuzeit

■ **Umbruch.** Überlegt, inwiefern die auf den Bildern dargestellten Gegenstände bzw. Ereignisse das Lebensgefühl der Menschen um 1500 beeinflusst haben könnten. Tauscht danach Argumente aus, warum Gelehrte im Nachhinein darin einen Umbruch vom Mittelalter zur Neuzeit festgemacht haben.

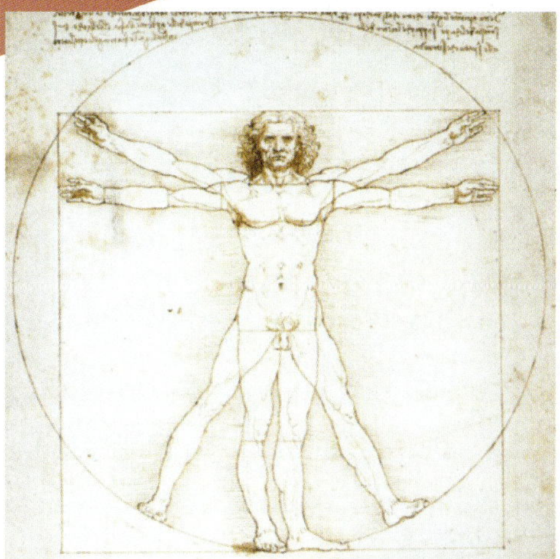

Leonardo da Vinci, ca. 1490

Nikolaus Kopernikus, Darstellung von 1660 (ursprünglich aus seinem Werk »De Revolutionibus Orbium Coelestium« von 1543)

■ **Zeitstrahl.** Übertrage den Zeitstrahl auf eine Doppelseite in dein Heft. Ergänze ihn während oder am Ende der Unterrichtseinheit mit den neu behandelten Ereignissen und durch deine Kenntnisse aus dem Geschichtsunterricht.

■ **Vergleich.** Beschreibe und interpretiere das Renaissance-Gemälde van Honthorsts. Vergleiche es mit dem Bild im Lexikon unter dem Stichwort »Mittelalter«. Deute die Unterschiede.

Gerrit van Honthorst, 1620

Bilder gestalten

Entdecken und Deuten
Ein Bild erschließt sich meist nicht auf den ersten Blick. Hier hilft zunächst eine unvoreingenommene Beschreibung, dann die Deutung dessen, was der Künstler vielleicht ausdrücken wollte. Erst in einem dritten Schritt überlegst du dann, was uns das Gemälde heute sagen könnte. Dabei ist keine deiner Vermutungen falsch, wenn du sie mit einer Beobachtung untermauern kannst!

Viele Bilder, und oft sind es gerade die modernen, wollen uns eine andere, spezielle Sicht der Welt präsentieren. Es soll unsere »normale« Weltbetrachtung aufgebrochen werden, damit wir etwas Neues entdecken. Auch wird unser Blick auf Fremdes gelenkt, damit wir uns selbst am anderen neu wahrnehmen, ja sogar überprüfen können. So entwikkelt sich langsam eine neue Sehgewohnheit: dass wir die Welt nicht einfach als das nehmen, was wir oberflächlich sehen.

Gestalten
Wenn wir ein Bild selbst gestalten, dann kann dies sehr weit gefasst werden:
Wir stellen nicht nur etwas dar, sondern wir interpretieren, produzieren und verändern.

Ein (selbst)gemaltes Bild kann über einen Text hinausreichen, da es zeitlich aufeinander folgende Vorgänge gleichzeitig darstellen und damit Zusammenhänge schaffen kann, die sprachlich nur im Nacheinander möglich sind. Die Farben können Emotionen und Bewertungen symbolisieren, die sich sprachlich nur schwer ausdrücken lassen.

Ein Bild kann verfremdet, übermalt, ergänzt werden. Ein Aspekt oder eine Figur kann herausgelöst und in einen neuen, evtl. aktuellen Zusammenhang gestellt werden.

Wenn ein Bild szenisch gestaltet wird, kann im Spielen sichtbar werden, was ohne die Gestaltung nicht sichtbar wäre: welche Gefühle etwa die Akteure bewegen, was sie denken und dann (vielleicht gerade im Gegensatz dazu) äußern.

- **Bilder lesen.** Lies den Text im Kasten und schreibe heraus, welche Vorzüge ein Bild haben kann.

- **Konzentrieren.** Dämme für einige Tage die Bilderflut ein, die unablässig auf dich einstürmt. Erzählt euch danach untereinander von euren Erfahrungen, wenn ihr zum Beispiel auf das Fernsehen oder das Surfen im Internet verzichtet habt.

- **Lieblingsbild.** Bringe dein Lieblingsbild in die Schule mit und beschreibe es einer Mitschülerin oder einem Mitschüler so, dass sie bzw. er es nachmalen kann, ohne es anzuschauen. Tauscht danach eure Erfahrungen aus.

- **Videoclips.** Überlegt gemeinsam, warum die Bildsequenzen in Videoclips, aber auch in modernen Filmen so schnell wechseln. Könnte diese Entwicklung Anlass zur Sorge geben? Begründe deine Antwort.

- **Bildersprache.** Suche in diesem Kapitel ein Bild, das dich besonders anspricht. Zeichne bewusst ein Detail nach, etwa einen Kopf, eine Hand. Entwirf einen Meditationstext dazu.
  Stellt in der Religionsgruppe eine gemalte Szene (etwa mit Standbildern) nach. Sprecht im Nachhinein jeweils über Unterschiede zur bloßen Bildbetrachtung.

Giotto di Bondone, zwischen 1303 und 1310

■ **Beweinung Christi.** Im Mittelalter können viele Menschen kaum lesen und schreiben. Deshalb nehmen sie ihr Wissen aus Bildern, die sie aber meist viel genauer betrachten als wir heute. Die Fresken in den Kirchen stellen gewissermaßen die Bibel für die Armen dar.
Beschreibe Giottos »Beweinung Christi«. Überlege, wie das Bild auf Menschen damals gewirkt haben könnte. Gestalte ein Bild einer Notsituation, in der ein Mensch auf Trost und Hilfe angewiesen ist. Veranstaltet anschließend mit euren Bildern eine Ausstellung im Klassenraum. Achtet einmal bei der Besichtigung der Bilder darauf, ob es auch Wesen gibt, die Trost spenden und Hilfe bringen.

Unbekannt, nach 1348

■ **Mit Ängsten umgehen.** Schreibe Sorgen und Ängste, die dich umtreiben, anonym auf ein Kärtchen.
Sammelt die Kärtchen ein und klebt sie an die Tafel. Versucht, die Kärtchen als »Cluster« unter bestimmte Überbegriffe zu gruppieren. Sprecht über Möglichkeiten, euren Ängsten zu begegnen.
Startet eine Umfrage: Welche Sorgen treiben ältere Menschen um? Wertet diese dann in gleicher Weise aus.

■ **Gerechtigkeit.** Stelle in zwei Spalten zusammen, welche Leistungen du erbringst und welchen Zweck du damit verfolgst. Welche Rolle spielt dabei der Aspekt der Gerechtigkeit?

■ **Angst um die Kirche.** Franz von Assisi (1182-1226) hört in jungen Jahren eine Stimme beim Gebet: »Franziskus, geh und baue mein Haus wieder auf, das, wie du siehst, ganz und gar in Verfall gerät.« Interpretiere diesen Satz zunächst wörtlich, dann metaphorisch (übertragen). Informiere dich in Lexika oder im Internet über den heiligen Franziskus und die Franziskaner. Schreibe zentrale Informationen in dein Heft, vor allem auch, wie Franz die damalige Kirche erlebt und wie er sich eine ideale Kirche vorgestellt hat.

■ **Lebensgefühl im Spätmittelalter.** Beschreibe das Bild. Begründe, warum das Bild »Triumph des Todes« heißt. Achte dabei genau auf die Darstellung des Hintergrundes, des Todes und seiner Attribute, des Wagens, der Pferde und der Menschen.
Heute zeigen viele Fernsehfilme Mord und Totschlag. Vergleiche deren Darstellungsweise und Absicht mit der Darstellung und Absicht des Bildes hier.

Angst – und kein Ausweg?

Die Lehre vom Fegefeuer

Wer im Leben gesündigt hat und gestorben ist, ohne gebeichtet zu haben, der wird nach dem Tod im Fegefeuer geläutert, d. h. von seinen Sünden »gereinigt«. Wenn hierbei vom Feuer die Rede ist, so ist dies freilich ein Bild für die läuternde, reinigende Kraft der Barmherzigkeit Gottes. Es handelt sich also um den reinigenden Schmerz der Liebe, die sich ihrer versäumten Möglichkeiten bewusst wird. Nun können die Lebenden ihre Zeit im Fegefeuer verkürzen: durch gute Werke, durch Fürbitten der Heiligen oder durch einen Ablass, den man auch heute noch von der Kirche erlangen kann.
Im Mittelalter wurde diese Praxis missbraucht: Viele Menschen glaubten, es reiche bereits, einen Ablass-Brief zu kaufen, und schon sei man seine Sünden los. Manche wollten sich schon im Vorhinein von Sündenstrafen im Fegefeuer freikaufen.

Unbekannt, um 1480

■ **Fegefeuer.** Lies den Text zum Fegefeuer und beschreibe das Bild. Kannst du einige Szenen erklären?
Überlege in Partnerarbeit, welche Sünden es gibt. Diskutiert diese (evtl. in einem Schreibgespräch) und haltet sie im Heft und an der Tafel fest.

Wollen Sie Buße tun? Sie wollen sich selbst oder einem Verwandten
die Strafe erleichtern? Sie können sich entscheiden:
Sie machen eine Wallfahrt zur Reliquie eines Heiligen
oder nach Rom.
Sie lassen den Priester gegen eine Spende eine Messe »lesen«.
Sie gehen ins Kloster.
Sie besuchen den Sonntagsgottesdienst.
Sie bereuen und ändern konsequent Ihr Verhalten.
Sie geißeln sich.
Sie bezahlen ein Bußgeld, »Ablass« genannt.
Sie tun Gutes, beherbergen Fremde, geben Hungernden zu essen.
Sie sprechen Gebete zu Heiligen und bitten um deren
Fürsprache bei Gott.
Sie helfen anderen und setzen sich für Außenseiter ein.

■ **Angst vor Gott.** Hier findest du Angebote, wie die Menschen der Angst vor einem gerecht strafenden Gott zu entkommen versuchten. Welche dieser Bußübungen erscheinen dir schwierig, welche einfach? Welche geeignet bzw. falsch? Nur wenige der hier genannten Werke findest du auch in der Bibel. Lies Mt 25,31-40. Schreibe die »Werke der Barmherzigkeit« heraus. Begründe, ob du diese (nur/auch?) als Buße für sinnvoll hältst.

Wer ist Martin Luther? – Seine Ängste und sein »Evangelium«

Martin Luther wird 1483 in Eisleben geboren. Im Alter von 22 Jahren soll ihn auf dem Weg in das Dorf Stotternheim ein schweres Gewitter derart geängstigt haben, dass er ausgerufen habe: »Hilf, heilige Anna, und ich will Mönch werden.« Weil er mit dem Leben davonkommt – wie er sich bereits zuvor während der Pest von Gott verschont sieht –, fühlt er sich diesem Gelübde verpflichtet, denn Gott ist für ihn ein gerechter, aber strenger Richter.

Er tritt ins Kloster der Augustinereremiten in Erfurt ein und muss seine Demut, Unterwerfung und Gefolgschaft auch nach außen hin durch die Tonsur zeigen. Er wohnt in einer kleinen, unbeheizten Zelle, muss in der Küche oder beim Putzen niedere Arbeiten verrichten und ab 3.00 Uhr morgens sieben Mal am Tag an Gottesdiensten teilnehmen. Jede noch so kleine Schuld beichtet er, sodass selbst Luthers Beichtvater Staupitz dessen Schuldgefühle als überzogen einschätzt. Geistigen Ausgleich bietet das Studium der Theologie und vor allem der Bibel. 1507 wird er gegen den Wunsch seines Vaters zum Priester geweiht, später sogar Professor für Theologie an der Universität in Wittenberg.

Luther zieht sich jedoch immer wieder voller Schuldgefühle in sein Arbeitszimmer im schwarzen Turm des Klosters zu Wittenberg zurück und sucht Hinweise, wie er vor Gottes Gericht bestehen kann, d. h., wie seine Taten auf Erden vor Gott »gerechtfertigt« werden können. Er liest Röm 1,17 und interpretiert: »Allein mein Glaube reicht aus, um bei Gott als gerecht zu gelten.« Und er macht eine weitere »Entdeckung«: »Ein Christenmensch ist frei. Wer an Christus glaubt, kann beschwingt und fröhlich sein. Dann tut er freiwillig gute Werke, aus Dankbarkeit über das Geschenk der Gnade und Liebe Gottes, da er unbedingt von Gott angenommen ist und keine Angst vor Verstoßung haben muss.« Somit erklärt er sich unabhängig von den Autoritäten der Tradition, der Kirche und der Welt und unterstellt sich allein der Autorität der Heiligen Schrift.

Viele Menschen stimmen Luther zu. Die Not leidenden Bauern berufen sich auf ihre Freiheit als Christen und fordern in zwölf Artikeln mehr Unabhängigkeit von ihren Herren. Luther legt seine Mönchskutte ab und heiratet mit 42 Jahren die Nonne Katharina von Bora; sie haben miteinander sechs Kinder.

Bis 1534 übersetzt Luther die ganze Heilige Schrift. Diese prägt durch ihre Verbreitung die deutsche Hochsprache; denn alle Christen können jetzt – nicht zuletzt dank des Buchdrucks – in der Bibel lesen und sich wie Luther auf ihr Gewissen und das Wort Gottes berufen. 1546 stirbt der Reformator in Eisleben.

- **Luthers Leben.** Übertrage etwa fünf Stationen aus Luthers Leben in dein Heft und illustriere sie jeweils mit einer kleinen Zeichnung.
Notiere, warum es Luther so wichtig war, dass jeder die Bibel selbst lesen und verstehen kann.

Lucas Cranach, 1521

- **Beurteilung.** Überlege, warum Lukas Cranach diese Szene vom Hofe des Papstes zu Rom darstellt. Stimmt diese Beurteilung des Papstes deiner Meinung nach heute noch? Vergleiche das Bild mit der Geschichte von der Fußwaschung (Joh 13,1ff.).

- **Luthers Erkenntnis.** Versuche in eigenen Worten zu formulieren, was Luther plötzlich innerlich so frei gemacht hat, dass er vor Gottes Gerechtigkeit keine Angst mehr hatte. Diskutiert anschließend den Satz: »Liebe kann man sich nicht verdienen.«

- **Reflexion.** Sammelt Argumente für und wider die Problemfrage der Doppelseiten-Überschrift.

9. Des Papstes Füße allein haben alle Fürsten zu küssen ...
12. Ihm ist es erlaubt, Kaiser abzusetzen ...
18. Sein Ausspruch darf von keinem angetastet werden, er selber darf allein die Bestimmung aller andern verwerfen.
19. Er selber darf von niemandem gerichtet werden ...
22. Die römische Kirche hat nie geirrt und wird auch nach dem Zeugnis der Schrift niemals irren.

Papst Gregor VII. (1073-1085) über das Amt des Papstes

■ **Anspruch und Wirklichkeit.** Vergleiche den Anspruch Gregors VII. mit dem Selbstverständnis des Papstamtes heute (Informationen dazu findest du im Lexikon). Stelle in einer Tabelle deine Ergebnisse gegenüber.
Tragt anschließend zusammen, ob die Kirche heute ihren eigenen Forderungen gerecht wird, und begründet eure Ansicht.

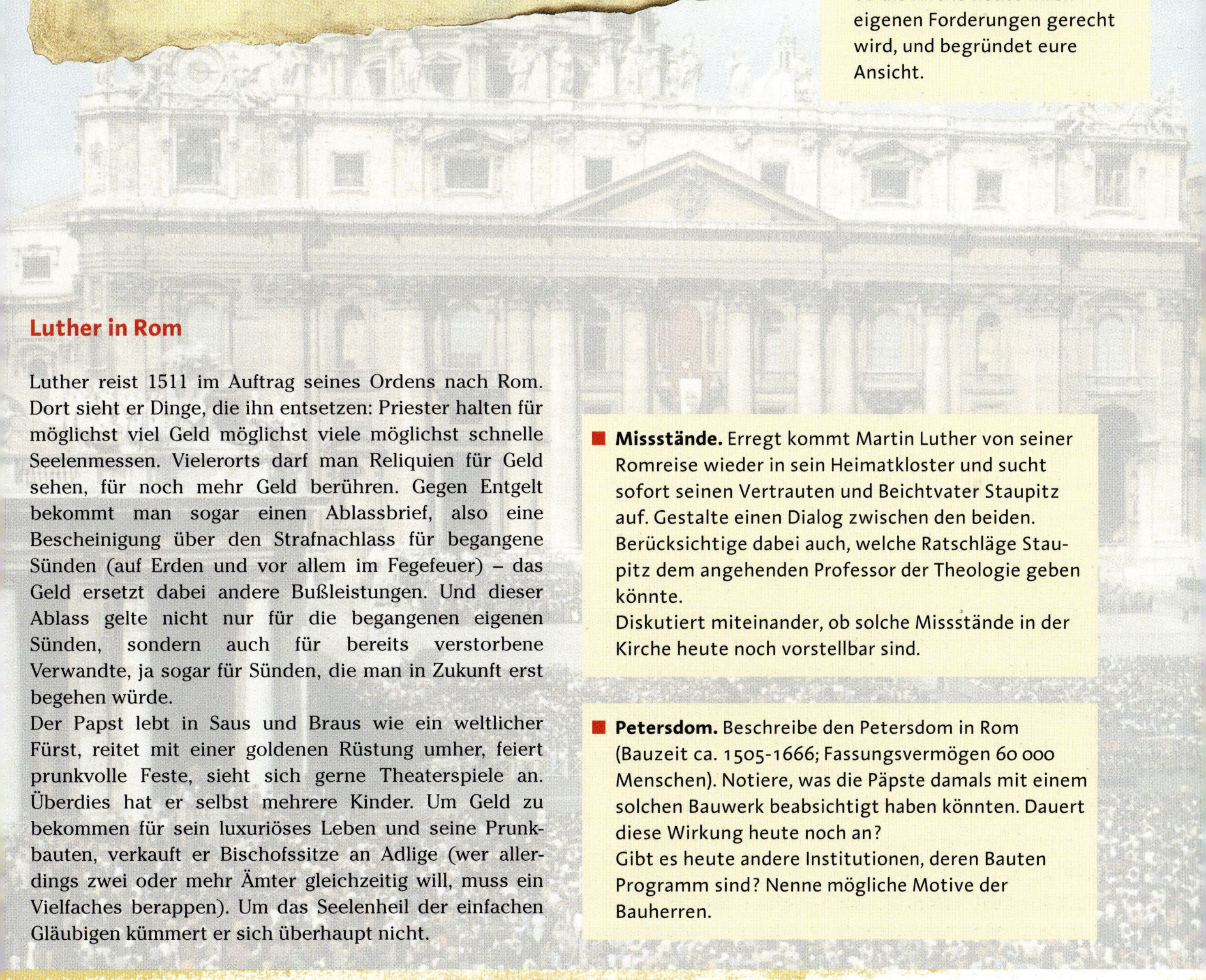

Luther in Rom

Luther reist 1511 im Auftrag seines Ordens nach Rom. Dort sieht er Dinge, die ihn entsetzen: Priester halten für möglichst viel Geld möglichst viele möglichst schnelle Seelenmessen. Vielerorts darf man Reliquien für Geld sehen, für noch mehr Geld berühren. Gegen Entgelt bekommt man sogar einen Ablassbrief, also eine Bescheinigung über den Strafnachlass für begangene Sünden (auf Erden und vor allem im Fegefeuer) – das Geld ersetzt dabei andere Bußleistungen. Und dieser Ablass gelte nicht nur für die begangenen eigenen Sünden, sondern auch für bereits verstorbene Verwandte, ja sogar für Sünden, die man in Zukunft erst begehen würde.
Der Papst lebt in Saus und Braus wie ein weltlicher Fürst, reitet mit einer goldenen Rüstung umher, feiert prunkvolle Feste, sieht sich gerne Theaterspiele an. Überdies hat er selbst mehrere Kinder. Um Geld zu bekommen für sein luxuriöses Leben und seine Prunkbauten, verkauft er Bischofssitze an Adlige (wer allerdings zwei oder mehr Ämter gleichzeitig will, muss ein Vielfaches berappen). Um das Seelenheil der einfachen Gläubigen kümmert er sich überhaupt nicht.

■ **Missstände.** Erregt kommt Martin Luther von seiner Romreise wieder in sein Heimatkloster und sucht sofort seinen Vertrauten und Beichtvater Staupitz auf. Gestalte einen Dialog zwischen den beiden. Berücksichtige dabei auch, welche Ratschläge Staupitz dem angehenden Professor der Theologie geben könnte.
Diskutiert miteinander, ob solche Missstände in der Kirche heute noch vorstellbar sind.

■ **Petersdom.** Beschreibe den Petersdom in Rom (Bauzeit ca. 1505-1666; Fassungsvermögen 60 000 Menschen). Notiere, was die Päpste damals mit einem solchen Bauwerk beabsichtigt haben könnten. Dauert diese Wirkung heute noch an?
Gibt es heute andere Institutionen, deren Bauten Programm sind? Nenne mögliche Motive der Bauherren.

Eine Ablasspredigt im Stile Johann Tetzels

Die Einnahmen aus dem Ablasshandel des Erzbischofs Albrecht von Mainz kamen je zur Hälfte dem Bau des Petersdoms in Rom und seiner eigenen leeren Kasse zugute. Er hatte nämlich, um Bischof von Mainz werden zu können, beim Bankhaus Fugger in Augsburg eine große Summe leihen müssen. Papst und Bischof schickten deshalb einen überzeugenden Prediger, den Mönch Johann Tetzel, um den Menschen den Ablass zu predigen. Eine seiner Predigten könnte sich so angehört haben:

»Ihr armseligen Menschen, hört her! Ihr steht nun hier vor mir und denkt, ich wüsste nicht, was ihr alle für Sünden begangen habt. Da irrt ihr euch. Vor Gott bleibt nichts verborgen! Jeder von euch hat gesündigt! Jeder von euch hat einen anderen schon belogen oder betrogen, jeder hat schon einmal die Messe geschwänzt! Wie ist es – wart ihr immer fleißig bei der Beichte? Und habt ihr immer alle Gebote gehalten? Na, seht ihr! Und wisst ihr, was euch nun erwartet? Selbst wenn ihr nicht ewig in der Hölle schmort, so erwartet euch für alle eure Taten doch das Fegefeuer! Wisst ihr, wie es sich anfühlt, wenn ihr euch am Herd verbrannt habt? Tausendmal schlimmer wird es euch ergehen! Jahre, Jahrhunderte, ja Jahrtausende werdet ihr im Fegefeuer leiden. Ihr werdet geröstet oder in heißes Wasser geworfen. Ihr werdet nur noch vor Schmerzen schreien.
Aber freut euch! Ich bin gekommen, damit ihr von dieser Strafe befreit werdet! Seine Heiligkeit, der Papst, und der Erzbischof Albrecht von Mainz schicken mich. Wenn ihr diesen Ablasszettel kauft, dann wird euch ein Teil eurer Strafe erlassen. Ich kann eure Qualen verkürzen oder beenden. Kein Fegefeuer, keine Strafe mehr! Und ihr könnt sogar eure lebenden und verstorbenen Verwandten befreien! Ob ihr oder sie Lügner, Betrüger, Diebe oder Mörder waren: Wenn das Geld im Kasten klingt, die Seele aus dem Fegfeuer springt.«

- **Ein sprechendes Bild.** Beschreibe das Bild »Gesetz und Gnade – Sündenfall und Erlösung«. Versetze dich in einzelne Figuren und lege ihnen Sprechblasen in den Mund. Begründe, auf welcher Seite du das Evangelium (*griech.* »Gute Nachricht«) verkündet siehst.

- **Ablass.** Trage die Ablasspredigt im Stile Johann Tetzels vor (du kannst sie zuvor zu Hause üben). Erkläre, welche Hoffnungen der Dominikanerpater den Menschen macht.
  Ein Ablassbrief war damals auf Latein geschrieben. Hast du eine Vermutung, weshalb das wohl so war?
  Erstelle einen Comic mit Gesprächen unter den Zuhörerinnen und Zuhörern der Predigt Tetzels (ihr könnt diese Gespräche auch in Gruppen imitieren).

Lucas Cranach d. Ä., nach 1529

Luthers 95 Thesen

Vom Ablasswesen erzürnt, soll Luther 95 Thesen (sie waren zur Diskussion für die Professoren gedacht und daher in Latein) am 31. Oktober 1517 an das Tor der Schlosskirche zu Wittenberg gehängt haben. Einige seiner Formulierungen verbreiten sich in Windeseile:

1. Wenn unser Herr und Meister Jesus Christus sagt: Tut Buße ..., so hat er damit sagen wollen, dass das ganze Leben der Gläubigen eine Buße sein soll.
21. Daher irren diejenigen Ablassprediger, die sagen, dass durch des Papstes Ablass der Mensch von jeder Strafe los und selig wird.
27. Menschenlehre predigen die, die da sagen, dass, sobald das Geld im Kasten klingt, die Seele vom Fegefeuer zum Himmel fahre.
36. Jeder wahrhaft reuige Christ hat volle Vergebung von Strafe und Schuld, die ihm auch ohne Ablass gebührt.
43. Man soll die Christen lehren, dass, wer dem Armen gibt und dem Bedürftigen leiht, besser handelt, als wer Ablass kauft.

■ **Luthers Bild von Gott.** Vergleiche Luthers Erfahrung (vgl. S. 108) mit Lk 15,11-32 (vgl. S. 26).
Stelle dann in zwei Zeichnungen Luthers Gottesbild vor seinem sogenannten Turmerlebnis seiner Gottesvorstellung nach diesem Erlebnis gegenüber.

■ **Luthers Bibelstudium.** Schlagt arbeitsteilig drei der folgenden Bibelstellen nach:
Ps 23,1; Ps 103,2; Ps 107,1; Jes 66,13.
Ps 6,4; Ps 116,6; Röm 8,39; 1Petr 5,7.
Ps 28,7; Ps 62,7; Ps 142,3; Lk 7,50.
Zeigt jeweils, wie Gott hier dargestellt wird. Überlegt, welche Stellen Luther als Beweis für seine »Entdeckung« verwenden konnte.

■ **Himmel und Hölle.** Sprecht darüber, wie ihr euch sowohl den Himmel als auch die Hölle vorstellt.

■ **Thesen.** Formuliere sieben Thesen, in denen du Missstände in deiner Klasse und in deiner Schule anprangerst und Verbesserungsvorschläge machst.

■ **Folgen.** Erstelle eine Tabelle mit den beiden Spalten: »Nach Tetzel muss der Mensch Folgendes tun, um vor Gott ›gerecht‹ dazustehen – Gott wird gesehen als ...« »Nach Luther muss der Mensch Folgendes tun, um vor Gott ›gerecht‹ dazustehen – Gott wird gesehen als ...«
Überlege: Hat das jeweilige Bild von Gott deiner Meinung nach Folgen für das Lebensgefühl der Menschen? Hat dieser Wandel des Gottesbildes Auswirkungen auf das Handeln der Menschen?

Der Reichstag zu Worms und seine Folgen

Immer mehr deutsche Fürsten liebäugeln mit dem neuen Glauben, der ihnen – neben religiösen Reformen – Unabhängigkeit vom Papst, kirchliche Güter und Aufsicht über die Kirche sowie eine Schwächung des Kaisers verspricht; schließlich müssen dann Bischöfe und Klöster ihre Besitztümer und ihre Macht an die neuen Herren abgeben. Die Bauern sympathisieren mit der Freiheit, welche Luther verkündet, den Bürgern gefällt ihre neu entdeckte Würde der Gottesunmittelbarkeit und die Lehre vom allgemeinen Priestertum: dass sie nun nicht mehr weniger »wert« sein würden als die Kleriker und selbst Gottes Wort lesen, leben und weitergeben können.

1521 nimmt sich Kaiser Karl V. in Worms der Situation an. Während eines Reichstags – hier tagen die Fürsten und Vertreter der freien Reichsstädte des Heiligen Römischen Reiches Deutscher Nation – soll der Streit zwischen »Altgläubigen« und den Anhängern Luthers beigelegt werden, zumal das Reich von äußeren Feinden bedroht ist: den Türken und Franzosen. Luther wird freies Geleit versprochen, damit er seine Sache selbst vertreten kann. So geht er davon aus, dass seine Thesen mit ihm diskutiert werden. Der Kaiser hingegen fordert ihn schlicht auf zu widerrufen. Luther schwört seiner Lehre jedoch nicht ab, sondern soll im Gegenteil nach einem alten Bericht seine Darlegungen so beendet haben: »Wenn ich nicht durch die Bibel oder mit vernünftigen Gründen überzeugt werde, kann und will ich nichts widerrufen, weil es nicht gut ist, gegen das Gewissen zu handeln. Hier stehe ich, ich kann nicht anders. Gott helfe mir, amen!«

Karl V. bestätigt daraufhin den Kirchenbann (die Exkommunikation), der die Reichsacht nach sich zieht, mit der Begründung: »Denn es ist sicher, dass ein einzelner Bruder irrt, wenn er gegen die Meinung der ganzen Christenheit steht, da sonst die Christenheit tausend Jahre oder mehr geirrt haben müsste.« Luther ist somit vogelfrei, doch hält der Kaiser Wort und lässt ihn unbehelligt von dannen ziehen.

Um Luther zu schützen, lässt ihn Kurfürst Friedrich der Weise von Sachsen zum Schein überfallen und auf die Wartburg bringen, wo er sich als Junker Jörg an die Übersetzung der Bibel macht, damit das Volk selbst das Wort Gottes lesen und auslegen könne und nicht mehr auf die Vermittlung der Kirche angewiesen sei.

Wegen der Türkenkriege kann Karl V. nicht für die Durchführung des Wormser Edikts sorgen (Edikt = amtliche Anordnung). Allerdings stimmt 1529 auf dem Reichstag von Speyer eine Mehrheit der Fürsten und Städte dafür, die Beschlüsse gegen die Anhänger Luthers umzusetzen. Daraufhin protestieren fünf Fürsten und 14 Städte dagegen, dass man in Fragen des Glaubens Entscheidungen durch Mehrheitsbeschlüsse herbeiführen wolle: Sie legen – damals nicht unüblich – die sogenannte Protestation ein. Dieser Protest gibt den Anhängern des neuen Glaubens, den »Evangelischen«, da sie sich auf das Evangelium berufen, den Namen »Protestanten«.

■ **Zeitungsartikel.** Stelle dir vor, du bist Reporterin oder Reporter und musst für das Wormser Tagblatt einen Artikel zu den Ereignissen auf dem Wormser Reichstag vom 19. April anno Domini 1521 verfassen (alternativ: zu Speyer 1529, zu Augsburg 1555). Recherchiere auch im Internet und tausche dich anschließend mit deinen »Kollegen« über die jeweils anderen Ereignisse aus und notiere die bedeutenden Fakten.

■ **Protestanten.** Beurteile die Berechtigung der sogenannten »Protestation« der lutherischen Städte und Fürsten auf dem Reichstag von Speyer 1529.
Überlege, warum sich die Anhänger der Reformation später auch selbst ›Protestanten‹ nennen, obwohl dies zunächst ein Schimpfwort war.
Du kannst dazu auch das Lexikon zu Hilfe nehmen.

■ **Luthers Begründung.** Luthers Gründe, nicht zu widerrufen, gelten damals als ungeheuerlich. Stelle gegenüber, worauf er und worauf der Kaiser sich letztlich berufen (vgl. das Lexikon zu Kaiser Karl V.).
Erwäge bei beiden Arten der Argumentation deren Berechtigung und Grenzen.

■ **Werbung für die Reformation.** Beschreibe und interpretiere das Bild. Überlege, inwiefern es für die Lehre Luthers werben will (der erste Mann von rechts ist Luther, der zweite der Maler, den der Blutstrahl Jesu trifft). Halte fest, was es uns heute noch sagen kann. Vergleiche es mit der Altartafel auf S. 110f.

Lucas Cranach, 1552

Die Spaltung wird zementiert: Der Augsburger Religionsfriede

1555 – neun Jahre nach Luthers Tod – sollte der Streit auf dem Reichstag zu Augsburg beigelegt werden. Karls Bruder Ferdinand handelt als Römischer König den Kompromiss aus, da sich Kaiser Karl V. noch als Verfechter des althergebrachten Glaubens sieht. Es gilt ab jetzt für das katholische und für das lutherische Bekenntnis der Grundsatz: *cuius regio – eius religio* (wessen Region, dessen Religion), d. h., wenn der Landesherr evangelisch wird, werden es automatisch dessen Untertanen ebenso. Allerdings haben diejenigen, die katholisch bleiben wollen, das Recht auf Auswanderung (auch die Leibeigenen). Diese Bestimmung gilt natürlich desgleichen umgekehrt, wenn ein Einzelner evangelisch werden möchte. Wenn ein Bischof konvertiert, muss er sein Amt und die damit verbundenen Pfründen (Einkommen durch das Kirchenamt) aufgeben. In freien Reichsstädten darf jeder seine Glaubensrichtung frei wählen. Dieser Kompromiss wird auch 1648 nach dem Dreißigjährigen Krieg im Westfälischen Frieden beibehalten, allerdings diesmal einschließlich der Anhänger der Schweizer Reformatoren Calvin und Zwingli.

■ **Religionsfriede 1555.** Schreibe die Beschlüsse des Augsburger Religionsfriedens heraus. Tragt in Partnerarbeit tabellarisch zusammen, welche Vor- und Nachteile die einzelnen Bestimmungen von 1555 haben: (1) für den Kaiser, (2) die Fürsten, (3) den einzelnen Gläubigen, (4) den Papst. Unterstreicht dabei mit unterschiedlichen Farben religiöse bzw. politische Aspekte.
Diskutiert anschließend: War der Augsburger Religionsfriede geeignet, ein friedliches Nebeneinander der Konfessionen zu ermöglichen?

Der Bauernkrieg

Luthers Schrift »Von der Freiheit eines Christenmenschen« (1520) weckt in den unterschiedlichsten sozialen Schichten Hoffnung. Auch die schwäbischen Bauern meinen 1524, sich auf Luther, ihr Gewissen und das Evangelium berufen zu dürfen, um sich aus ihrer drückenden Fron und Leibeigenschaft zu befreien.

Thomas Müntzer, ein ehemaliger Freund Martin Luthers, schreibt Ende 1524:

»Die Großen machen's, wie sie's wollen. Sie üben sich in den Grundübeln des Wuchers, der Dieberei und Räuberei. Unsre Herren und Fürsten nehmen alle Geschöpfe zum Eigentum: die Fische im Wasser, die Vögel in der Luft, das Gewächs auf Erden und die Bauern auf ihrem Land – alles muss ihnen sein. Darüber lassen sie dann Gottes Gebot verkünden und sprechen: ›Gott hat geboten, du sollst nicht stehlen.‹ Das gilt aber auch für sie. Wenn sich der Fürst am Allergeringsten vergreift, so muss er hängen. Die Herren machen das selber, dass ihnen der arme Mann zum Feind wird. Die Ursache des Aufruhrs wollen sie nicht beseitigen. Wie kann das auf die Dauer gut werden? Wenn ich das so sage, muss ich aufrührerisch sein! Wohl hin!«

■ **Denkmal.** Male ein Denkmal von Melanchthon oder Müntzer in dein Heft, das anno Domini 1525 aufgestellt worden sein könnte. Achte dabei besonders auf Arme und Hände (Gestik).

Philipp Melanchthon, ein Freund Martin Luthers, schreibt 1525:

»Es ist auch ein Unsinn, dass die Bauern nicht leibeigen sein wollen. Wenn sie in der Schrift lesen, Jesus habe uns frei gemacht, so ist dort die Rede von geistlicher Freiheit, von der Erlösung von unseren Sünden ohne unser Verdienst, auf die wir ganz gewiss hoffen dürfen. Christliche Freiheit lässt sich nicht mit fleischlichen Augen sehen. Äußerlich trägt ein Christ geduldig und fröhlich alle weltliche Ordnung und braucht sie wie Speise und Kleider. Er kann leibeigen und Untertan sein, er kann auch adlig und ein Regent sein, das alles betrifft den Glauben nicht. Darum hat die Forderung der Bauern kein Recht für sich. Ja, es wäre nötig, dass ein solches wildes, ungezogenes Volk wie die Deutschen noch weniger Freiheit hätte, als es hat.«

■ **Von der Freiheit eines Christen.** Fasse die Positionen Müntzers und Melanchthons in zwei Spalten kurz zusammen. Füge hinzu, wie die beiden ihre Standpunkte jeweils begründen. Lässt sich mit der Bibel entscheiden, wer recht hat? Bestimme das Freiheitsverständnis von Müntzer und Melanchthon. Überlege, warum sich Luther hier auf die Seite der Fürsten gestellt hat, und bewerte dies (vgl. im Lexikon Art. »Bauernkrieg«).

Dem Bauernaufstand begegnet Luther mit seiner Schrift »Wider die räuberischen und mörderischen Rotten der Bauern« (1525). Er unterstützt die Fürsten, da Paulus in Röm 13,1 geschrieben habe, »jedermann sei der Obrigkeit untertan«; das Plündern von Klöstern und Schlössern sei nicht mit dem Evangelium zu legitimieren, ebenso wenig das Zerstören von Heiligenbildern und -statuen in Kirchen (sogenannter Bildersturm). Am Ende sind über 70 000 Bauern und deren Helfer tot. Auch Thomas Müntzer wird 1525 hingerichtet.

■ **Bauernkrieg.** Diskutiert, wann bzw. ob überhaupt Gewalt angewandt werden darf, um seine Lage zu verbessern. Recherchiert vergleichbare Fälle heute.

Das Trienter Konzil und die Gegenreformation

Sowohl Karl V. als auch Luther appellieren an den Papst, ein Konzil einzuberufen, um die Einheit der Christen wiederherzustellen. Immerhin formuliert Papst Hadrian VI. 1523 ein Schuldbekenntnis, worin er Missstände am römischen Hof einräumt. Allerdings lehnt er »übereilte« Reformen ab, da die »Krankheit« vielgestaltig sei.
Spät wird das 19. allgemeine Konzil (1545-63) im Dom zu Trient eröffnet. Es hat zwei Stoßrichtungen: einmal die protestantische Lehre – vor allem die Rechtfertigung allein aus dem Glauben und das allgemeine Priestertum – zurückzuweisen sowie zugleich die eigene Glaubenslehre darzulegen, dann aber auch überfällige Reformen innerhalb der katholischen Kirche durchzuführen. So heißt es in der Abschlussrede des Erzbischofs von Trient: »Wenn wir die Ursache des gegenwärtigen Übels sorgfältig erforschen und alles unvoreingenommen abwägen wollen, so werden wir leicht einsehen, dass wir sozusagen selber die Ursache gegeben haben.«
Insgesamt wird das Tridentinum als Wendepunkt in der Geschichte der katholischen Kirche der Neuzeit bewertet. Was die innere Reform anbelangt, zeigt die Hierarchie Einsicht: Rechte und Pflichten kirchlicher Würdenträger werden klar abgesteckt. Die Ernennung der Bischöfe durch den Papst wird an konkrete Regeln gebunden, bischöfliche Amts- und Aufsichtspflichten werden festgeschrieben, die Häufung und der Kauf kirchlicher Ämter verboten. Priester sollen künftig in kirchlichen Seminaren ausgebildet werden, damit sie würdige Vertreter der Kirche seien. Die Bischöfe und Vertreter des Papstes sollen die Einhaltung der Vorschriften kontrollieren und Missbräuche bekämpfen.
Gegenüber der evangelischen Lehre will man jedoch nicht zurückstecken und verteidigt die guten Werke als natürliches Handeln von Menschen, die Gottes Güte erfahren haben – heute erkennen wir darin mehr das Verbindende als die streitenden Parteien damals. Tradition und kirchliches Lehramt werden betont als nötiger Bestandteil des wahren christlichen Glaubens; die Heilige Schrift könne nicht alleinige Grundlage des Glaubens und der Konzilsbeschlüsse sein. Die weitere Verbreitung des Protestantismus solle eingedämmt, verlorenes Gebiet mithilfe der Seelsorge der Jesuiten zurückgewonnen werden (Gegenreformation) – dieser Orden ist von dem spanischen Offizier Ignatius von Loyola (1491-1556) gegründet worden (siehe auch Lexikon).

Anonymus, 1711

■ **Konzil zu Trient.** Das Bild zeigt die Versammlung der Bischöfe im Dom zu Trient. Stelle dir vor, du musst als Journalist über das Trienter Konzil berichten: entweder für deine katholische oder für deine evangelische Heimat. Ändert sich die Darstellungsweise? Verfasse einen solchen Artikel.
Forsche nach: Gibt es auch heute solche Unterschiede in der Berichterstattung?

■ **Ursachen der Reformation.** Finde heraus, wo Papst Hadrian VI. Ursachen der Reformation sieht und wie er reformieren will. Überlege, was einem Anhänger Luthers fehlen könnte.

■ **Bedeutung Luthers.** Verfasse den zentralen Artikel für eine Wochenzeitschrift zur Bedeutung Martin Luthers für uns heute (vgl. das Titelbild des SPIEGEL).

■ **Bedeutung von Konfession.** Das Wort »evangelisch« leitet sich vom Evangelium ab, auf das sich Luther und seine Anhänger berufen. »Katholisch« bedeutet hingegen »das Ganze betreffend, allgemein, umfassend«. Überlege mit deinem Nachbarn, welches Wort du für eine Konfession angemessener findest.
Halte im Heft die beiden Definitionen fest und versuche jeweils eine Erklärung, warum die Kirchen sich so nennen.
Diskutiert im Anschluss, was einen »Protestanten« auszeichnen sollte und ob er sich hierbei von einem Katholiken unterscheidet.

■ **Ökumene heute.** Inzwischen hat sich die evangelische mit der katholischen Kirche über die Lehre von der Rechtfertigung des Menschen vor Gott grundsätzlich verständigt: Die Gnade (das Sein) geht dem Handeln (dem Sollen) des Menschen stets voraus; die Werke sind aber ein Ergebnis der Gnade und Liebe Gottes.
Beschreibe und interpretiere die Karikatur. Entwirf dann deine Vision, wie Ökumene für dich aussehen müsste (weitere Informationen zur Ökumene findest du im Lexikon und in der Lernlandschaft »Ein Ort des gelebten Glaubens – Taizé«, S. 146ff.).

■ **Streit.** Bringt in Partnerarbeit auf Folie jeweils drei Argumente (Behauptung, Begründung und Beispiel), die zeigen, dass Meinungsverschiedenheiten auch ihr Gutes haben: in der Schule, in der Demokratie, in der Ökumene. Besprecht bei der Auswertung, welche Nennungen unbedingt im Heft festgehalten werden müssen.

Der »Stammbaum der Kirchen«

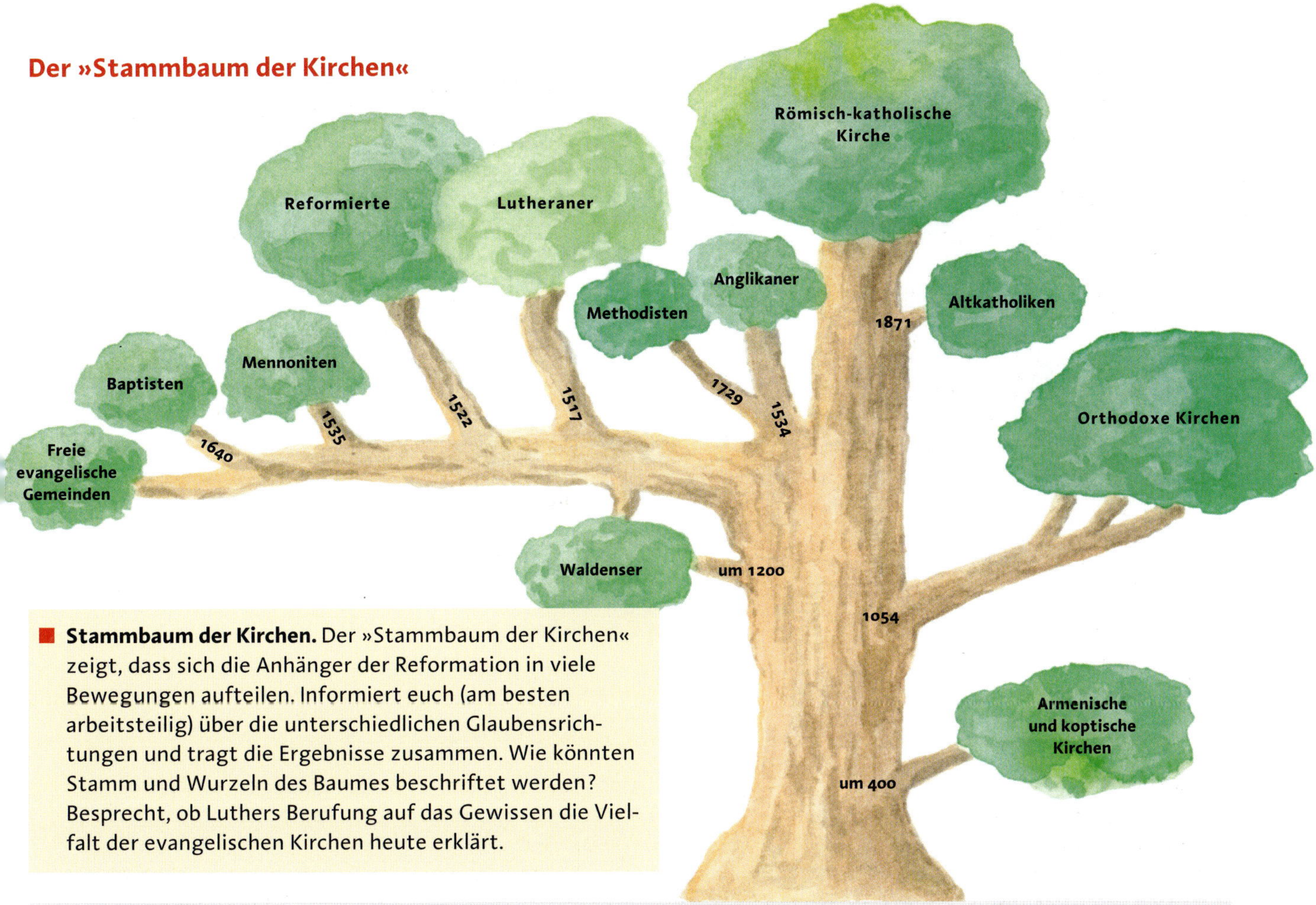

■ **Stammbaum der Kirchen.** Der »Stammbaum der Kirchen« zeigt, dass sich die Anhänger der Reformation in viele Bewegungen aufteilen. Informiert euch (am besten arbeitsteilig) über die unterschiedlichen Glaubensrichtungen und tragt die Ergebnisse zusammen. Wie könnten Stamm und Wurzeln des Baumes beschriftet werden? Besprecht, ob Luthers Berufung auf das Gewissen die Vielfalt der evangelischen Kirchen heute erklärt.

HAT STREIT AUCH ETWAS GUTES?

Ein Zeitungsartikel

Mit katholischen Kindern, sagte meine Oma immer, sollst du nicht spielen. Katholische Kinder lügen, das lernen sie beim Beichten. Ich wusste zwar damals wie heute nicht, was beichten genau ist, aber dass man dabei das Lügen lernen konnte, machte den Vorgang interessant. Man erzählte sich immerhin noch von stramm evangelischen Bauern, die am Fronleichnamstag den Mist auf die Felder fuhren und damit absichtlich den Prozessionsweg besudelten. Oder dass für die Katholiken der Karfreitag traditionell Waschtag war, um die Evangelischen an ihrem höchsten Feiertag zu provozieren.

Damals gab es in unserer mehrheitlich evangelischen Stadt noch keinen Karneval, während ein paar Dörfer weiter täglich Ausnahmezustand herrschte. Jeder hatte die Wahl: Wer sich betrinken wollte, fuhr aufs Land. Wer seine Ruhe haben wollte, blieb in der Stadt. Ähnliche Unterschiede würzten den faden Alltag: Kommunion und Konfirmation, evangelisches Jugendlager und katholische Sportclubs, die Eheprobleme des Pastors und die Zölibatsprobleme des Kaplans. Ich konnte nie verstehen, warum meine Mutter allzeit beklagte, dass es mit der Ökumene in unserer Stadt nie so recht klappen wollte. Ihrer Meinung nach waren es natürlich die bösen Katholiken, die alle mutigen Ansätze für gemeinsame Gottesdienste oder gar ein gemeinsames Abendmahl torpedierten. Niemals hätte meine Mutter den Papst anerkannt, der ihrer Meinung nach hinter all der Verstockung stand. Warum sie sich dann mit dessen Anhängern verbünden wollte, erschien mir schleierhaft.

Ich konnte die Sehnsucht nach Ökumene nie begreifen. Warum muss man um jeden Preis versuchen, sich zu einigen? Heute, so höre ich, können die meisten Schulkinder den Unterschied zwischen den Konfessionen nicht mehr benennen und begreifen. Da ist bei uns einiges verloren gegangen.

Dirk Schümer

■ **Leserbrief.** Verfasse einen Leserbrief, der deine Einstellung zu dem Zeitungsartikel wiedergibt.

- **Orientierung.** Interpretiere die Karikatur. Nenne Chancen und Gefahren, die sich aus diesem Weg abseits der Masse ergeben. Ziehe Parallelen zu Menschen in der Reformationszeit.
  Stelle abschließend einen Bezug zum Thema »Stark sein können – schwach sein dürfen« (S. 6ff.) sowie »Berufene Rufer – Propheten« (S. 28ff.) her.

- **Lebensweg.** Male deinen eigenen Lebensweg ins Heft und setze für dich wichtige Personen, Einrichtungen und Inhalte in Beziehung dazu.

Grundgedanken der Reformation

Allein die Schrift	*(»sola scriptura«)*	Allein der Glaube	*(»sola fide«)*
Allein die Gnade	*(»sola gratia«)*	an Jesus Christus	
Allein Jesus Christus	*(»solus Christus«)*		
= drei Gaben Gottes		**= Antwort des Menschen auf das bereits gesprochene Wort Gottes**	

- **Grundgedanken der Reformation.** Stell dir vor, du bist der Layouter einer Zeitung und musst versuchen, die Grundgedanken der Reformation im Heft grafisch einprägsam umzusetzen. Erläutere sie anschließend deinen Mitschülerinnen und Mitschülern.

- **Projektidee.** Bereitet eine Ausstellung vor zu Leben und Wirken Martin Luthers sowie zu den zeitlichen Umständen, in denen er lebte, und den Folgen der Reformation. Alternative: Gestaltet arbeitsteilig zu diesem Thema einen Comic.

- **Mittelalter – Neuzeit.** Stelle in deinem Heft einprägsam die Unterschiede zwischen Mittelalter und Neuzeit gegenüber. Nutze für weitere Informationen dein Geschichtsbuch.

- **Gewitter.** Beschreibe das Bild. Versuche die Person zu charakterisieren. Erzähle von Situationen, in denen du Angst hattest: Was hat dich, wie hast du dich »gerettet«?

- **Zeitschrift.** Versetze dich in die Lage eines Journalisten und verfasse zu einer der Schlagzeilen den entsprechenden Zeitungsartikel. Findest du passendes Bildmaterial? Gestaltet damit eine Zeitschrift oder eine Plakatwand.

- **Drehbuchplan.** Erstelle einen Drehbuchplan zu einem neuen Lutherfilm. Wähle aus, welche Szenen und Personen unbedingt darin vorkommen müssen. Denke daran, dass auch Ort, Wetter, Kleidung etc. vermerkt werden sollten.

INS FEGEFEUER ODER ZUR HÖLLE!
Der Himmel kostet zu viel!
Zum Ablass(un)wesen heute
Von Dr. Martin Luther
Luther: So habe ich meine Angst besiegt!
Ämterkauf oder Bildersturm:
Beides hat die Kirche nicht verdient!
Ein kritischer Leserbrief
LUTHER – der wichtigste Deutsche?
Bauern! Lest im Evangelium über eure Freiheit und erhebt euch gegen eure Herren!
Thomas Müntzer
LUTHER STUDIERT DIE BIBEL UND KANN NICHT ANDERS
Seine 95 Thesen aus Wittenberg
Katholische Kirche lernfähig – aber zu spät ...
Warum sich die »Protestanten« »evangelisch« nennen und warum dies alte und neue Kirche eint.
Von Prof. Philipp Melanchthon
Kann Ökumene funktionieren?
WENN ALLEN ALLES EGAL IST ...

Muslimen begegnen.
In der Schule. Auf der Straße. Im Bus.
Beim Einkaufen. Am Dönerstand. Im Urlaub.
Es gibt viele Möglichkeiten, Muslime zu treffen. Doch was wissen wir eigentlich über sie und ihre Religion? Woher haben wir dieses Wissen? Aus dem Fernsehen? Den Zeitungen? Oder haben wir Informationen »aus erster Hand«, weil wir mit Muslimen befreundet sind?
Diese Lernlandschaft vermittelt dir fundierte Informationen über die Religion der Muslime, den Islam. Gleichzeitig ermutigt sie dich, nicht nur dein Wissen zu erweitern, sondern in Kontakt zu kommen mit Menschen muslimischen Glaubens.
Nur in der Begegnung von Mensch zu Mensch, im Gespräch können Vorurteile und Ängste abgebaut, kann Verbindendes gefunden und Neues entdeckt werden.
Lass dich ein auf die Entdeckungsreise in die Welt des Islams!
In der Silhouette der Moschee kannst du verschiedene Stichwörter lesen, die jeweils ein Thema der Lernlandschaft bezeichnen.
Mit welchem möchtest du beginnen?

MUSLIMEN

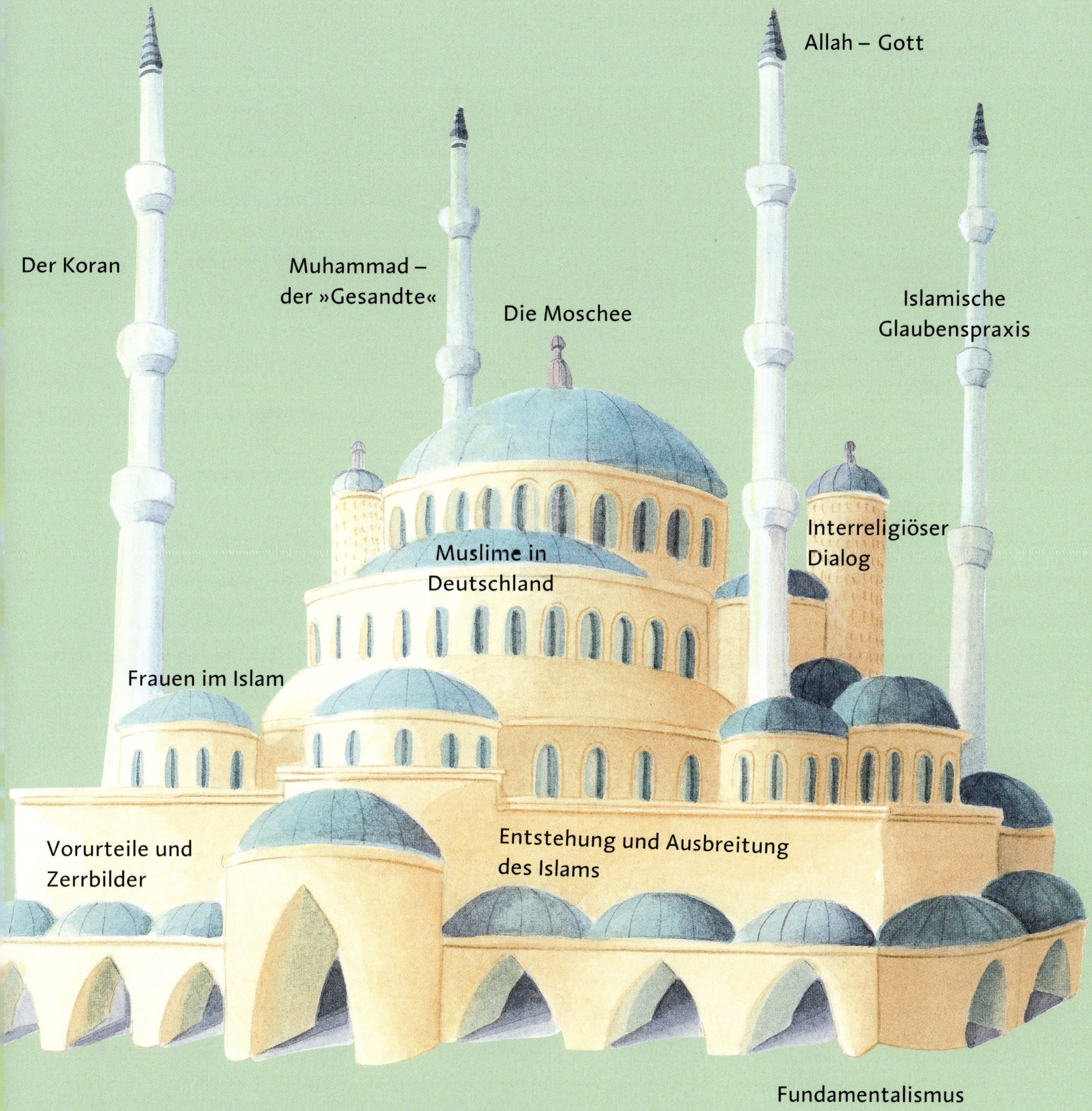
Allah – Gott
Der Koran
Muhammad –
der »Gesandte«
Die Moschee
Islamische
Glaubenspraxis
Interreligiöser
Dialog
Muslime in
Deutschland
Frauen im Islam
Vorurteile und
Zerrbilder
Entstehung und Ausbreitung
des Islams
Fundamentalismus

BEGEGNEN

»Japaner sind diszipliniert und ehrgeizig.«
»Engländer sind prüde.«
»Dicke sind gemütlich.«
»Deutsche sind steif und unflexibel.«

Weißt du, was »man« von Muslimen sagt?

WAS »MAN« SO SAGT ...

»Spanierinnen sind rassige Frauen.«

Weißt du, was »man« über muslimische Frauen sagt?

»Alle Sizilianer sind Mafiosi.«

Gibt es das auch? Alle Muslime sind ...?

Im Haus gegenüber ziehen neue Mieter ein. Ich sehe eine Weile vom Fenster aus zu, wie die Möbel hineingetragen werden. Klarer Fall: Das sind Müslis! Na ja, immer noch besser als Schöner-Wohnen-Leute.

Klarer Fall: das sind Muslime – gibt's das auch?

Ich fahre mit dem Zug. Im Nebenabteil wird es laut: Gelächter, Gekreische, Gegröle. Als wären die allein im Waggon! Ich werfe einen Blick nach nebenan – typisch! Natürlich Fußballfans!

Typisch Muslime – gibt es das auch?

»Chinesen heißen nur männliche Nachkommen willkommen, Mädchen werden frühzeitig umgebracht.«

Was sagt »man« über das Verhältnis von Mädchen und Jungen bei Muslimen?

»Hindus verehren Kühe und lehnen den Verzehr von Fleisch ab.«

Muslimische Speisevorschriften – gibt es die auch?

- **Islambild.** Sammle Äußerungen über Muslime, die man »so sagt«, und werte sie aus: Welches Islambild bestimmt unsere Gesellschaft und unsere Medien?

- **Vorurteile.** Überlege, wie Vorurteile über Muslime entstehen und welche Auswirkungen sie auf das tägliche Miteinander von Muslimen und Christen in Deutschland haben. Wertet eure Ergebnisse in einem »Kugellager« aus. Dazu bildet ihr einen großen Stuhlkreis. Zählt nun der Reihe nach ab: A-B, A-B usw. Die Schülerinnen und Schüler der Gruppe B nehmen ihren Stuhl, tragen ihn in den Innenbereich und setzen sich ihrem vormaligen rechten Nachbarn der Gruppe A gegenüber. Die Gruppe B beginnt, ihren jeweils im Außenkreis gegenübersitzenden Partnerinnen und Partnern aus der Gruppe A ihre Ergebnisse vorzutragen. Anschließend fassen diese zusammen, was sie gehört haben, und tragen ihre Ergebnisse vor. Auf ein Zeichen der Lehrkraft rücken nun alle aus der Gruppe B zwei Plätze nach rechts. Jetzt beginnt zuerst die Gruppe A ihre Ergebnisse vorzutragen. Gruppe B wiederholt das Wichtigste und stellt ihrerseits ihre Ergebnisse vor. Nun wandern die Schülerinnen und Schüler der Gruppe B wieder zwei Plätze weiter nach rechts, beginnen ihren Vortrag vor neuen Partnerinnen und Partnern. Diese wiederholen das Gehörte, tragen dann ihrerseits ihre Ergebnisse vor usw. Sind die Ergebnisse relativ eindeutig, kann der Austausch nach drei- bis viermaligem Weiterrücken abgebrochen werden.

Muslimische und christliche Schülerinnen und Schüler lernen gemeinsam an der Hostato-Schule in Frankfurt am Main.

Viele Jugendliche lernen das Heimatland ihrer türkischen Mitschülerinnen und Mitschüler in den Ferien kennen, denn die Türkei ist seit Jahren eines der beliebtesten Urlaubsziele der Deutschen.

- **Erfahrungsaustausch.** Erzählt euch eure Erfahrungen mit Muslimen, die ihr im Urlaub in einem islamisch geprägten Land oder hier in Deutschland gemacht habt.

Für viele deutsche Schüler und Schülerinnen geht nichts über einen »Döner« zum Mittagessen von einer türkischen Imbissbude.

Minarette von Moscheen sind auch in deutschen Städten keine Seltenheit mehr. Das Bild zeigt die Mevlana-Moschee in Konstanz.

- **Toleranz?!** Informiere dich mithilfe des Lexikons, was der Begriff Toleranz (nicht) bedeutet. Beschreibe und interpretiere anschließend die Karikatur.

- **Konfliktfelder.** Bringe die Karikatur mit den Fotos in Verbindung. Wann und wo begegnen Christen und Muslime einander im Alltag? Erstelle eine Liste der Themen, bei denen es zu Konflikten kommen kann.

Allah – der Glaube der Muslime

»Allah« ist kein Eigenname wie »Zeus« oder »Jupiter«, sondern die allgemeine arabische Bezeichnung für Gott. Auch arabisch sprechende Christen haben für Gott kein anderes Wort als »Allah«. Muslime reden und denken von Allah nur mit dem höchsten Respekt. Allah war schon vor Mohammeds Zeiten den Menschen in Mekka bekannt. Wahrscheinlich haben die Mekkaner, die damals noch viele Götter verehrten (*Polytheismus*), ihren höchsten Gott so bezeichnet. Er wurde neben vielen anderen Götter(-bildern) an der Kaaba verehrt.

Nachdem Muhammad die Offenbarungen Gottes am Berg Hira empfangen hatte, kritisierte er die polytheistischen Riten an der Kaaba aufs schärfste. Er verlangte, dass alle Götterbilder entfernt und von nun ab nur noch eine einzige Gottheit – Allah – angebetet werden dürfe. Allah sei der alleinige Schöpfer der Welt, er sei barmherzig und gerecht zugleich.

Mit dem Bekenntnis zu Gottes Einzigkeit steht der Islam in der Tradition des jüdischen Gottesglaubens. Aus muslimischer Sicht ist die christliche Vorstellung eines einzigen und zugleich dreifaltigen Gottes nur schwer verständlich, und somit immer wieder Gegenstand kontroverser Diskussionen im muslimisch-christlichen Dialog.

Trotz der Einzigkeit Gottes schreibt der Islam Gott viele Attribute (= nähere Bestimmungen) zu. Die islamische Tradition kennt die »99 schönsten Namen« Gottes. Sie werden häufig um den Schriftzug »Allah« herum auf Tafeln oder (Wand-)Teppichen angeordnet, die Moscheen oder Privaträume schmücken. Man kann die Namen in vier Gruppen aufteilen, die auf Gottes Herrschaft, seine Schöpfertätigkeit, seine besonderen Eigenschaften und seine Einzigkeit hinweisen. Von frommen Muslimen werden sie mithilfe einer Gebetsschnur (mit 33 Perlen) rezitiert. Der hundertste »Name« Gottes ist den Menschen nicht bekannt und deshalb unaussprechbar.

■ **Gottesbild.** Lies den Text und die muslimischen Bezeichnungen für Gott. Finde Gemeinsamkeiten und Unterschiede im Gottesbild von Muslimen und Christen heraus. Vergleiche dein Ergebnis mit der Verlautbarung des Zweiten Vatikanischen Konzils zum Verhältnis der Kirche zu den nichtchristlichen Religionen (S. 142). Welche Eigenschaften und Attribute Gottes werden hier besonders hervorgehoben?

Das Bilderverbot im Islam

Abbildungen Gottes oder Muhammads im Islam sind selten. Der Islam verbietet, Bilder oder Abbilder von Gott oder seinen Gesandten anzufertigen, weil Gott allein der Schöpfer und Gestalter ist (Sure 59,24). Statt Plastiken oder Malereien findet man in Moscheen deshalb wunderbar ausgestaltete Schriftzüge (Kalligrafien) mit dem Namen Gottes bzw. seiner Propheten, Kacheln in herrlichen Farben und kunstvolle Ornamente.

Dennoch gibt es muslimische Traditionen, die sich nicht so streng an die Bestimmungen halten. Als Buchillustrationen wurden seit der frühesten islamischen Malerei u. a. Szenen aus dem Leben Muhammads angefertigt. Zumeist wird jedoch das Haupt des Propheten mit einem Schleier verhüllt oder mit einem Flammennimbus umgeben (siehe auch S. 126f.).

Kalligrafie des Glaubenszeugnisses in Form eines Betenden

■ **Bekenntnis.** Betrachte die Kalligrafie oben und informiere dich, wann Muslime dieses Glaubenszeugnis aussprechen (vgl. S. 132).

■ **99 »Namen« Allahs.** Wähle einen Gottesnamen aus, der dich besonders anspricht, und gestalte ihn künstlerisch (kalligrafisch) aus. Setzt eure Bilder zu einem »Klassenteppich« zusammen. Überlegt gemeinsam, weshalb der 100. Name Gottes unaussprechbar ist.

Gott, der Barmherzige, der Erbarmer, der König, der Heilige, der Friede, der Gläubige, der Wachsame, der Mächtige, der Gestrenge, der Hochmütige, der Schöpfer, der Erschaffer, der Ordner, der Nachsichtige, der Herrscher, der immerwährende Geber, der Verteiler aller Güter, der Siegreiche, der Wissende, der Einengende, der Ausweitende, der Demütigende, der Erhebende, der Ehrverleiher, der Erniedrigende, der Hörende, der Sehende, der Richtende, der Gerechte, der Gnädige, der Erfahrene, der Sanftmütige, der Unzugängliche, der Verzeihende, der Großzügige, der Hocherhabene, der Große, der Aufmerksame, der Ernährer, der Rechner, der Majestätische, der Edelmütige, der Überwacher, der Erhörer, der Allgegenwärtige, der Weise, der Liebende, der Glorreiche, der Erwecker, der Augenzeuge, der Wahre, der Treue, der Starke, der Unerschütterliche, der Beschützer, der Lobenswerte, der Zählende, der Erneuerer, der Neuschöpfer, der Lebensspender, der Todbringende, der Lebendige, der In-sich-Seiende, der Vollkommene, der Vornehme, der Eine, der Souveräne, der Kraftvolle, der Allmächtige, der alles Bestimmende, der Näherbringende, der Entferner, der Erste, der Letzte, der Offenbare, der Verborgene, der Regierende, der Erhabene, der Rechtschaffene, der Bereuer, der Rächer, der Tilger, der Erbarmungsvolle, der König des Reiches, der Herr der Majestät und des Edelmutes, der recht Handelnde, der Versammler, der Reiche, der Bereicherer, der Verhinderer, der Schädliche, der Nützliche, das Licht, der Rechtleiter, der Einzigartige, der Ewige, der Bleibende, der Führer, der Geduldige.

Ägyptischer Papyrus mit den 99 Namen Allahs

Das Leben Muhammads

Muhammad wurde um das Jahr 570 n. Chr. in Mekka geboren. Schon früh verlor er seine Eltern. Als Waise wuchs Muhammad zunächst im Haus seines Großvaters, danach bei seinem Onkel auf.
Mekka war damals ein Wirtschaftszentrum für Handelskarawanen. Gleichzeitig war die Stadt ein wichtiger Wallfahrtsort für die Beduinen der arabischen Halbinsel. Muhammads Familie kontrollierte den Zugang zur Kaaba, dem wichtigsten Heiligtum in Mekka. Die Araber verehrten an der Kaaba den schwarzen Meteoriten, aber auch zahlreiche andere Gottheiten, deren Götterbilder dort aufgestellt waren.
Im Alter von etwa 25 Jahren heiratete Muhammad die 20 Jahre ältere, wohlhabende Witwe Khadidja. Obwohl er durch die Hochzeit ein reicher und angesehener Mann geworden war, zog sich Muhammad aus einer inneren Unruhe heraus immer wieder in die Einsamkeit des Berges Hira zurück, um dort zu beten.
Etwa im Jahre 610 – mit 40 Jahren – hatte er in einer Höhle am Berg Hira ein einschneidendes Erlebnis: Sure 96, die älteste Sure des Korans, berichtet, dass der Engel Gabriel an ihn herantritt und ihm die erste Offenbarung Gottes übermittelt.
Nach einer Zeit der Verunsicherung und der Selbstzweifel nahm Muhammad den Auftrag als »Gesandter Gottes« an. Er forderte öffentlich dazu auf, sich zum Glauben an den einen Gott zu bekennen und den Armen, Gefangenen, Sklaven und Fremden gegenüber barmherzig zu sein.
Sein Kampf gegen den altarabischen Polytheismus und seine Sozialkritik brachten ihm nicht nur Freunde. In Mekka wurde Muhammads Situation nach 620 immer schwieriger, da ihn seine Feinde verspotteten und demütigten. In dieser Situation entschloss er sich mit seinen Anhängern 622 zur Auswanderung (*Hidschra*) nach Medina, die den Beginn der islamischen Zeitrechnung markiert. In Medina beendete Muhammad die Streitigkeiten der Stämme dort und gründete die erste muslimische Gemeinschaft, die Umma. Als politisches und religiöses Oberhaupt stand Muhammad dieser Gemeinschaft der Gläubigen vor. Er übte die Aufgaben eines Staatsmanns und Gesetzgebers aus.
Zwischen 625 und 630 kam es zu einer Reihe gegenseitiger Karawanenüberfälle mit den Mekkanern, bei denen sich Muhammad als begabter Heerführer erwies. Im Januar 630 zog Muhammad siegreich in seine Vaterstadt Mekka ein. Er ließ alle Götterbilder an der Kaaba zerstören, verschonte aber die Einwohner. Mekka wurde somit der geistige Mittelpunkt des Islams, der neuen Religion der Araber. Zwei Jahre später – kurz nach seiner »Abschiedswallfahrt« nach Mekka im März 632 – starb Muhammad in Medina.

■ **Vergleich.** Lies den Text und arbeite Gemeinsamkeiten und Unterschiede zwischen Muhammad und Jesus im Hinblick auf ihre Biografie, ihre Botschaft sowie ihre Titel und Funktionen heraus.

Muhammad betet an der Kaaba, 1595

■ **Das Leben Muhammads.** Notiert die wichtigsten Stationen im Leben Muhammads auf einer Zeitleiste. Gestaltet gemeinsam einen Wandfries im Klassenzimmer, indem ihr zu den zentralen Lebensdaten Muhammads auch Bilder, Karten, Texte an eine Wand in eurem Klassenzimmer klebt.

■ **»Gesandter Gottes«.** Vergleiche Muhammad mit den Propheten, die du aus der Bibel kennst (vgl. S. 28ff.). Finde heraus, was Muhammad mit diesen Personen verbindet und worin er sich grundsätzlich von ihnen unterscheidet.

Muhammad aus der Sicht eines heutigen Muslims

Der Prophet Muhammad ist kein Christus, er ist auch nicht der »Antichrist«, als den man ihn insbesondere in der Kreuzzugsliteratur bezeichnet hat. Muhammad steht für den Islam in keinerlei Konkurrenz zu Jesus. Er hat sein Verhältnis zu Jesus einmal so formuliert: »Überschreitet nicht die Grenzen, indem ihr mich so rühmt, wie die Christen es tun, wenn sie Jesus, den Sohn der Maria, rühmen und ihn Gottes Sohn nennen. Ich bin der Diener des Herrn. Also nennt mich so und Gesandter (Prophet).« Und ein anderes Mal sagte er: »In meinem Auftreten hat Gott die Bitte meines Vaters Abraham erhört und die Gute Botschaft meines Bruders Jesus erfüllt.« Übrigens ist Jesus (»Isa«) einer der häufigsten Männernamen in der islamischen Welt. Muhammad ist nach muslimischer Auffassung auch nicht der Stifter des Islams. Muhammad ist ein Mensch, er ist nicht Gott und hat keinerlei Teilhabe an der Göttlichkeit. Er ist vielmehr wie alle seine Mitmenschen im Stande des Angewiesenseins auf Gott. Muslime sind folglich auch keine »Muhammadaner«, denn nicht der Prophet, sondern der Koran steht im Zentrum des Islams. Wir lesen: »Muhammad ist nur ein Gesandter, vor ihm sind andere Gesandte dahingegangen« (Sure 3,145). Gleichwohl erkennt der Koran dem Propheten Muhammad eine Reihe ehrenvoller Attribute zu.
Nach islamischer Auffassung ist Muhammad zwar ein sterblicher Mensch, aber er ist der Mund, durch den Gottes Wort den Islam begründet hat (Sure 3,145). Muhammad ist somit der letzte Prophet der Heilsgeschichte, der Abschluss der himmlischen Offenbarung, die mit Adam begann.

Muhammad Salim Abdullah (geb.1931), ehem. Vertreter des Islamischen Weltkongresses bei den Vereinten Nationen

Iranische Miniatur 1585-1595

- **Richtigstellung.** Stelle anhand des Textes die Aussagen, die immer wieder fälschlicherweise über Muhammad gemacht werden, denen gegenüber, die nach Überzeugung des Autors tatsächlich auf Muhammad zutreffen.

- **Bilderklärung.** Betrachte die beiden Miniaturen auf dieser Doppelseite und erkläre mithilfe des Textes, was auf ihnen dargestellt ist. Achte dabei besonders auf die Darstellung der Köpfe der gezeigten Personen. Ziehe auch die Erklärungen zum Bilderverbot auf S. 124 heran.

»Im Namen Gottes,
des Erbarmers, des Barmherzigen.
Lob sei Gott, dem Herrn der Welten, dem Erbarmer,
dem Barmherzigen, der Verfügungsgewalt besitzt
über den Tag des Gerichtes!
Dir dienen wir und bitten dich um Hilfe.
Führe uns den geraden Weg,
den Weg derer, die du begnadet hast,
die nicht dem Zorn verfallen und nicht irregehen.«

Erste Sure

■ **Die Fatiha.** Übertrage die deutsche Übersetzung der ersten und wichtigsten Sure, die bei jedem Pflichtgebet gesprochen wird, in dein Heft. Schreibe das zentrale Gebet der Christen, das Vaterunser, daneben. Unterstreiche wichtige Gemeinsamkeiten und Unterschiede beider Gebete mit unterschiedlichen Farben. Schreibe einzelne Verse der Fatiha/des Vaterunsers in Schönschrift (kalligrafisch) und gestalte sie aus.

Der Koran – ein ganz besonderes Buch

Alle großen Religionen haben ihre heiligen Schriften. In keiner anderen Religion gibt es aber ein Buch, das eine so herausragende Stellung einnimmt wie der Koran im Islam. Im Koran sehen die Muslime die Offenbarung Gottes, die mit nichts anderem auf der Welt vergleichbar ist. Darum ist der Islam in erster Linie eine Religion der Schrift.
Seine unvergleichliche Stellung hat der Koran für den Islam deshalb, weil er von Ewigkeit her bei Gott gewesen ist. Dort hat er vor aller Zeit als »Urkoran« existiert. Er ist unerschaffen und ewig wie Gott selbst. In Muhammads Tagen wurde er dem Propheten durch den Engel Gabriel offenbart. Nach Muhammads Tod wurden die mündlichen Offenbarungen unter dem ersten rechtgeleiteten Kalifen Abu Bakr gesammelt. Kalif Omar (634-644), Abu Bakrs Nachfolger, ließ die Offenbarungsworte niederschreiben. Etwa 20 Jahre nach dem Tod Muhammads legte der 3. Kalif Osman (644-656)die erste verbindliche Redaktion des Korans fest. Die große Mehrheit der Muslime glaubt, dass im Koran das Wort Gottes Buch geworden und deshalb frei von Irrtum und Widerspruch ist. Andere Lesarten und Koranauslegungen halten dagegen, dass der Koran – ähnlich wie die Bibel – eine historisch rekonstruierbare Entstehungsgeschichte aufweist und entsprechend interpretiert werden kann.

■ **Koran in Stichworten.** Stelle die wichtigsten Informationen zum Koran zusammen: Umfang, Ordnungsprinzip, Entstehung, Sprache, Wahrheitsanspruch, Bedeutung für Muslime.

Ein solches wissenschaftliches Vorgehen wird jedoch von vielen Muslimen abgelehnt, da Gottes offenbartes Wort nicht abgewandelt oder »verfälscht« werden darf.
Größere Einigkeit als bei der Auseinandersetzung um die Offenbarung und Auslegung des Korans herrscht bei der Frage, welche Bedeutung und Funktionen der Koran haben soll.
Der Koran begleitet die Muslime durch ihr ganzes Leben. Er ist für sie eine »feste Schnur«, die zu Gott führt und auf den rechten Weg leitet. Im Alltag und bei besonderen Anlässen schenkt er guten Rat. In Zeiten der Freude und des Leids finden die Muslime im Koran die richtigen Worte. Für Politik und Gesellschaft, für Wissenschaft und Kunst ist er die letzte Norm.
Die unvergleichbare Stellung des Korans lässt sich auch daran ablesen, wie gläubige Muslime mit dem heiligen Buch umgehen: Vor der Berührung des Korans nehmen sie rituelle Waschungen vor. Das heilige Buch wird auch nicht einfach auf den Boden gelegt, sondern auf Koranständern gelesen. Im Bücherregal steht der Koran an erhöhter, besonderer Stelle.

■ **Heilige Bücher.** Vergleiche anhand der im Arbeitsimpuls »Koran in Stichworten« genannten Punkte den Koran mit der Bibel. Formuliere grundlegende Gemeinsamkeiten und Unterschiede der beiden heiligen Bücher.

Die erste Sure aus einer indischen Koranausgabe des 17./18. Jahrhunderts

Name der Sure: *sura al-fatiha*, »die Öffnende«. Außerdem ist der Offenbarungsort (Mekka oder Medina) angegeben; in diesem Fall Mekka.

Anfang der ersten Sure des Korans. Arabisch wird von rechts nach links gelesen. Deshalb wird der Koran auch von hinten aufgeschlagen.

Alle Suren, ausgenommen der neunten, beginnen mit der *Basmala*, der Formel »Im Namen Gottes, des Erbarmers, des Barmherzigen«. Jede wichtige Handlung im Alltag soll ein gläubiger Muslim mit der Basmala beginnen.

Der Koran wurde Muhammad in arabischer Sprache offenbart. Arabisch gilt daher als »heilige« Sprache. Gläubige Muslime lernen bis heute Arabisch, um das heilige Buch im Original lesen zu können. Der *Hafiz*, der den Koran auswendig rezitieren kann, ist Gott besonders nahe.

Der Koran besteht aus 114 Kapiteln, die man Suren nennt. Hier wird die Anzahl der Verse jeder Sure angegeben. Die Suren sind der Länge nach geordnet: Die längste Sure steht am Anfang, die kürzeste am Ende des Korans.

MUSLIMEN BEGEGNEN

Entstehung und Ausbreitung des Islams

■ **Worterklärung.** Lies den Text und schreibe die Erklärung des Wortes »Islam« in dein Heft.

Nach dem Christentum ist der von Muhammad (570-632) übermittelte Islam die größte und jüngste unter den Weltreligionen. Das Wort »Islam« bedeutet so viel wie »sich Gott (Allah) hingeben bzw. den Islam annehmen«. Der Gläubige ist ein »Muslim« (weiblich: Muslimin), d. h. »der- bzw. diejenige, der/die sich Gott hingibt«, sich aus freien Stücken diesem einzigen Gott, der es gut meint, anvertraut.

1,3 Milliarden Muslime leben derzeit auf der Erde; die meisten von ihnen in Nordafrika, dem Nahen Osten und Südostasien. Schätzungen gehen davon aus, dass im Jahr 2020 bereits 30 Prozent der Weltbevölkerung islamischen Glaubens sind.

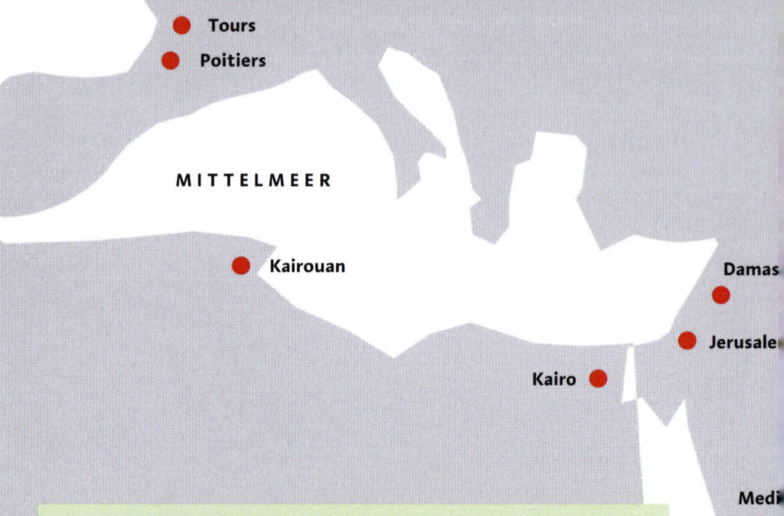

■ **Geschichte des Islam.** Bringe die einzelnen Stationen der islamischen Geschichte in die richtige Reihenfolge. Formuliere Überschriften zu den einzelnen Stationen.

Die tunesische Stadt **Kairouan** war das Zentrum der zweiten großen Eroberungswelle unter der Herrschaft der Omaijaden (661-750). Von dieser »Lagerstadt der islamischen Armee« aus wurden Nordafrika einschließlich Spaniens und eines Teils Frankreichs im Westen sowie Teile des heutigen Pakistans im Osten islamisiert. Im Jahr 732 stoppte Karl Martell den Vormarsch der Muslime bei Tours und Poitiers in Frankreich. Bis heute ist Kairouan die viertheiligste Stadt des Islam.

Nach seiner Ablehnung in Mekka wanderte Muhammad in die Stadt Yathrib aus, die später **Medina** genannt wurde. Die Auswanderung (»Hidschra«) fand im Jahr 622 n. Chr., dem Beginn der islamischen Zeitrechnung, statt.

■ **Heilige Stätten.** Nenne die vier wichtigsten heiligen Stätten des Islams. Erkläre, weshalb sie für Muslime von großer Bedeutung sind. Überlege anschließend, welche Orte für Christen und Juden »heilig« sind. Sammelt gemeinsam (zusätzliches) Bild- und Textmaterial zu diesen heiligen Stätten und gestaltet damit Plakate, die ihr anschließend zu einer Ausstellung mit dem Titel »Heilige Stätten der drei großen monotheistischen Religionen« zusammenstellen könnt.

Mekka, die heiligste Stadt des Islam, in der Muhammad 570 n. Chr. geboren wurde und in der mit der Kaaba das bedeutendste islamische Heiligtum steht, liegt im heutigen Saudi-Arabien. Nach dem Erhalt der göttlichen Offenbarungen verkündete Muhammad zunächst in Mekka den Glauben an den einzigen Gott. Die Ablehnung, die er in seiner Heimatstadt erfuhr, veranlasste ihn auszuwandern. Kurz vor seinem Tod gelang es ihm, Mekka zu besiegen. Heute pilgern jedes Jahr Millionen von Gläubigen in die für Nichtmuslime unzugängliche Stadt.

Nach dem Tod Muhammads (632) übernahmen die Kalifen die Leitung der islamischen Gemeinde. In den folgenden Jahrhunderten dehnte sich das islamische Herrschaftsgebiet sehr schnell weiter aus. Bei der ersten Eroberungswelle wurden riesige Gebiete des Nahen Ostens muslimisch: Syrien mit Damaskus und Jerusalem, Ägypten sowie Iran und Irak. **Jerusalem** ist heute nach Mekka und Medina die drittwichtigste heilige Stadt des Islams. Unter der Kuppel des Felsendoms befindet sich der heilige Fels. Hier soll Abraham der Überlieferung zufolge davor bewahrt worden sein, seinen Sohn Isaak zu opfern, und von hier soll Muhammad in den Himmel aufgestiegen sein.

■ **Muslime und Christen weltweit.** Vergleiche die Verbreitung des Islams mit der des Christentums. Arbeite heraus, welche Gebiete der Erde heute vorwiegend muslimisch und welche vorwiegend christlich beeinflusst sind.

Unter den Abbasiden (750-1258) wurde **Bagdad** als neue Residenzstadt gegründet. Zunächst standen weniger räumliche Ausdehnung als vielmehr innere Festigung des islamischen Reiches im Vordergrund. Der Islam wird unter den Abbasiden eine nicht mehr nur arabische, sondern eine alle Völker umfassende, universale Religion. Bagdad entwickelte sich zu einem Weltzentrum für Kunst, Philosophie und Wissenschaft.

Vom 13. Jahrhundert an wurde Südostasien, vor allem **Indonesien** und **Malaysia**, auf dem friedlichen Weg der Handelskontakte islamisiert. Indonesien ist heute der bevölkerungsreichste islamische Staat der Erde.

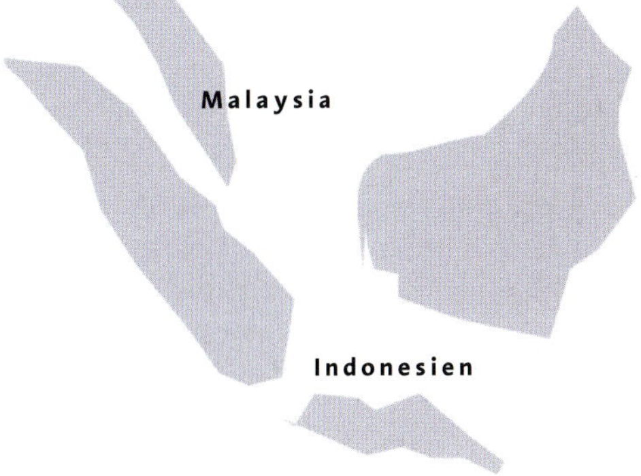

Die fünf Säulen des Islams

Die fünf religiösen Grundpflichten (auch fünf Säulen genannt) bilden die Grundlage des Islams. Ihre Bedeutung liegt insbesondere darin, dass sie von den Gläubigen gemeinsam und öffentlich verrichtet werden. Zu den Grundpflichten gehören:

1. Das Glaubenszeugnis
Der Satz »Ich bezeuge, dass es keine Gottheit außer Gott gibt und dass Muhammad der Gesandte Gottes ist«, vor Zeugen und in ehrlicher Absicht gesprochen, genügt, um zum Islam überzutreten. Er fasst das Wesentliche zusammen: Zum einen wird die Einzigartigkeit und Einheit Gottes, der absolute Monotheismus betont. Zum anderen wird die Sonderstellung und damit gleichzeitig auch die göttliche Wahrheit des Korans hervorgehoben. Neugeborenen wird das Glaubenszeugnis ins Ohr geflüstert, Sterbende sollen es auf den Lippen führen.

Kalligrafie des Glaubenszeugnisses

2. Das rituelle Gebet
Fromme Muslime beten fünfmal am Tag. In den Städten und Dörfern muslimischer Länder ruft der Muezzin vom Minarett der Moschee aus zum Gebet. Die Gläubigen reinigen ihren Körper vor Beginn des Gebets. Bei der Führung durch eine Moschee werden den Besucherinnen und Besuchern in der Regel gerne die Waschanlagen gezeigt. Ist kein Wasser zur Hand, können Hände und Gesicht auch eher symbolisch mit feinem Sand gereinigt werden. Dem Wunsch nach Reinheit entsprechend ist es auch üblich, in Moscheen die Schuhe auszuziehen.
Das Gebet selbst besteht aus einer Abfolge von Verbeugungen, ausgeführt in Richtung Mekka. Parallel zu den Körperbewegungen werden in arabischer Sprache Koransuren und andere festgelegte Formeln gesprochen. Inhalt ist der Lobpreis Allahs.

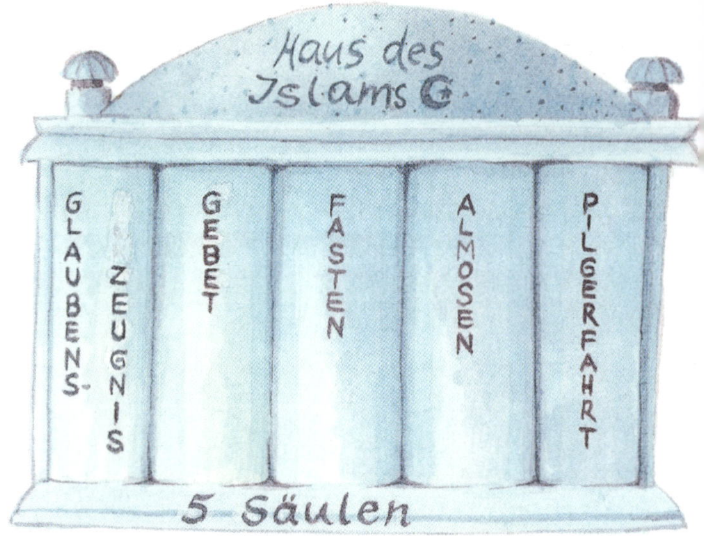

3. Das Fasten
Im Islam gibt es einen speziellen Fastenmonat, den Ramadan. Im Ramadan verzichten gesunde, erwachsene Musliminnen und Muslime von der Morgendämmerung an bis zum Sonnenuntergang auf Nahrung, Getränke, Genussmittel und Geschlechtsverkehr.
Das Fasten im Ramadan soll die Standhaftigkeit und Geduld der Gläubigen fördern. Es gilt als hervorragende Möglichkeit, sich Gott wieder ganz zuzuwenden. Zu den positiven Auswirkungen des Fastens gehört, dass der soziale Zusammenhalt der Gemeinden gestärkt wird. Allabendlich findet das »Fastenbrechen« statt, bei dem Freunde und Verwandte zu einem leckeren Essen eingeladen werden.
Der Ramadan hat zwei Höhepunkte: Am 27. Ramadan wird normalerweise die »Nacht der Bestimmung« gefeiert, in der der barmherzige Gott sein Buch (den Koran) herabließ, um die Menschen »rechtzuleiten«. Der Abschluss der Fastenzeit ist der zweite Höhepunkt: das Fest des Fastenbrechens. Im türkischen Islam wird es Zuckerfest (*Seker Bayram*) genannt, weil die Kinder viele Süßigkeiten erhalten.

4. Die Almosensteuer
Das Wort für Almosensteuer (*zakat*) leitet sich von dem arabischen Wort *zaka* ab, das »reinigen« bedeutet. Muslime interpretieren daher die Pflichtabgabe als einen

- **Im Christentum?** Überlege, welche Frömmigkeitsformen es im Christentum gibt, die mit den einzelnen Grundpflichten vergleichbar sind.

■ **Gruppenpuzzle.** Übernimm die Skizze vom »Haus des Islams« mit seinen fünf Säulen in dein Heft. Bildet fünf Gruppen. Erarbeitet mithilfe eines Gruppenpuzzles die wichtigsten Informationen zu den fünf Säulen und tragt eure Ergebnisse in euer »Haus des Islams« ein. Vertieft euer Wissen zu Einzelheiten der fünf Säulen durch weiterführende Recherchen in Lexika und im Internet (www.eslam.de, www.islam.de).

Akt der Reinigung von Habgier, welche einen sozial schädlichen Charakter besitzt. Die wohlhabenderen Muslime sind dazu verpflichtet, Arme, Bedürftige, Verschuldete, Gefangene und Reisende an ihrem Besitz teilhaben zu lassen.

Die Höhe der Almosensteuer ist unterschiedlich: Sie wird jedes Jahr neu festgelegt und beträgt zwischen fünf und zehn Prozent des Einkommens. In manchen Ländern, z. B. in Pakistan und Saudi-Arabien, wird die Steuer vom Staat eingezogen. In anderen Ländern, z. B. der Türkei, besteht eine solche Regelung nicht. Hier erfolgt sie auf freiwilliger Grundlage.

5. Die Pilgerfahrt

Als fünfte Säule und Höhepunkt im Leben einer Muslimin und eines Muslims ist schließlich die Pilgerfahrt nach Mekka zu nennen. Alle Gläubigen, die körperlich und finanziell in der Lage sind, sollten sie einmal im Leben durchführen.

Nach der unter Umständen sehr langen und anstrengenden Reise legt der Gläubige vor dem Betreten des heiligen Bezirks, den Nichtmuslime nicht betreten dürfen, ein spezielles Pilgergewand an: Männer tragen zwei weiße ungenähte Tücher und Sandalen; Frauen sollen ebenfalls ein weißes Gewand und eine Kopfbedeckung tragen. Reiche wie Arme, einflussreiche wie sozial weniger angesehene Menschen treten gleichberechtigt und ohne Privilegien vor Gott, so wie es nach muslimischer Lehre auch beim Gericht am Jüngsten Tag sein wird.

Zu den zentralen Bestandteilen der Pilgerfahrt gehört das siebenmalige Umschreiten des wichtigsten islamischen Heiligtums, der Kaaba, das Berühren des schwarzen Meteoriten, ein siebenmaliges Hin- und Herlaufen zwischen zwei Hügeln in Erinnerung an Prophetengeschichten, ein Tag intensiven Gebets am Berg Arafat sowie die symbolische Steinigung des Teufels. Am Schluss steht ein großes Opferfest, bei dem an die nicht notwendig gewordene Opferung Isaaks, des Sohnes Abrahams, erinnert wird.

Große Moschee mit Kaaba in Mekka

Große Moschee in Cordoba

Hagia Sophia in Istanbul

Die Moschee

Die Moschee ist »der Ort, an dem man zum Gebet niederfällt«. Schon zu Muhammads Lebzeiten wandte man den arabischen Begriff *Madschid* (= Moschee) auf Gebäude an, wo man Gott verehrte, sich zum öffentlichen und privaten Gebet zusammenfand.

Ein Gebäude mit vielen Funktionen

Moscheen sind seit vielen Jahrhunderten Zentren des gesellschaftlichen Lebens. Schüler suchen heute die Moscheen auf, um den Koran zu lernen, Rechtsgelehrte diskutieren über die Fragen des Islam. In Moscheen finden Versammlungen statt, werden Gerichtsverhandlungen abgehalten. Oft befindet sich innerhalb des Gebäudes oder in seiner unmittelbaren Nachbarschaft ein Lebensmittelgeschäft oder eine Teestube, in der auch Gäste bewirtet werden.

■ **Weltberühmte Moscheen.** Informiere dich über die wechselhafte Geschichte bedeutender Moscheen (z. B. Große Moschee in Cordoba, Hagia Sophia in Istanbul).

■ **Vergleich.** Zeichne den Grundriss einer Moschee und den deiner Kirche und markiere und notiere die jeweiligen Besonderheiten.

■ **Gebetsruf.** Informiere dich über den Inhalt des Gebetsrufes des Muezzins. Diskutiert die Frage: Soll der Muezzin auch in Deutschland die Gläubigen zum Gebet rufen?

Minarett und Muezzin

Die meisten Moscheen besitzen einen oder mehrere Türme, Minarett [1] genannt. Diese Bezeichnung stammt von dem arabischen Begriff für Leuchtturm (*Minara*). Vom Minarett aus ruft der Muezzin (Gebetsrufer) die Gläubigen fünfmal am Tag zum rituellen Pflichtgebet. Vorgetragen wird der Gebetsruf (*Adhan*) stets auf Arabisch in einer Art Sprechgesang, nicht selten erschallt er vom Tonband über Lautsprecher.

Das Innere der Moschee

Jede Moschee besitzt einen Brunnen [2] für die rituellen Waschungen. Körper und Seele sollen fei sein von Schmutz und üblen Gedanken, wenn der Beter das Pflichtgebet verrichtet.

Jeder größere Ort in islamischen Ländern besitzt zumindest eine Freitagsmoschee sowie zahlreiche kleinere Gebetsstätten. In der Freitagsmoschee findet das Freitagsgebet statt. In jeder größeren Moschee weist die Gebetsnische (*Mihrab*) nach Mekka [3]. Zur Grundausstattung einer Moschee gehört außerdem eine Kanzel (*Minbar*), von der aus der Prediger vor dem Gemeinschaftsgebet am Freitag predigt [4].

Der Innenraum einer Moschee ist mit Matten und zum Teil wertvollen Teppichen ausgestattet, Bilder und Kunstgegenstände sind verboten, dafür findet man jedoch kunstvoll arabisch gestaltete Buchstaben/Schriftzüge (Kalligraphien) oder geometrische Muster.

Muslimische Frauen beten das Gemeinschaftsgebet nicht mit den Männern zusammen. Begründet wird dies damit, dass das Gebet so viel Andacht und Konzentration verlangt, dass sich Männer und Frauen nicht gegenseitig ablenken sollen. Muslimische Frauen beten deshalb auf einer Empore, andere in einem Nebenraum [5].

■ **Moscheebau.** In vielen deutschen Städten streben Muslime den Bau einer repräsentativen Moschee an. Dieses Vorhaben stößt bei der einheimischen Bevölkerung oft auf Widerstand. Sammelt in Gruppen Argumente für/gegen beide Positionen und führt eine Pro-und-Kontra-Debatte (siehe S. 139). Ihr könnt auch im Internet über solch umstrittene Moscheeprojekte wie z. B. der Bau der Moschee in Köln-Ehrenfeld oder München-Sendling recherchieren.

Kanzel *(Minbar)* in einer Moschee in Istanbul. Von hier aus predigt der Imam beim Freitagsgebet.

■ **Moscheebesuch.** Erkundige dich, wo sich von eurer Schule aus die nächste Moschee befindet. Bittet euren Lehrer/eure Lehrerin, Kontakt zu den muslimischen Verantwortlichen herzustellen und einen Besuch in der Moschee zu organisieren. Formuliert bereits im Unterricht Fragen, die ihr bei dem Besuch stellen könnt.

■ **Koranunterricht.** Findet heraus, was muslimische Kinder und Jugendliche beim Koranunterricht in der Moschee lernen und wie sie dies tun. Befragt dazu eure muslimischen Mitschülerinnen und Mitschüler oder fragt beim Moscheebesuch danach.

Gebetsnische *(Mihrab)* der Mevlana-Moschee in Konstanz. Über der Mihrab sind zwei Kalligrafien zu sehen: Allah (rechts) und Muhammad (links).

Islam in Deutschland

Der Islam ist heute nach dem Christentum die zweitgrößte Religion in Deutschland. Nach Schätzungen leben hier über 3 Millionen Muslime. Sie kamen als Arbeitsmigranten (Migrant = Einwanderer) seit dem Beginn der 1960er-Jahre zunächst aus Bosnien, dann aus der Türkei, aber auch als Flüchtlinge vor Kriegen, Naturkatastrophen und als »Wirtschaftsflüchtlinge«.

Die Mehrzahl der Muslime sind Sunniten. Neben der kleinen Gruppe der Schiiten gibt es eine beträchtliche Zahl von Angehörigen der in der Türkei beheimateten Sondergruppe der Aleviten.

Ein Teil der in Deutschland lebenden und ihre Religion praktizierenden Muslime organisieren sich in Moscheevereinen und Dachverbänden. Um einen offiziellen Ansprechpartner zu haben, hat die Bundesregierung die »Islamkonferenz« unter der Führung des Bundesinnenministeriums eingeführt, in der Vertreter verschiedener muslimischer Verbände und Dachorganisationen zusammengeschlossen sind.

Bis in die Mitte der 1990er-Jahre war der Islam in Deutschland kaum sichtbar. Heute werden Moscheen nicht mehr in Hinterhöfen versteckt, muslimische Gräberfelder werden auf öffentlichen Friedhöfen eingerichtet und in öffentlichen Schulen ist bereits mit der Erteilung islamischen Religionsunterrichts begonnen worden.

- **Perspektivenwechsel.** Betrachte das Bild »Deutsch-türkische Flagge«. Versetze dich nun in einen türkischen Jugendlichen: Welche Sorgen, Wünsche, Zukunftsperspektiven wird er in Deutschland deiner Meinung nach haben?

- **Hindernisse.** Erkundige dich, auf welche Schwierigkeiten ein Muslim bzw. eine Muslimin in Deutschland bei der Geburt und Namensgebung eines Kindes, beim Schulbesuch, bei Heirat und Partnerschaft, im Krankheits- und Todesfall stößt. Halte ein Kurzreferat zu einem dieser Themen.

Die folgenden Kurzporträts der in Deutschland lebenden Musliminnen und Muslime waren 1999 in einem Nachrichtenmagazin abgedruckt. Sie schildern Beispiele überwiegend gelungener Integration. Sicherlich gibt es auch Beispiele, wo Integration scheitert.

Ich bin in der Türkei aufgewachsen, in der sechsten Klasse in Berlin eingeschult worden und musste erst einmal Deutsch lernen. Manchmal weiß ich nicht, ob ich Türke oder Deutscher bin. Mein Vater hat darauf bestanden, dass ich aufs Gymnasium gehe. Ich habe viel Sport gemacht und spiele auch gerne Theater, das gibt Selbstbewusstsein. Ich habe den Koran gelesen, gehe auch in die Moschee und trinke keinen Alkohol. Mein Glaube gibt mir das Gefühl, am Leben zu bleiben. Ich würde auch eine Deutsche heiraten, aber sie müsste den Glauben wechseln. Das Mädchen muss sauber und Jungfrau sein, sie ist kein Möbelstück, das man benutzt und wegschmeißt.

Fatih Bayram (21), Schüler

Ich bin das Oberhaupt der Familie. Was ich sage, müssen alle machen. Morgens, mittags, und abends muss gebetet werden. Fernsehen, Radio, Kino oder eine Freundin oder Theater spielen sind nicht gut, das lenkt Fatih vom Lernen und Beten ab. Dann wird er vielleicht nicht mehr Professor und auch nicht Rechtsanwalt.

Avni Bayram (58), Zimmermann

Seit sieben Monaten trage ich Kopftuch. Mein Vater wollte, dass ich es trage, aber ich konnte es zuerst nicht. Er hat mit Geduld gewartet und mich immer wieder lieb darauf aufmerksam gemacht. In Deutschland fühle ich mich freier und wohler, hier kann jeder machen, was er will. In Istanbul wird man angestarrt, wenn man Kopftuch trägt. Ich habe die deutsche Staatsangehörigkeit und möchte später studieren.

Feliz Aydin (19), Schülerin

Ich bin ein Türke mit einer eigenen Kultur, mit einem eigenen Glauben. Damit möchte ich leben, wo immer wir sind. Wir sind für die Kinder da, und die Kinder sind für die Eltern da. Wir haben darauf geachtet, dass sie unsere Mentalität und unseren Glauben kennen. Ich habe mit Liebe erzogen, die ist stärker als Druck. Meine Frau kommt aus einer modernen Familie. Zehn Jahre hat sie kein Kopftuch getragen, ich habe mit Geduld gewartet. Seit zehn Jahren trägt sie es.

Necdef Aydin (49), Wohnheimaufseher

Manche wundern sich, dass ich so jung schon Dimplomingenieurin bin. Ich habe einen deutschen Pass. Das Interessanteste ist, dass man sich von beiden Kulturen das Beste aussuchen kann. Von den türkischen Eltern zum Beispiel die Gastfreundschaft, den Respekt vor Alten und Eltern. In der Türkei bin ich Ausländerin, man kann nie direkt sagen, was die Heimat ist. Heiraten würde ich gerne einen Türken, aus religiösen und kulturellen Gründen. Er sollte aber nicht zu streng sein und mir nicht vorschreiben, was ich anzuziehen hätte. Es sollte ein Mann sein, der ein bisschen die Führung übernimmt, ich möchte bei ihm geborgen sein.

Berin Ötken (26), Diplomingenieurin

Es war schwer für uns, als Berin studierte. Wir haben vier Kinder und nur zweieinhalb Zimmer. Sie hatte kein Studierzimmer, auch das Geld war knapp. Sie wohnt noch bei uns, arbeitet viel, trotzdem hilft sie mir viel. Sie ist eine wunderbare Tochter. Wir denken modern, sie darf allein verreisen und tanzen gehen. Es ist nicht gut, wenn man zu streng ist.

Gülüzar Ötken (49), Frührentnerin

- **Kurzporträts.** Lies die Kurzporträts auf den S. 136f. Schreibe positive und negative Aspekte des Lebens zwischen bzw. in zwei Kulturen auf verschiedenfarbige Kärtchen. Ordnet die Kärtchen nach Themen (z. B. Verhältnis zu den Eltern, Kleidervorschriften). Bildet Gruppen und wählt pro Gruppe ein Thema aus, zu dem ihr ein Rollenspiel entwerft, das ihr der ganzen Klasse vorspielt.

- **Erzählabend.** Fragt bei den Eltern eurer muslimischen Mitschülerinnen und Mitschüler nach, ob sie bereit wären, euch bei einem Erzählabend von ihrem Heimatland, ihrer Familie, ihrem Leben hier in Deutschland zu berichten. Gestaltet euer Klassenzimmer einladend für diesen Abend.

- **Recherche.** Informiere dich über die Vielfalt der islamischen Glaubensgemeinschaften. Schlage dazu im Lexikon die Begriffe »Aleviten«, »Islam«, »Sunna«, »Schiiten«, »Sufismus« nach und ziehe die Grafik »Glaubensrichtungen des Islam« auf S. 172 heran. Weitere Informationen findest du unter www.alevitentum.de und unter www.islamlexikon.de.

Das Kopftuch verbieten?

Dürfen muslimische Lehrerinnen in öffentlichen Schulen ein Kopftuch tragen? An dieser Frage entzündet sich nicht nur in Deutschland immer wieder der sogenannte Kopftuchstreit. Zwei türkischstämmige Frauen, die in Deutschland leben, formulieren hierzu ihre gegensätzlichen Meinungen:

JA

Seyran Ates, Rechtsanwältin und Frauenrechtlerin:

»Prominente deutsche Frauen setzen sich nun für kopftuchtragende Frauen ein, die sich angeblich für die Gleichberechtigung von Frauen und Männern engagieren. Doch was ist mit der Masse der Mädchen und Frauen, denen das Recht auf ein selbstbestimmtes Leben, Bildung und freie Partnerwahl vorenthalten wird? Diese Mädchen dürfen gar nicht erst zur Schule gehen oder einen Beruf erlernen! Wenn wir Frauen mit Kopftuch unterrichten lassen, fördern wir keine Integration. Lehrerinnen mit Kopftuch wären eine Unterstützung fundamentalistischer Männer, die kopftuchtragende Frauen als sittsam und tugendhaft ansehen, Frauen ohne Kopftuch dagegen als unmoralisch. Gut und Schlecht würde durch ein Stück Stoff demonstriert.«

NEIN

Dr. Yasemin Karakasoglu, Wissenschaftlerin im Fachbereich Migrationspädagogik:

»Ich ärgere mich darüber, wie Islam und Fundamentalismus oft undifferenziert gleichgesetzt werden. Gerade deshalb ist es mir wichtig zu sagen: Es kann und darf nicht pauschal davon ausgegangen werden, dass Kopftuchträgerinnen antidemokratische Ziele vertreten! Ganz im Gegenteil argumentieren sie in der Begründung ihrer Entscheidung für das Kopftuch sehr individuell. Nicht jede muslimische Frau, die sich für das Kopftuch entscheidet, sympathisiert mit dem Islamismus. Gerade Frauen, die in einer überwiegend nicht islamischen Gesellschaft leben, greifen auf das Kopftuch zurück, um mit Selbstbewusstsein ihr Anderssein zu markieren. Emanzipation und Kopftuch sind für viele Musliminnen kein Widerspruch!«

- **Kopftuchstreit.** Lest die Meinungsäußerungen zum Kopftuchstreit und schreibt die Argumente heraus. Ergänzt sie durch eure eigenen Überlegungen und führt eine Pro-und-Kontra-Debatte. Vergleicht eure Antwort mit den Antworten, die von der deutschen Justiz und Politik bereits gegeben wurden (z. B. im Fall von Fereshda Ludin, einer Deutschen afghanischer Abstammung).

- **Frauenrechtlerinnen.** Suche im Internet die wichtigsten Daten und Ereignisse im Leben der Deutschtürkin Seyran Ates und der Iranerin Shirin Ebadi. Recherchiere, wie sie sich für die Rechte der muslimischen Frauen und Mädchen einsetzen.

- **Frauenbilder.** So unterschiedlich können Musliminnen aussehen. Vergleiche die Kopfbedeckungen der Frauen. Überlegt gemeinsam, wann und aus welchen Gründen muslimische Frauen heute ein Kopftuch/ einen Schleier tragen.

- **Vom Koran vorgeschrieben?** Lies im Koran Sure 24,31. Nimm Stellung zu der umstrittenen Frage, ob der Koran das Tragen eines Kopftuchs oder Schleiers vorschreibt.

- **Konfliktsituationen.** Sucht in der Zeitung, in der TV-Berichterstattung oder im Internet nach beispielhaften Fällen von Zwangsheirat und Ehrenmorden. Informiert euch auch über den »Deutsch-Türkischen Frauenverein Papatya« (www.papatya.org) und den Verein »Terre des Femmes« (www.terre-des-femmes.de) über die Hilfsangebote für betroffene Frauen. Konzipiert eine Wandzeitung für die Schule über die Rolle der Frau im Islam und über Hilfsangebote in Konfliktsituationen.

Methodenkarte: Pro-und-Kontra-Debatte

Vorbereitung:
Bildet zunächst durch das Ziehen von Losen zwei gleich große Gruppen, in denen ihr Argumente für bzw. gegen ein Kopftuchverbot sammelt. Überlegt dabei auch, wie ihr die Argumente der gegnerischen Partei widerlegen könnt. Bestimmt nun jeweils drei Gruppensprecherinnen und -sprecher sowie eine Gesprächsleitung.

Durchführung:
Die Gesprächsleitung eröffnet die Debatte, begrüßt die Zuschauenden, nennt das Thema, stellt die Gesprächsteilnehmerinnen und -teilnehmer vor und erklärt den Ablauf der Debatte. Anschließend geben die Gruppensprecherinnen und -sprecher jeweils ein kurzes Eingangsstatement ab. Danach erfolgt in Rede und Gegenrede der Austausch der Argumente und Gegenargumente.

Auswertung:
Die Gesprächsleitung fordert die Beobachtenden auf, mitzuteilen, welche Argumente sie überzeugend fanden und welche nicht.

»Papa, woher kommt der Hass?«

Tahar Ben Jelloun, ein französischsprachiger Schriftsteller aus Marokko, hat ein Gespräch mit seiner Tochter über die Ursachen und Folgen des Anschlags vom 11. September 2001 aufgeschrieben. Die folgenden Dialogsequenzen sind seinem Buch »Papa, woher kommt der Hass?« entnommen, das natürlich noch weitere Aspekte zu den Ursachen, Auswirkungen und Folgen des sogenannten »Heiligen Krieges« enthält.

■ **Erinnerungsarbeit.** Informiere dich über die Ereignisse am 11. September 2001 in New York. Befrage auch deine Eltern, Verwandte oder ältere Freunde, wie sie diesen Tag in Erinnerung haben. Finde heraus, was sie über die Hintergründe und Folgen dieses Ereignisses wissen. Was ihr in Erfahrung gebracht habt, tragt ihr im Unterricht zusammen.

Papa, hat der Anschlag auf das World Trade Center in New York Hass auf die Muslime ausgelöst?

Fremdenhass, die Ablehnung von Menschen, die einen anderen Glauben haben, eine andere Hautfarbe, eine andere Herkunft, ist an sich nichts Neues. Er gehört zu den Menschen, oder sagen wir besser, er ist ein Gewand, das sie sich leicht überstreifen, wenn sie Gefahr wittern, wenn sie nicht verstehen oder nicht verstehen wollen, was um sie herum vorgeht.

■ **Woher kommt der Hass?** Lest den Auszug aus Tahar Ben Jellouns gleichnamigem Buch mit verteilten Rollen. Diskutiert gemeinsam die Antworten, die der Autor gibt: Sind sie nachvollziehbar und überzeugend?

Aber seit dem 11. September hat der Hass in der Welt doch spürbar zugenommen!

Ja, zweifellos. Der Terrorismus einer Bewegung wie Al Qaida ist geprägt von Hass auf den Westen, auf seine Kulturen, seine Politik.

Papa, ich möchte mehr über den islamischen Terrorismus und über Al Qaida wissen. Was sind ihre Ziele? Woher kommt der Hass auf den Westen?

Der Terrorismus der Bewegung Al Qaida ist stark vom Wahabismus beeinflusst. Sein Gründer, Scheich Muhammad Ibn Abdel Wahab, entwickelte im 18. Jahrhundert eine starre Interpretation des Islams. Dabei beruft er sich auf die angeblich reine Lehre des Korans.

Und wie äußert sich das?

Der Wahabismus wendet die Scharia – das im Koran offenbarte und in der Tradition herausgebildete Recht – wortwörtlich an: Dieben wird die Hand abgehackt, Ehebrecherinnen werden gesteinigt, Frauen und Männer in der Gesellschaft systematisch streng getrennt. Auch heute noch müssen die Frauen in Saudi-Arabien von Kopf bis Fuß verschleiert sein, sie dürfen nicht Auto fahren, nicht öffentlich auftreten und nicht einmal wählen.

Aber mit diesem verrückten Programm kann der Wahabismus doch unmöglich viele Anhänger finden. Wer lebt denn so, außer den Taliban?

Nun, in Saudi-Arabien ist der Wahabismus Staatsreligion. Sein Einfluss geht aber leider weit darüber hinaus.

Dann ist es kein Zufall, dass die meisten Attentäter des 11. September 2001 aus dem wahabitischen Saudi-Arabien stammen?

Nein, auch der Begründer der Bewegung Al Qaida, Osama Bin Laden, stammt aus einer der führenden Familien des Landes. Es ist auch kein Zufall, dass sie »den Westen«, allen voran die Vereinigten Staaten, angreifen wollten, denn die westlichen Gesellschaften stehen für all das, was die Wahabiten ablehnen: Trennung von Religion und Staat, Vorrang des Individuums, Gleichberechtigung der Frau, Alkoholkonsum und so weiter. Osama Bin Laden zufolge treibt der Westen den Islam böswillig in die Enge, weshalb alle Glaubensbrüder zum Dschihad, zum Heiligen Krieg gegen den Westen aufgerufen sind.

Gehört der Dschihad denn zur reinen Lehre des Korans, auf die sich die Wahabiten berufen?

Nein, die Vertreter des Dschihad handeln unter Missachtung der heiligen Schriften und verfolgen höchst eigennützige Ziele. Der Dschihad ist für sie das Mittel, um sich die Oberhoheit über die islamische Welt zu sichern.

Das musst du mir einmal erklären.

Das Wort »Dschihad« kommt vom arabischen Verb *ijtahada*, das so viel bedeutet wie »sich anstrengen«, im Sinne von »eine Arbeit, eine Forschung, ein Wissen, eine Studie zu Ende bringen«. Der Dschihad wird mehrmals im Koran zitiert und ist ein Kampf ganz besonderer Art, denn es ist eine Arbeit, die der Mensch, der Gläubige, an sich selbst zu leisten hat, um sich zu bessern, seinen Glauben getreuer zu leben. Der *Dschihad al Akbar*, der große Kampf, ist derjenige, den der Mensch gegen seine Laster und Schwächen führt. Der *Dschihad al Asghar*, der kleine Kampf, ist der Krieg gegen die Feinde des Islams.

Und wer sind diese Feinde? Sind das alle, die anders leben, eine andere Religion haben? Oder sind es diejenigen, die die Muslime und den Islam direkt, mit Waffengewalt angreifen?

Der Islam verlangt von seinen Gläubigen, dass sie die Propheten der anderen monotheistischen Religionen anerkennen und achten. Der Koran betont die Besonderheiten Jesu als Prophet und Bote Allahs. Der Muslim muss ihn verehren und bewundern wie auch Abraham, Moses und Muhammad. Also können die Feinde des Islams eigentlich nicht die Anhänger der anderen Religionen sein. Es sei denn, diese erklären den Muslimen den Krieg, so wie es 1096 geschah, als Papst Urban II. alle Christen zu den Kreuzzügen gegen den Islam aufrief. In einem solchen Ausnahmefall ist der Dschihad gestattet.

Und wie wurde der Begriff Dschihad dann vom Verteidigungs- zum Angriffskrieg uminterpretiert?

Zunächst wurde der Begriff Dschihad auf jeden auf islamischer Erde begonnenen Krieg ausgedehnt. Auch die Unabhängigkeitskriege gegen die europäischen Kolonialherren galten den Arabern als Dschihad, denn sie wurden nicht nur für die Befreiung des Landes geführt, sondern auch um den vom Christentum gedemütigten Islam zum Triumph zu verhelfen. Hier begann die Verquickung der nationalen mit der religiösen Sache. Du siehst, der Dschihad hat seinen ursprünglichen Sinn völlig verloren und wurde aus politischen Gründen zweckentfremdet. Er ist heute ein Instrument des Hasses.

- **Begriffsklärung.** Erkläre mithilfe des Textes und des Lexikons folgende Fachwörter: Wahabismus; (großer und kleiner) Dschihad; Islamismus; Fundamentalismus.

- **Krieg im Namen Gottes?** Informiere dich über Motive und Folgen der christlichen Kreuzzüge unter Papst Urban II. und vergleiche sie mit denen des Dschihad. Diskutiert in einem Streitgespräch (Pro-und-Kontra-Debatte) die Frage: Darf man im Namen Gottes Krieg führen?

Offener Brief muslimischer Religionsführer

38 muslimische Religionsführer schreiben 2006 an Papst Benedikt XVI.:

»Christentum und Islam sind die größte und die zweitgrößte Religion in der Welt und der Geschichte... Zusammengenommen bilden sie mehr als 55% der Menschheit. So werden die Beziehungen zwischen diesen beiden Religionen zu einem wichtigen Faktor für die Gestaltung eines bedeutsamen Friedens in der Welt. Als Führer von mehr als einer Milliarde Katholiken und moralisches Vorbild für viele andere auf dem Globus, ist Ihre Stimme wohl die einflussreichste für eine kontinuierliche Bewegung in Richtung auf ein gegenseitiges Verstehen. Wir teilen Ihren Wunsch nach einem offenen und ernsthaften Dialog und erkennen seine Bedeutung in einer immer näher zusammenrückenden Welt an. Auf der Basis dieses offenen und ernsthaften Dialogs hoffen wir fortzufahren im Aufbau von friedlichen und freundschaftlichen Beziehungen, die beruhen auf gegenseitigem Respekt, Gerechtigkeit und dem, was uns grundlegend gemeinsam ist in unserer geteilten Abrahamitischen Tradition, vor allem die beiden größten Gebote in Markus 12,29-32: ›Der Herr, unser Gott, ist ein einziger Herr. Darum sollst du den Herrn, deinen Gott, lieben mit ganzem Herzen und mit ganzer Seele, mit all deinen Gedanken und mit all deiner Kraft. Als zweites kommt hinzu: Du sollst deinen Nächsten lieben wie dich selbst. Kein anderes Gebot ist größer als diese beiden.‹
Muslime schätzen auch die ... Worte des Zweiten Vatikanischen Konzils« zum Verhältnis der Kirche zu den nicht christlichen Religionen (siehe rechts).

Zu den 38 Unterzeichnern des Offenen Briefes gehören die Großmuftis von Ägypten, Syrien, Russland, Bosnien, Kroatien, Kosovo, Slowenien, Istanbul, Usbekistan und Oman. Auch Führer der Schiiten wie Ayatollah Muhammad Ali Taskhiri (Iran) sind darunter. Ferner trägt der Brief die Unterschriften von muslimischen Gelehrten aus aller Welt.

Erklärung des II. Vatikanums

Das Zweite Vatikanische Konzil äußerte sich 1965 zum Verhältnis der Kirche zu den nichtchristlichen Religionen:

»Mit Hochachtung betrachtet die Kirche auch die Muslime, die den alleinigen Gott anbeten, den lebendigen und in sich seienden, barmherzigen und allmächtigen, den Schöpfer Himmels und der Erde, der zu den Menschen gesprochen hat. Sie mühen sich, auch seinen verborgenen Ratschlüssen sich mit ganzer Seele zu unterwerfen, so wie Abraham sich Gott unterworfen hat, auf den der islamische Glaube sich gerne beruft. Jesus, den sie allerdings nicht als Gott anerkennen, verehren sie doch als Propheten, und sie ehren seine jungfräuliche Mutter Maria, die sie bisweilen auch in Frömmigkeit anrufen. Überdies erwarten sie den Tag des Gerichtes, an dem Gott alle Menschen auferweckt und ihnen vergilt. Deshalb legen sie Wert auf sittliche Lebenshaltung und verehren Gott besonders durch Gebet, Almosen und Fasten.
Da es jedoch im Lauf der Jahrhunderte zu manchen Zwistigkeiten und Feindschaften zwischen Christen und Muslim kam, ermahnt die Heilige Synode alle, das Vergangene beiseite zu lassen, sich aufrichtig um gegenseitiges Verstehen zu bemühen und gemeinsam einzutreten für Schutz und Förderung der sozialen Gerechtigkeit, der sittlichen Güter und nicht zuletzt des Friedens und der Freiheit für alle Menschen.«

Nostra Aetate 3

- **Verhältnisbestimmung.** Lies die offiziellen Stellungnahmen der Katholischen Kirche und der 38 muslimischen Religionsführer. Finde heraus, wie beide Seiten das Verhältnis »Islam und Christentum« bestimmen.

- **Dialog vor Ort?** Erkundige dich in deiner Kirchengemeinde und bei der örtlichen Moschee, ob es Einzelpersonen oder Gruppen gibt, die sich im muslimisch-christlichen Dialog engagieren. Vielleicht kannst du im Einverständnis der Beteiligten ein Interview (auf Bild- oder Tonträger) aufzeichnen. Die Fragen für das Interview müssen natürlich zuvor gut vorbereitet sein.

■ **Abraham.** Juden, Christen und Muslime beziehen sich auf den Stammvater Abraham. Lies in Bibel und Koran die sogenannte Opferung Isaaks (Gen 22,1-18 – Sure 37,99-113) und das Ende Abrahams (Gen 25,7-11; 17,20-22 – Sure 2,124-136) nach. Notiere dir, welche grundlegenden Eigenschaften Abraham in beiden Religionen zugeschrieben werden. Finde heraus, wo die islamische Tradition über die biblische hinausgeht und was dies für Muslime bedeutet.

Papst Benedikt XVI. und Großmufti Cagrici in der Blauen Moschee, 2006

■ **Abrahamitische Ökumene.** Recherchiere im Internet, welche Gruppen und Initiativen im Namen des Stammvaters Abraham das Gespräch und das Zusammenleben zwischen Juden, Christen und Muslimen fördern. Folgende Suchbegriffe sind dabei hilfreich: »Abrahamitische Teams«, »Abrahamitische Ökumene«, »Freunde Abrahams«, »Haus Abrahams«.

Rätsel

Du hast in dieser Lernlandschaft viel über Muslime und den Islam erfahren und gelernt. Nun kommt die Stunde der Wahrheit: Was hast du von alldem behalten? Wie kannst du deine Kenntnisse in der Begegnung mit Muslimen sinnvoll einsetzen? Mithilfe des Rätsels kannst du deinen eigenen Wissensstand überprüfen.

■ **Die *Anhänger des Islams* nennt man ...**

... Muslime (m)
... Muhammadaner (e)
... Islamisten (t)

■ **Der *Islam* entstand ...**

... im 5. Jh. n. Chr. (i)
... im 7. Jh. n. Chr. (o)
... im 10. Jh. n. Chr. (n)

■ **Der *Koran* ...**

... wurde von Muhammad geschrieben (f)
... wurde Muhammad geoffenbart (h)
... wurde von Kalif Abu Bakr verfasst (p)

■ **Wie viele *»Säulen« des Islams* gibt es?**

drei (b)
fünf (e)
sieben (h)

■ **Der *Koran ist geordnet* ...**

... nach Themen (s)
... nach der zeitlichen Entstehung der Suren (u)
... nach der Länge der Suren (m)

■ **Das *Tragen eines Gesichtsschleiers* ...**

... ist für alle Musliminnen eine Selbstverständlichkeit (w)
... wird nur von einem Teil der Musliminnen als notwendig angesehen (n)

■ **Unter *Kalligrafie* versteht man ...**

... die Lehre eines Kalifen (c)
... die Schönschreibkunst (o)

■ **In Moscheen gibt es *keine Bilder* oder *Statuen* von Muhammad oder Gott, weil ...**

... die bildhafte und figürliche Darstellung von Gott nach Überzeugung der Muslime Gotteslästerung bedeutet (i)
... die islamischen Künstler keine Porträts malen können (a)

■ **Beim *Besuch einer Moschee* sollte man ...**

... Miniröcke und kurze Hosen tragen (g)
... seine Schuhe vor dem Betreten der Moschee ausziehen (s)
... seine Hände und sein Gesicht waschen (d)

■ **Buchstabensalat.** Wähle aus den Antworten diejenige aus, die dir richtig erscheint. Notiere den Buchstaben der deiner Meinung nach richtigen Antwort auf ein Blatt Papier und bringe die zwölf Buchstaben anschließend in die richtige Reihenfolge. Ein Tipp: Das Lösungswort benennt ein wichtiges Anliegen des Gesandten Muhammad.

■ **Interreligiöses Fest.** Als besonderer Abschluss der Lernlandschaft oder auch am Schuljahresende könnt ihr ein Fest feiern, bei dem Vertreterinnen und Vertreter unterschiedlicher Religionen teilnehmen. Bereitet das Fest gemeinsam mit Muslimen vor. Sprecht dabei im Vorhinein ausführlich über die muslimischen Essgewohnheiten und Speisevorschriften (z. B. kein Alkohol, kein Schweinefleisch) und über die Programmgestaltung (Musik, Darbietungen usw.).

■ **Bei der *Begegnung mit Muslimen* sollte man ...**

... mal so richtig Luft ablassen und all das vorbringen, was einem am Islam nicht passt (k)
... sein ganzes erworbenes Wissen über den Islam präsentieren (j)
... grundsätzlich keine abfälligen Äußerungen über den Koran und den Propheten Muhammad machen (t)

■ **Bei *gemeinsamen Veranstaltungen* sollte man ...**

... den Koran in die Mitte auf den Boden legen (f)
... bei der Planung eventuell Pausen für das Gebet einplanen (u)
... mit dem muslimischen Glaubenszeugnis beginnen (e)

■ **Der Glaube von *Muslimen und Christen* unterscheidet sich grundlegend ...**

... in der Frage, wie die Welt entstanden ist bzw. wer sie geschaffen hat (z)
... in der Hochschätzung des Stammvaters Abraham (p)
... im Glauben an Jesus Christus, den Sohn Gottes (s)

■ **Dialogprojekte.** Informiere dich im Internet über aktuelle Aktionen und Veranstaltungen im muslimisch-christlichen bzw. interreligiösen Dialog unter www.interkultureller-rat.de, www.cig-stuttgart.de, www.kcid.de. Vielleicht könnt ihr euch auch an einem Internetprojekt des Europäisch-Islamischen Kulturdialogs (www.qantara.de) beteiligen.

Die Blaue Moschee in Istanbul

■ **Gebetsstunde der Religionen.** Wenn der Abschluss der Lernlandschaft eher besinnlich und ruhig verlaufen soll, könnt ihr Muslime (und eventuell Vertreterinnen und Vertreter anderer Religionen) zu einer interreligiösen Gebetsstunde einladen.
Informiert euch über Möglichkeiten und Grenzen eines solchen Projektes (z. B. in den »Leitlinien für multireligiöse Feiern von Christen, Juden und Muslimen« der Deutschen Bischofskonferenz unter www.dbk.de).
Bittet die Angehörigen der unterschiedlichen Religionen, geeignete Schrifttexte und Gebete herauszusuchen und diese bei der Gebetsstunde vorzutragen. Gemeinsam könnt ihr die Reihenfolge der Texte und Gebete festlegen und euch überlegen, wie die Gebetsstunde musikalisch umrahmt werden soll.
Möglicherweise gibt es eine WCRP (= Weltreligionen für den Frieden)-Gruppe bei euch am Ort (www.wcrp.de), die euch bei der Gestaltung einer solchen Gebetsstunde hilft.

EIN ORT GELEBTEN

In den Gesängen, der Stille und der friedvollen Atmosphäre während meiner Aufenthalte habe ich Gott entdeckt, Gottes Liebe zu uns, seine Fähigkeit, uns unermüdlich zu vergeben. Ich habe auch gelernt, mit mir und Gott in Frieden zu leben. Ich weiß nicht, ob ich ohne Taizé dem in der Liebe allmächtigen Gott auch begegnet wäre, der heute so viel für mich bedeutet.

Matthieu, Frankreich

GLAUBENS – TAIZÉ

Am Schwarzen Brett

Fahrt nach Taizé

Wer? Die Klassenstufen 9-13 (Mindestalter: 15 Jahre)
Wann? 24.-28. Mai 2007
Wie teuer? Etwa 7,50 Euro/Tag + Busfahrt

Wenn ihr euch dafür interessiert, dann kommt zu einer Informationsveranstaltung am Mittwoch, den 11. Januar um 14.00 Uhr in den Raum 213!

Eure Relilehrer

Nach dieser Veranstaltung beschließt die ganze Klasse 9a, gemeinsam nach Taizé zu fahren. Um sich genauer über Taizé zu informieren, gehen alle Schülerinnen und Schüler in den Computerraum der Schule und erhalten die Aufgabe, Seiten über Taizé zu finden, zu lesen und Wichtiges bzw. Eindrückliches auf einem Zettel festzuhalten:

Warum singen in einem Dorf in Burgund Jugendliche immer wieder dasselbe? Ist das nicht langweilig?

Den Glauben leben – einfach und konsequent

MORD IN TAIZÉ
Frère Roger von Frau erstochen

Friedens- und Menschenrechtserziehung

Religiöse Hits – Lieder, die mitreißen

Selbstfindung und religiöse Erfahrung

5000 Jugendliche sind beinahe Normalität

Gelebte Ökumene: Protestanten und Katholiken beten und feiern gemeinsam

Zelten und beten

- **Eindrücke abfragen.** Greift euch in Partnerarbeit einen Zettel der Klasse 9a heraus und besprecht, was ihr euch unter den genannten Aspekten vorstellt bzw. was ihr schon darüber wisst.

- **Informationen herausfinden.** Sucht in Partnerarbeit einen Zettel der Klasse 9a heraus und vertieft euer Wissen darüber. Berichtet anschließend in einem Gruppenpuzzle euren Mitschülerinnen und Mitschülern von euren Ergebnissen.

Begegnung mit Taizé

Ein typischer Tag in Taizé

■ **Tagesablauf.** Informiert euch (z. B. im Internet), wie ein typischer Tag in Taizé aussieht. Diskutiert dann, was euch spontan gefällt und womit ihr Schwierigkeiten haben könntet.

Frère Roger

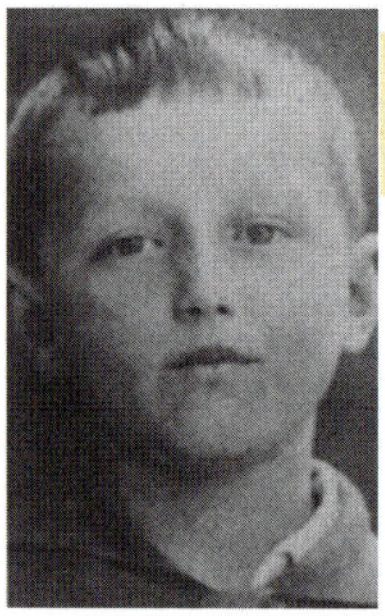

Roger Louis Schutz-Marsauche kommt am 12. Mai 1915, als letztes von neun Kindern, in dem Dorf Provence in der Französischen Schweiz zur Welt.

Obwohl Roger Pastorensohn ist, zählt er sich während seiner Gymnasialzeit zu den Nichtglaubenden, was sich erst nach einer schweren Tuberkuloseerkrankung ändert.

Im Theologiestudium beschäftigt er sich v. a. damit, warum sich Menschen (auch Christen) untereinander bekämpfen, und kommt zu folgender Lösung: »Wenn es diesen Weg, einander zu verstehen, gibt, beginne bei dir selber und engagiere dich selbst; du selbst, um alles von jedem Menschen zu verstehen.«

Um mit anderen dieses konfessionsüberschreitende Christsein zu leben, sucht er in Frankreich ein Haus – und findet es im August 1940 in einem heruntergekommenen Dörfchen namens Taizé in Burgund.

Frère Roger betet dort täglich alleine und beherbergt illegale Flüchtlinge, weswegen die Gestapo im Herbst 1942 das Haus besetzt. Frère Roger konnte fliehen.

Roger Schutz muss nun in der Schweiz bleiben, wo er und drei andere Brüder die Communauté nach ihrer Regel weiterführen: »Lass in deinem Tag Arbeit und Ruhe vom Wort Gottes ihr Leben empfangen; wahre in allem die innere Stille, um in Christus zu bleiben; lass dich durchdringen vom Geist der Seligpreisungen: Freude, Barmherzigkeit, Einfachheit.«

1944 kehren Roger und seine Freunde nach Taizé zurück. In den ersten Jahren arbeiten die Brüder der Gemeinschaft auf dem Feld und bauen ihre Häuser wieder auf. Sie richten Wohngruppen für Waisenkinder ein; zudem kümmern sie sich um deutsche Kriegsgefangene, womit sie den Ärger der Frauen, die ihre Männer in Konzentrationslagern verloren haben, auf sich ziehen.

An Ostern 1949 legen die ersten Brüder ihre Profess ab, womit sie versprechen, sich ein Leben lang für die Mitbrüder zu engagieren. 1952/53 wird dann die erste Ordensregel der noch protestantischen Gemeinschaft formuliert, doch ab dem Jahre 1969 wird aus ihr die erste ökumenische Gemeinschaft überhaupt.

■ **Frère Roger.** Informiere dich im Internet (www.taize.fr) über Frère Rogers weiteres Leben. Stelle dann den Lebensweg von Frère Roger mit einfachen grafischen Elementen dar, z. B. 🕶 für neue Einsicht, ⚡ für einen Umbruch im Denken/Leben etc.

Die Gemeinschaft der Brüder von Taizé

»Willst du aus Liebe zu Christus dich ihm hingeben mit allem, was du bist?« – »Ich will es.«
»Willst du von nun an den Ruf Gottes an die Communauté erfüllen, in Gemeinschaft mit deinen Brüdern?« – »Ich will es.«
»Willst du stets Christus in deinen Brüdern erkennen und so über sie wachen in guten und schlechten Tagen, im Leiden und in der Freude?« – »Ich will es.«
Dieses Gelübde legt jeder neue Bruder bei seinem Eintritt in die Communauté ab, erhält aber auch eine bindende Zusage:
»Bruder, der du dich der Barmherzigkeit Gottes anvertraust, denk daran, dass Jesus Christus deinem schlichten Glauben zu Hilfe kommt, sich auf dich einlässt und für dich die Verheißung erfüllt: Jeder, der um Christi und um des Evangeliums willen alles verlassen hat, wird das Hundertfache dafür empfangen. Ziehe von nun an auf den Spuren Christi. Sorge dich nicht um morgen. Der Herr Jesus Christus hat dich in seinem Erbarmen und in seiner Liebe zu dir dazu berufen, in der Kirche ein Zeichen brüderlicher Liebe zu sein. Er ruft dich auf, mit deinen Brüdern das Gleichnis des gemeinsamen Lebens zu verwirklichen.«

Zahnräder. Notiere in einer zweispaltigen Tabelle positive sowie negative Seiten des Lebens in einer Gemeinschaft. Nimm dazu auch das Interview mit Bruder Wolfgang zu Hilfe. Erkläre, warum in einer Gemeinschaft die einzelnen Mitglieder wie Zahnräder ineinandergreifen müssen.

Bruder Wolfgang gibt stellvertretend Auskunft darüber, was ihn dazu bewogen hat, der Gemeinschaft beizutreten, und wie er in dieser Gemeinschaft lebt:

Was hat Sie persönlich damals in Taizé angesprochen?

Bruder Wolfgang: Ganz klar die Offenheit, mit der ich hier aufgenommen wurde. Auch der religiöse Ernst, mit dem die Jugendlichen bei allem freien Leben hier da waren. Hier konnte man die weltweite Kirche erleben, und zwar ohne Veranstaltungen. Die Leute waren einfach da. Auch damals schon war dies ein Ort, an dem Lagerdenken keinen Platz hat. Hier spürte ich eine große Weite, ohne dass Tiefe verloren ging. Hier wurde mir deutlich, dass Gott kompromisslos die Liebe ist. Es ging darum, zu den Quellen zu gehen und in eine lebendige Beziehung mit Christus einzutreten.

Wie ist das heute? Ist Taizé sich treu geblieben?

Bruder Wolfgang: Es ist schwierig, dies selbst zu beurteilen. Aber Leute sagen immer wieder: »Taizé ist sich treu geblieben – und dennoch hat sich fast alles verändert.« Wir wären früher nicht auf die Idee gekommen zu fragen, ob man die Bänke polstern könnte. Heute kann es einem passieren, dass Jugendliche sagen: »Mit Polster wäre es besser ...« Aber das Entscheidende ist gleich geblieben: das Stillwerden in der Kirche. Dass die Jugendlichen erfahren und bestätigt bekommen, dass Gott die Liebe ist.

■ **Bildbeschreibung.** Schau dir das Foto an und beschreibe es. Überlege, welche Gefühle und Erwartungen in der Geste der Handauflegung zum Ausdruck kommen.

■ **Dein Gelübde.** Schreibe das Gelübde der Brüder von Taizé in dein Heft; streiche alle Wörter heraus, die nicht auf dich zutreffen, und ersetze sie durch Wörter, die auf dich zutreffen.

Die Quellen von Taizé

Die Gemeinschaft von Taizé hat eine anhaltende starke Ausstrahlung auf unsere Gesellschaft und alle, die eine bewusste christliche Glaubensform für ihr Leben suchen. Dies kann sicherlich auch auf die religiösen Wurzeln des Glaubens von Taizé zurückgeführt werden. Sie gleichen einer starken und frischen Quelle, die von religiösen Überzeugungen und Werten gespeist wird, welche uns auf den ersten Blick altbekannt vorkommen. Allerdings wird ihnen eine tiefere Innerlichkeit abgewonnen, was sich auch in einer ungewohnten, mystisch-bildhaften Sprache ausdrückt. Gerade so soll die Begeisterung einer zeitgemäßen religiösen Haltung vermittelt werden. Die Worte leben von der Lebenserfahrung im Alltag: an Orten, wo der Geist von Taizé lebt, von Personen, die dies im eigenen Alltag verwirklichen. Frère Roger hat dafür ein gewichtiges Zeugnis gegeben, er ist der geistige Vater von Taizé.

■ **Innerlich ergriffen.** Informiere dich im Lexikon oder unter www.kontemplation.at/mystik.php über die Kennzeichen einer mystischen Glaubenshaltung. Berücksichtige die Informationen auch bei der Beschäftigung mit den folgenden Seiten und ihren ungewohnten Sprachformen.

■ **Denkanstoß.** Nimm diesen kurzen Text von Frère Roger nach mehrmaligem Lesen als Denkanstoß: Wie empfindest du seine Worte? Welche Worte gehen tiefer und können sich weiter entfalten? Erkläre auch, was für dich schwer greifbar ist.

»Etwas ganz Einfaches« – die Basis

Beim Aufschlagen des Evangeliums könnte man sich vorstellen: Die Worte Jesu stammen wie aus einem uralten Brief, der mir in einer unbekannten Sprache geschrieben wurde.
Da ihn jemand an mich richtet, der mich liebt, versuche ich den Sinn zu verstehen; und ich werde das Wenige, das ich begreife, in die Tat umsetzen.
Zunächst kommt es nicht auf umfangreiches Wissen an. Dieses hat zwar seinen Wert, aber der Mensch beginnt das Geheimnis des Glaubens zuerst mit dem Herzen zu erfassen, tief im Innern. Das Wissen kommt später. Man bekommt nicht alles auf einmal. Inneres Leben wächst allmählich. Heute – mehr als gestern – ergründen wir den Glauben Stück für Stück. Tief im Menschen liegt die Erwartung einer Gegenwart, das stille Verlangen nach einer Gemeinschaft.
Vergessen wir nie: Das schlichte Verlangen nach Gott ist schon der Anfang des Glaubens. Es zeigt sich, dass der Glaube, das Vertrauen auf Gott, etwas ganz Einfaches ist, so einfach, dass alle ihn annehmen können. Er ist wie ein Schritt, den wir tausendfach von Neuem tun, ein Leben lang, bis zum letzten Atemzug.

Frère Roger, Taizé

Wichtige Bestandteile der Glaubensweise von Taizé

Gott
Eines fasziniert an Gott: die Demut seiner Gegenwart. Niemals verletzt er die Menschenwürde. Jede herrschsüchtige Geste würde sein Antlitz entstellen. Die Vorstellung, dass Gott kommt und bestraft, ist eines der größten Glaubenshindernisse.

Vertrauen
Wäre das Vertrauen des Herzens aller Dinge Anfang …
Wer könnte dann noch fragen:
Wozu bin ich auf der Erde?
Damit überall auf der Erde das Vertrauen wächst, braucht es dein Leben und das unzähliger anderer.

Frieden
Frieden und Freude sind die Perlen des Evangeliums, sie können Abgründe von Angst zuschütten.

Jesus
Jesus Christus ist für alle, nicht nur für einige gekommen; er hat sich ausnahmslos an jeden Menschen gebunden. Er führt dich auf einen Weg des Lichts: Ich bin, aber auch: Ihr seid das Licht der Welt.

Versöhnung
Die Versöhnung ist ein Frühling des Herzens. Wer sich ohne Aufschub versöhnt, macht eine Entdeckung: Das eigene Herz verändert sich. Es zieht Frieden in das Herz ein.

Gemeinschaft
Wer seinen Besitz teilt, kann nicht umhin, den eigenen Lebensstil zu vereinfachen und die Wohnungen zu öffnen. Es braucht nur ganz wenig, um gastfreundlich zu sein, Besitz hemmt die Gemeinschaft eher. Bei Tisch entfaltet sich der Geist der Gemeinschaft in der Einfachheit.

Gebet
Das Gebet ist eine ungebrochene Kraft, die im Menschen wirkt und ihn durchformt; eine Kraft für den Kampf, Lebensbedingungen zu verändern und die Erde bewohnbar zu machen. Sie lässt es nicht zu, dass man die Augen vor dem Bösen verschließt.

- **Puzzleteile zusammenfügen.** Suche nach Gemeinsamkeiten einzelner Aussagen und erstelle dazu ein Netz (des Glaubens), dessen Knotenpunkte von wichtigen Begriffen der religiösen Haltung zusammengehalten werden.

- **Beurteilt gemeinsam.** Welche Punkte kannst du auch in deiner Gemeinde wiederfinden, was hört sich aus deiner Erfahrung noch sehr ungewohnt an?

Begegnungen unter den Besucherinnen und Besuchern

Für viele Jugendliche bedeutet Taizé eine intensive Gemeinschaftserfahrung, aus der sich dann oft auch unkompliziert Gespräche über den persönlichen Glauben ergeben. Durch den verbindlichen religiösen Tagesrahmen, die gemeinsamen Gebete in der Versöhnungskirche und die Bibelgesprächsgruppen wird eine persönliche Öffnung für den Austausch von Glaubenserfahrungen, Wünschen und Sehnsüchten ermöglicht. Die Besucherinnen und Besucher werden nie in Gruppen nach ihren Konfessionen eingeteilt, sondern bilden für die Tage in Taizé eine feste, gemischte Gruppe. In Taizé will man sich bewusst nicht auf eine gemeinsame Sprache begrenzen, viele Elemente in den Gottesdiensten und den Gesprächskreisen werden in verschiedenen Sprachen wiederholt, ebenso wenig will man sich an eine kirchliche Tradition oder Vorrangstellung binden. Die persönlichen Grunderfahrungen der Tage lösen sich komplett von konfessionellen Unterscheidungen. Weil die Besucherinnen und Besucher sich tief in ihrem Inneren bewegt fühlen, gründen sie oftmals zu Hause neue Taizégruppen.

■ **Ökumene vor Ort.** Teilt verschiedene Teams für die Nachforschung zum Thema Ökumene bei uns ein: Befragt dazu einen katholischen und einen evangelischen Pfarrer, Gruppenleiter, Religionslehrer u. a. Findet heraus: Was bedeutet für sie Ökumene, wo wird diese in der Gemeinde erfahrbar und worin sehen sie die Verbindung von Taizé und Ökumene?

■ **Ökumene-Logo.** Dieser Doppelseite ist das Logo der ökumenischen Bewegung der christlichen Kirchen hinterlegt. Beschreibe, welche Einzelheiten du erkennst, und deute diese. Entwirf ein eigenes Logo, das Elemente der ökumenischen Ausprägung von Taizé enthält.

Die Keimzelle der Ökumene – Gemeinschaft der Brüder

Die über hundert Brüder der Gemeinschaft von Taizé sind selber ein lebendiges Bild für das tägliche Miteinander verschiedener christlicher Glaubensrichtungen: Hier leben evangelisch-lutherische, anglikanische, reformierte und katholische Brüder aus über zwanzig Ländern der Welt mit sehr unterschiedlichen Muttersprachen zusammen. Das dreimalige Gebet im Laufe des Tages in der Versöhnungskirche ist ein beständiges Bindeglied für sie und alle Besucherinnen und Besucher Taizés. Diese Form der grenzüberschreitenden Gemeinschaft wächst zunehmend in andere Regionen der Erde, ohne dabei missionarische Dienste für eine der großen Kirchen zu übernehmen. Kleinere Bruderschaften leben und arbeiten in Brasilien, Senegal, USA und Bangladesch. Die Brüder gehören weiterhin ihrer jeweiligen christlichen Konfession an. Aber die tägliche Arbeit mit den Jugendlichen und anderen Besuchergruppen stellt die Brüder vor Ansprüche und Glaubensfragen, die oftmals grundsätzlicher sind als die Ausprägungen verschiedener christlicher Konfessionen.

■ **Bilder der Ökumene.** Suche nach Bildern oder Fotos, die die hier beschriebene Form von Ökumene gut zum Ausdruck bringen (in der Kirchenzeitung, Jugendzeitschrift oder www.taize.fr). Stellt die Bilder in der Klasse vor und bewertet ihre Bedeutung für die abgebildeten Gläubigen.

Religiöse Zeichen der ökumenischen Gemeinschaft

Die Gebete haben eine sehr offene und einladende Form. Sie leben von den Anstößen Frère Rogers und anderer Brüder. Das gesprochene Gebet bietet einen Anstoß zum Nachdenken über den eigenen Glauben, der vielmals wiederholte Vers und das Ritual der Stille laden zum Glauben und zur Konzentration im eigenen Leben ein. Das soll für alle in Taizé erfahrbar werden.

Die bekannten und verbreiteten Taizé-Gesänge, die auch schon längst in vielen unserer Ortsgemeinden gesungen werden, machen in ihrer einfachen Art ein weiteres offenes Element aus. Sie bestehen aus mehrstimmiger Anlage und mehrfachen Wiederholungen. Ihre Texte greifen auf die einprägsame Form von Psalmen und Gebetsworten zurück. Somit können diese Lieder auf einfache Weise von Christen jeder Herkunft genutzt werden, sogar ostkirchliche Einflüsse lassen sich hier erkennen.

Die Stille als Andachtsform in den Gottesdiensten, eine zehnminütige Zeit des Schweigens ohne weitere Impulse, gilt als ein weiteres religiöses Kennzeichen von Taizé. Sie bildet einen unverzichtbaren Bestandteil jeder Andacht und zugleich ein Gegengewicht zu den Wortbeiträgen. In dieser Stille können einzelne Worte einen innerlichen Nachhall finden oder ganz individuelle Gebetsmeditationen weiterwirken.

Ubi caritas

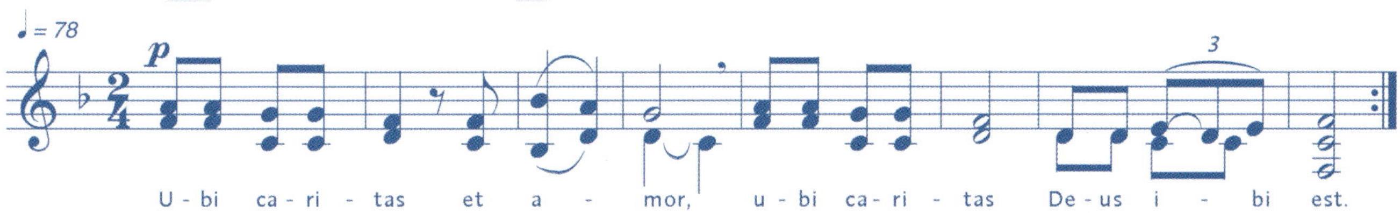

■ **Innerer Gleichklang.** Das Lied *Ubi caritas et amor* soll dir ermöglichen, dass du inneren Gleichklang findest, getragen wirst von der Melodie und dem Gesang der Gemeinschaft. Hört dazu gemeinsam das Lied einige Minuten an (auf CD oder unter www.taize.fr). Bringt euch in den Gesang ein, während die Aufnahme leiser wird und abklingt, und haltet die Melodie. Schließt beim Weitersingen leicht die Augen und achtet nur auf euch selbst. Versucht alles andere auszublenden.

Was suchen die Jugendlichen da?

Das hätte in der französischen Provinz wohl keiner erwartet: 4000 singende Jugendliche, deren Kehlen in fast allen Sprachen der Welt in einer einfachen Kirche auf einem kleinen Bergrücken mitten in Burgund das Lob Gottes anstimmen. Hierher nach Taizé kommen junge Menschen, um sich in aller Schönheit der Jugend zu zeigen und miteinander zu feiern, ausgelassen zu lachen und intensiv zu flirten. Und – das jedenfalls ist in den Augen der Brüder der Ökumenischen Kommunität von Taizé das Entscheidende – sie kommen, um nach ihrem Glauben zu fragen, den Sinn des Lebens zu ergründen, intensiv nach der Wahrheit der Bibel zu forschen und etwas von der Gemeinschaft zu erleben, die über allen Konsum, über alle Markenidentität, über alle sozialen Grenzen hinweg die Gemeinschaft aller Geschöpfe im Reich Gottes vorwegnimmt.
(Aus: »Taizé hin und zurück«. Begleitbuch für Taizéfahrer)

■ **Unvereinbar?** Überlegt gemeinsam, wie die im Text genannten, sehr unterschiedlichen Beweggründe für den Besuch von Taizé eine Beschäftigung mit dem persönlichen Glauben beeinflussen.

Beobachtungen von Frère Wolfgang

Es ist atemberaubend, wie verschieden die Jugendlichen sind, die zu uns kommen. Einige sagen uns: »Wenn ich eine Zeit lang in der Kirche sitze und eine Weile diese Wiederholgesänge gesungen habe, dann bin ich so frei und leer und voll zugleich. Dann besucht mich Gott.« Sie machen also eine tiefe innere Erfahrung, wie gerade Jugendliche spontan etwas aufnehmen können. Auf der anderen Seite herrscht aber auch ein großer Realismus. Man zahlt seinen Kostenbeitrag und hat keine Probleme damit mitzuhelfen: Toiletten reinigen, Essen austeilen, abwaschen usw.

■ **Themen zum Nachdenken.** Im Laufe des Tages finden in Taizé zahlreiche Gesprächsgruppen zu religiösen Themen und Bibelanstößen statt. Entwirf eine Liste mit Themenvorschlägen, die ihr auch im Religionsunterricht besprechen wollt.

Religiöser Raum für Jugendliche

Jugendtreffen in Taizé

Viele Gruppen von Jugendlichen aus zahlreichen europäischen und außereuropäischen Ländern besuchen für eine Woche Taizé und verbringen diese Zeit auf eine intensive Weise als Beschäftigung mit dem Glauben. Die religiösen Veranstaltungen bieten wenig ›event‹-Charakter, dafür aber umso mehr Raum und Tiefe für überraschende Erfahrungen und Begegnungen. Eine Woche lang mit bisher fremden jungen Menschen zusammenleben, Zeiten des Gebets, des gemeinsamen Singens, der Meditation und Stille oder auch der persönlichen Begegnung mit einzelnen Brüdern. Viele neue Anstöße im Glauben.

Warmes Kerzenlicht,
schlichter Gesang,
wohltuende Harmonie,
beruhigende Wiederholung,
einfache und starke Worte,
zärtliche Zeremonie,
leise Liturgie.

Sie berührt mich –
schafft einen weiten Raum in mir,
wärmt mich,
bereitet mir einen leuchtenden Festsaal,
erfreut mein müdes Gesicht
und stellt mich vor den,
den ich in meinem alltäglichen Beten
nie zu erreichen glaube.
Das Gebet weht mir göttliche Gedanken zu,
bringt meine inneren Saiten zum Schwingen,
füllt mein Ohr mit gewaltigem Klang,
läuft sanft über meinen Rücken
und treibt mir Tränen in die Augen.

So war es in den Tagen von Taizé
in der Kraft der herrlichen Lieder,
und wieder zu Hause
dreht mein Beten sich im Leerlauf,
ist kühl und trocken,
hölzern und leer.
Leider.

■ **Begeistert und dann?** Arbeite aus dem Gedicht heraus, was der Verfasser als persönliche Bereicherung in Taizé erfährt. Klärt gemeinsam euer Verständnis der letzten Verse ab und nehmt dazu Stellung.

■ **Anstöße mitnehmen.** Sammle verschiedene Möglichkeiten, die Anstöße von Taizé mit in den eigenen Alltag zu nehmen. Überprüfe, welche dir dabei besonders wertvoll erscheinen.

Ein kleiner Frühling im kalten Hamburg

Ein europäisches Taizé-Jugendtreffen

Ein Tag des Taizé-Jugendtreffens beginnt mit dem Morgengebet und einer Gesprächsrunde in einer Pfarrgemeinde. Zahlreiche Gemeinden haben sich wochenlang auf ihre Gastgeberrolle vorbereitet. »Uns ist klar, dass es eine Riesenchance ist, die Leute in der Kirchengemeinde einzubeziehen«, sagt Elisabeth Soltau. Die 81-Jährige ist die älteste Gastgeberin in der Gemeinde St. Agnes in Hamburg, der 250 Taizé-Gäste zugeordnet sind.

Zum Mittagsgebet und zum Essen strömen die Teilnehmer im Messegelände zusammen. Am Info-Stand wartet eine Gruppe von vier jungen Männern aus Kattowitz (Polen). Sie sind an diesem Punkt mit einer Mädchengruppe aus Mailand verabredet. »Wir haben uns im vergangenen Jahr beim Taizé-Treffen in Paris kennengelernt und vereinbart: Im nächsten Jahr treffen wir uns wieder«, berichtet Dawid M. (24). Damals stand noch gar nicht fest, in welcher europäischen Stadt das sein würde. Endlich sind die Mädchen da. Umarmungen, Händeschütteln, Begrüßung auf Italienisch und Polnisch, schließlich einigt man sich auf Englisch. Das versteht jeder. »Wir sind das ganze Jahr per E-Mail in Kontakt geblieben«, sagt Valentina I. (18) aus Mailand. Die polnisch-italienische Gruppe wühlt sich durch das Gedränge, bis sie von einem Herrn im dunklen Anzug angesprochen wird. Der Fremde stellt sich vor: »Mein Name ist Werner Thissen und ich bin der Erzbischof von Hamburg«, sagt er auf Deutsch, und statt der dreisprachigen Übersetzung zieht er sein Bischofskreuz aus dem Mantel.

»O Taizé, dieser kleine Frühling!«, so soll Papst Johannes XXIII. einmal bei einer Begegnung mit Frère Roger ausgerufen haben. Einen solchen Frühling der Begeisterung und der schlichten Besinnung auf den Grund des Evangeliums kann auch die Kirche in Norddeutschland gebrauchen. »Ich habe die Hoffnung, dass sich das Treffen auch in unserer Jugendarbeit bemerkbar macht«, sagt der Erzbischof nach der Abreise der 60 000 Teilnehmerinnen und Teilnehmer. »Als Christen in Hamburg sind wir in der Minderheit. Aber die Chancen für das Evangelium sind auch in unserer Zeit groß. Taizé hat Hamburg geholfen, die Seele zu entdecken. Ist das nichts?«

■ **Taizé-Gäste bei uns.** Stelle dir vor, dass deine Familie Gäste für ein Jugendtreffen in Deutschland aufnimmt. Was interessiert dich an ihnen und ihren Reiseabsichten? Überlege dir geeignete Fragen und verfasse einen kleinen Dialog.

■ **Ausbreitung des Taizé-Geistes.** Sammle Besonderheiten und feste Elemente von Taizé, die sich gut in verschiedene Regionen der Welt übertragen lassen. Überprüfe auch, wo du Grenzen erkennen kannst, weil bestimmte Formen doch an den Ort Taizé oder die dortige Gemeinschaft der Brüder gebunden sind.

Frère Roger, Gründer der Gemeinschaft von Taizé, während des Abendgebets am 29. Dezember 2003 in Hamburg

Henri Valensi, 1932

An manchen Sommerabenden, unter einem sternklaren Himmel, hören wir in Taizé die Jugendlichen durch die geöffneten Fenster. Wir sind nach wie vor erstaunt, wie zahlreich sie sind. Sie suchen, sie beten. Und wir sagen uns: Ihr Verlangen nach Frieden, ihre Sehnsucht nach Vertrauen sind wie diese Sterne, kleine Lichter in der Nacht.

Frère Roger in seinem »Brief 2005 – Eine Zukunft in Frieden«

- **Farben und Formen.** Betrachte das Bild, lass dich von ihm und dem Zitat von Frère Roger inspirieren und kreiere daraus einen Prospekt über Taizé. Überlege, welche Formen und Farben des abgedruckten Bildes du mit welchen religiösen Elementen und Ansichten von Taizé verbindest.

- **Ein eigenes Bild.** Versuche deine Eindrücke, Gefühle und Gedanken zu Taizé in ein eigenes Bild zu bringen.

Und sie singen, singen, singen. Die Lieder von Taizé sind ernst, schlicht und einladend. Oft nur eine Zeile lang und von warmer, unkomplizierter Melodie. Sie sind seit 1975 speziell für Taizé von Jacques Berthier (1923-1994) und einigen Brüdern der Comunauté komponiert worden. Mittlerweile existieren zahlreiche Taizé-Liederbücher und -CDs, die in nahezu allen Ländern zu bekommen sind. Das gemeinsame Singen ist ein tragendes Element der Glaubenspraxis von Taizé, bei der viele Menschen die Melodien verinnerlichen und eine besondere innere Erfahrung der Andacht machen. Einige Personen beschreiben dies so, dass es aus ihnen selbst heraus singt und sie eine neuartige Kraft verspüren.

Wait for the Lord

Wait for the Lord.
Contemplaré tu vida en mi. Contemplaré, Señor, tu amor.
Nah ist der Herr, es kommt sein Tag. Nah ist der Herr, habt Mut, bleibt wach.
Confia em Deus, teu salvador. Confia em Deus, Ele é amor.
Pan blisko jest, oczekuj Go. Pan blisko jest, w Nim serca mod.
Blizu je Bog, prihajak nam. Blizu je Bog, le cakaj nanj.
Blízko je Pán a jeho den. Blízko je Pán, nemejte strach.
Várj és ne félj, az Ur jön már. Vár és ne félj: hu szível várj!
Viešpaties lauk, jau Jis arti. Viešpaties lauk, budek šridy.
Blizu je Bog, ocekuj ga. Blizu je Bog, odagnaj strah!
Zotin ti prit se ai po vjen zotin ti prit es mos ki frik.

■ **Ein Lied in verschiedenen Sprachen – eine Botschaft in unterschiedlichen Klangfarben.** Die Lieder von Taizé verbinden Menschen verschiedener Herkünfte und Kulturen. Jeder kann dabei auch über seine eigene Sprache hinauswachsen. Probiert dies am Lied *Wait for the Lord* aus:
Wählt in einer Fünfer-Gruppe das Lied in einer Sprache aus und übt es gemeinsam ein.
Singt den anderen das Lied mehrfach vor und lasst sie dann auch bei euch mitsingen. Alle sollen das Lied in den verschiedenen Sprachen mitgesungen haben.
Versucht das Lied einmal in zwei Sprachen gleichzeitig zu singen, dann immer im Wechsel.
Was klingt für euch harmonischer oder passend? Wie wirkt das Lied bei übereinandergesungenen Sprachen?

Eine persönliche Erfahrung

Für mich ist es etwas Besonderes zu wissen, dass ich dreimal am Tag die Möglichkeit habe, an einem Gebet teilzunehmen, zu dem alle hingehen, das zum Tagesablauf gehört, einfach dazusitzen, in Gemeinschaft mit anderen vor Gott. Beim Singen wird man von den anderen getragen; auch wenn ich nicht singe, geht das Gebet weiter. Wenn ich singe, singe ich eine Stimme von vielen, und die Schönheit entsteht gerade durch die Verschiedenheit der Stimmen. Für mich haben die Gesänge etwas sehr Beruhigendes, ein Zu-sich-Kommen.

- **Zeit zum Auftanken.** Werte den Erfahrungsbericht daraufhin aus, welche Energien neu gesammelt werden können. Welche sind dir besonders wichtig?

Eine Welt der Klänge: Der Glockenturm auf dem Gelände der Communauté ruft die Brüder und Besucher zu den Gottesdiensten und Andachten.

Musik als Ausdruck des Glaubens

Seit frühen Zeiten gehört Musik in verschiedenen Formen zum christlichen Glauben und bietet so eine Möglichkeit der Begegnung mit Gott. Musik, und besonders Gesänge können religiöse Worte aufgreifen und bereichern, sie einprägsam vermitteln oder ihnen sogar eine neue Form geben. Durch Musik können auch neue Räume der Glaubenserfahrung geöffnet werden. Ebenso kann Gottes Lied in uns erklingen, eine verinnerlichte Melodie des Glaubens mehr ausdrücken als viele Worte.

In Taizé wird mit dem eigenen Gesangsstil eine besondere Form der tiefen Gottesbegegnung praktiziert, die auf klaren Prinzipien beruht: einfache, kurze Texte; einfache Harmonien; mehrfache Wiederholungen; vierstimmige Anlage der Lieder.

Durch das Einüben solcher Lieder kann jeder und jede einen eigenen inneren Erfahrungsraum erschließen.

- Lieder gemeinsam einüben, klingen und weiter eindringen lassen.
- Durch den Gesang inneren Gleichklang finden – mit anderen und der Melodie.
- Lieder in verschiedenen Sprachen und Klangfarben erfahren.

Taizé-Andachten vor Ort

In vielen evangelischen und katholischen Kirchengemeinden werden regelmäßig Taizé-Andachten gefeiert. Die schlichte meditative Form zieht viele Menschen an, die der Hektik des Alltags einen bewussten Ruhepunkt entgegensetzen wollen. Mit einfachen Mitteln lässt sich in nahezu jedem Raum eine einladende, gesammelte Atmosphäre schaffen. Dennoch sollte das Gebet möglichst in einer Kirche stattfinden. Wo es in unaufdringlicher Gemeinschaft schlicht und schön gehalten wird, fühlen sich viele willkommen. Eine kleine Gruppe, die sich nicht um sich selber dreht, sondern sich im Gebet mit Menschen aller Länder und Zeiten verbunden weiß, verwandelt jeden Kirchenraum in einen gastlichen Ort. Dazu benötigt man nichts weiter als ein Kreuz, eine offene Bibel, einige Lichter und evtl. einige Ikonen. Für gedämpftes, warmes Licht sorgen am besten viele kleine Lichter sowie orangefarbene Tücher. Man kann Teppiche oder Decken ausbreiten, damit die einen auf dem Boden knien können, während andere sich dahinter auf Stühle oder Bänke setzen. Werden viele erwartet, sollte jemand an den Eingängen das Liedblatt austeilen und dazu einladen, sich nach vorne zu setzen. In der Mitte des Altars steht die Kreuzikone. Auf dem Boden liegt ein großes, schlichtes Holzkreuz mit einer Reihe von Teelichtern, welche zu den Fürbitten angezündet und auf das Holzkreuz gestellt werden können.

Weil im Gebet Christus das Gegenüber ist, liegt es nahe, dass alle in dieselbe Richtung schauen.

Es soll unbemerkt bleiben, wer das Gebet vorbereitet hat oder leitet. Vor und während des Gebets bedarf es keiner Begrüßung, keiner Erklärungen oder Hinweise, die die gesammelte Atmosphäre beeinträchtigen.

■ **Taizé vor Ort.** Erkundige dich, ob es in deiner Nähe Taizé-Andachten gibt; ladet eventuell eine Person ein, die schon solche Andachten vorbereitet hat, und sprecht mit ihr über die persönlichen Erfahrungen, die diese Person bei Taizé-Andachten macht.

Möglicher Ablauf einer Taizé-Andacht

Ihr findet hier einen Vorschlag für eine Taizé-Andacht, wie ihr sie auch im schulischen Rahmen – etwa zu Weihnachten oder zum Schuljahresbeginn – feiern könnt.

Eingangslied *(z. B. »Laudate omnes gentes« – alle Gesänge aus Taizé können mit Notensatz unter www.taize.fr heruntergeladen werden)*

Psalm-Rezitation *(z. B. aus Ps 25. Wenn Menschen mit anderer Muttersprache mitfeiern, sollte der Psalm nach Möglichkeit in verschiedenen Sprachen rezitiert werden)*

Lesung des Evangeliums *(z. B. Joh 20,19-23)*

Stille

Fürbitten *(ggf. mehrsprachig)*

Vaterunser

Gebet von Frère Roger *(auch hier finden sich eine Fülle schöner Texte auf www.taize.fr)*

Lied *(z. B. »Im Dunkel unserer Nacht« – während des Gesangs werden Kerzen entzündet und auf ein Holzkreuz gestellt)*

Kurze Ansprache zum Evangelium

Schlusslied *(z. B. »Meine Hoffnung und meine Freude«)*

■ **Eine Taizé-Andacht selbst gestalten.** Gestaltet im »Geist von Taizé« selbst eine Andacht zu einem von euch bestimmten Thema in der Lerngruppe. Der hier gezeigte Ablaufplan hilft euch bei der Vorbereitung.

Ikonen – »Fenster in Gottes Wirklichkeit«

Ikonen sind geweihte Kultbilder, auf denen Christus, Maria, Apostel oder Heilige dargestellt sind. Sie haben v. a. in den orthodoxen Kirchen eine weite Verbreitung, auch in der Kirche von Taizé gibt es einige Ikonen. Ihre Funktion wird auf der Homepage von Taizé folgendermaßen beschrieben: »Ikonen sie sind wie Fenster, die auf die Wirklichkeit des Reiches Gottes hin geöffnet sind und sie gegenwärtig machen, wo immer Menschen auf der Erde beten. Ikonen sind zwar Bilder, aber keine reinen Bebilderungen oder Schmuck. Sie vergegenwärtigen dem Auge die spirituelle Botschaft, die das Ohr durch das Wort empfängt.« Ikonen spielen im religiösen Leben von Taizé eine große Rolle.

■ **Ikonen und Taizé.** Für Frère Roger war die hier abgebildete Ikone zeitlebens äußerst wichtig. Erkläre in eigenen Worten, warum für ihn ein so enger Kontakt zwischen Ikonen und Glaube besteht.

■ **Ikone.** Betrachte die abgebildete Ikone in aller Ruhe (Farben, Figuren und deren Körperhaltungen, Symbole ...) und gib ihr einen Titel. Überlege dir einen Dialog zwischen den beiden Figuren, an dessen Ende die auf der Ikone abgebildete Geste stehen könnte, und schreibe diesen Wortwechsel in dein Heft. Vergleicht eure Dialoge miteinander; vielleicht wollt ihr sogar einige aufführen.

■ **Ikonen vergleichen.** Seht euch weitere Ikonen (in Bildbänden, in Lexika, im Internet) an und vergleicht sie miteinander. Vervollständigt dann folgende Sätze: »Gleich ist bei allen Ikonen ...« und »Unterschiedlich ist bei allen Ikonen ...«.

Ablass

Bei einem Ablass werden »zeitliche Sündenstrafen« durch gute Werke (Gebete, Almosen, Pilgerfahrt) teilweise oder ganz erlassen. Nicht zu verwechseln ist der Ablass mit der Vergebung von Sünden, die allein Gott aus Gnade gewährt. Demnach kann zwar eine Sünde durch Gott vergeben sein, die zeitlichen Strafen für die Sünden sind damit jedoch noch nicht beseitigt. Im Mittelalter kam es zu einem Missbrauch des Ablasswesens, denn als Buße und gutes Werk standen nun Geldzahlungen im Vordergrund. Martin → Luther betonte, dass allein Gott die Schuld des Menschen erlassen kann. Die guten Werke sollten die Menschen aus Freude über die Gnade Gottes tun: weil sie sich von Gott geliebt und gehalten fühlen.

AIDS

AIDS ist die Abkürzung für *Acquired Immune Deficiency Syndrome*. Der Begriff bezeichnet eine schwere Erkrankung, die bis heute noch nicht heilbar ist. Sie wird durch ein Virus, das HIV (»Humanes Immundefekt Virus«) hervorgerufen. Eine Übertragung dieses Virus ist nur durch Blut, Samen- und Scheidenflüssigkeit möglich, kann also nur übertragen werden, wenn infizierte Körperflüssigkeit direkt in den Körper eines anderen Menschen gelangt – nicht durch normale Alltagskontakte. Zwischen einer HIV-Infektion, die durch einen Bluttest nachgewiesen werden kann, und dem Ausbruch der Krankheit können oft acht und mehr Jahre liegen.

Eine HIV-Infektion oder AIDS-Erkrankung berechtigt nicht zur Ausgrenzung von Menschen. Sowohl in der Katholischen wie in der Evangelischen Kirche gibt es AIDS-Seelsorger, die sich in besonderer Weise um Infizierte und Erkrankte kümmern.

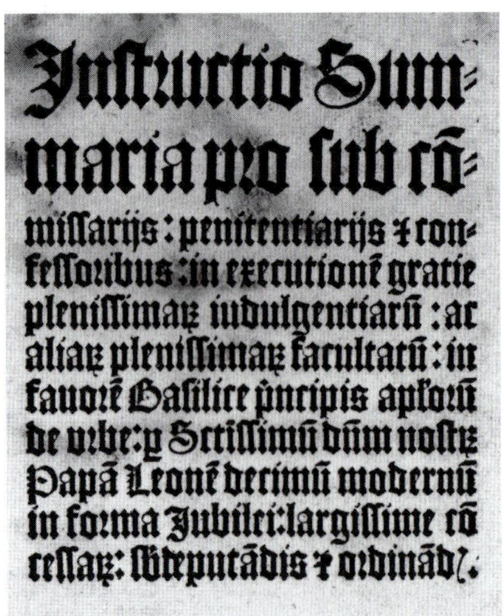
Instructio Sum-
maria pro sub cō-
missarijs: penitentiarijs ⁊ con-
fessoribus: in executione gratie
plenissimarũ indulgentiarũ: ac
aliarũ plenissimarũ facultatũ: in
favore Basilice principis apostolorũ
de urbe: p Sctissimũ dñm nostrũ
Papã Leone decimũ modernũ
in forma Jubilei: largissime cõ
cessarũ: cũ deputãdis ⁊ ordinãd/.

Anleitung zur Ausübung eines Jubiläumsablasses durch Papst Leo X. zum Bau von St. Peter in Rom

Aleviten

Der Ursprung der Aleviten (nicht zu verwechseln mit den Alawiten, die Ali zum Mittelpunkt der Verehrung nehmen) liegt im schiitischen Islam. Ihr Hauptverbreitungsgebiet ist die Türkei. Den Aleviten wird der Vorwurf entgegengebracht, sie gehörten nicht zum Islam, da sie die fünf Säulen des Islam nicht in ritueller Form beachten und das islamische Recht, die → Scharia, ablehnen. Deshalb haben die Aleviten bis in die jüngste Zeit Verfolgungen erlitten, was dazu geführt hat, dass sie sich selten offen zu ihrem Glauben bekannt haben bzw. bekennen.

Allerheiligen/Allerseelen

Allerheiligen wird in der katholischen Kirche jährlich am 1. November gefeiert. Ursprünglich war es ein Freudenfest zur Verehrung und zum Gedächtnis der Heiligen der Kirche, auch der vielen »kleinen und namenlosen« Heiligen. *Allerseelen* wird in der katholischen Kirche jährlich am 2. November gefeiert. An diesem Tag gedenken die Gläubigen ihrer verstorbenen Angehörigen. Da Allerseelen ein Werktag ist und viele Leute an diesem Tag arbeiten müssen, werden die Gräber der Verstorbenen bereits zu Allerheiligen geschmückt.

Anglikanische Kirche

Die anglikanische Kirche umfasst eine Vielzahl christlicher Kirchen weltweit, die sich aus der Kirche von England herausentwickelt haben. Dabei geht die anglikanische Ursprungskirche auf die Loslösung der britischen Christen von der katholischen Kirche im 16. Jahrhundert unter Heinrich VIII. (1491-1547) zurück. Die anglikanische Kirche ist eine Reformationskirche, die jedoch katholische wie protestantische Elemente übernommen hat. Die geistliche Leitung liegt beim Bischof von Canterbury/England, der amtierende englische König bzw. die amtierende englische Königin ist das Oberhaupt der anglikanischen Kirche.

Augsburger Religionsfriede

1555 wurde auf dem Reichstag in Augsburg vereinbart, dass sich katholische und evangelische Christen nicht mehr bekämpfen sollten. Die Fürsten beiderlei Glaubens sollten friedlich zusammenleben und jeder Untertan sollte seinen Glauben »frei« wählen können. Allerdings musste er zugleich mit dem Glauben des jeweiligen Landesherrn übereinstimmen, sodass er – sollte er sich für die andere → Konfession entscheiden wollen – auswandern musste. Der Grundsatz hieß *cuius regio eius religio*: (In) Wessen Region (eines Fürsten jemand lebte), dessen Religion (musste er, der Untertan, annehmen). Nur wenn Fürstbischöfe ihren Glauben wechselten, sollten sie in Zukunft abdanken, ohne dass das zu einem Bischofssitz gehörige Kirchengut protestantisch – und damit sozusagen ihr Privatbesitz – wurde.

Autorität

Der Begriff leitet sich von lat. *auctoritas* ab, das mit Würde, Ansehen, Einfluss umschrieben werden kann. Autorität ist im weitesten Sinne eine soziale Positionierung. Autorität kann eine Person oder auch eine öffentliche Einrichtung oder Organisation wie z. B. der Staat oder die Schule haben. Die betreffende Person oder die betreffenden Einrichtungen nehmen dann eine Führungs- oder Vorbildrolle ein. Sie vertreten Werte und Normen sowie Ziele bestimmter Gruppen.
Je nachdem, wie intelligent, überzeugend, gebildet und fachlich kompetent eine Person ist, wird sie als Autorität anerkannt oder auch nicht. Manche Personen haben auch Autorität, weil sie ein bestimmtes Amt übernommen haben, z. B. ein Polizist, eine Richterin oder ein Staatschef. Wichtig ist es, zu unterscheiden: Autorität haben bedeutet nicht autoritär sein. Autorität haben bedeutet, dass derjenige seine Position nicht ausnützt. Autoritär sein bedeutet, dass derjenige keinen Widerspruch duldet, dass er sich anderen überlegen fühlt und ihnen gegenüber auch so auftritt.

Die Kathedrale von Canterbury, Amtssitz des geistlichen Oberhaupts der → Anglikanischen Kirche

Barock

Zwischen 1600 und 1750 bildet sich eine Stilrichtung in Malerei, Bildhauerei, Literatur, Musik und Architektur heraus, die kaum auf einen gemeinsamen Nenner zu bringen ist: der Barock. Er ist geprägt von zwei grundlegenden Strömungen: der Betonung des Diesseits, aber auch der Orientierung auf das Jenseits hin. Beide so gegensätzlichen Tendenzen lassen sich aus dem Lebensgefühl der Menschen damals begründen, die vor allem im → Dreißigjährigen Krieg (1618-1648) die Schrecken menschlicher Vergänglichkeit erleben mussten. Daraus folgte konsequent entweder der Aufruf, die kurzen Tage auf Erden in Lebensfreude zu nutzen und zu genießen, oder das Bestreben, das

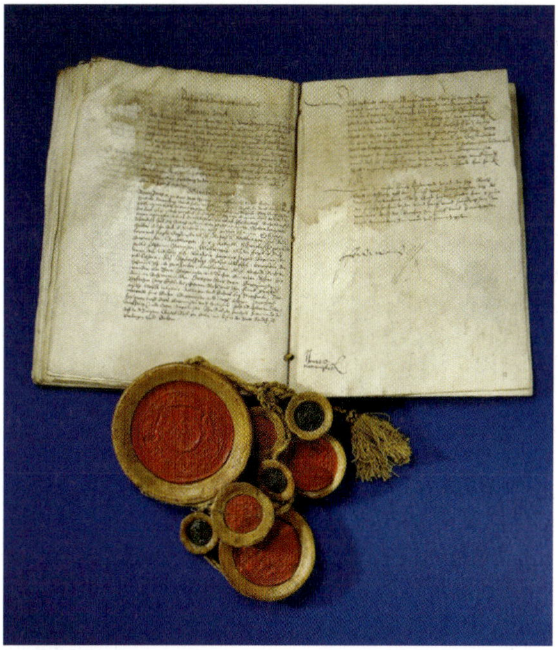

Pergamentlibell, auf dem der → Augsburger Religionsfriede festgeschrieben wurde.

Die Kirche des heiligen Ignatius von Loyola (→ Jesuiten) in Rom ist mit ihrem reichen Stuck, der geschwungenen Linienführung und der großartigen Fresken ein typischer Bau des → Barock.

irdische Jammertal notgedrungen zu ertragen und an den Tod zu denken, damit man wohlvorbereitet stürbe und in den Himmel komme, um das jenseitige Paradies zu erlangen.

Bauernkrieg

Die Erhebung der Bauern und einzelner Städte in Süd- und Mitteldeutschland 1524-1526 hatte wirtschaftliche, soziale und politische Ursachen. Die Bauern wehrten sich gegen den zunehmenden Druck der Grundherren und des Adels, gegen höhere Steuern des frühmodernen Staates und die Leibeigenschaft. In ihren berühmten Zwölf Artikeln beriefen sie sich auf das Evangelium und Luther, welche beide davon sprechen, dass der Mensch frei sein soll. Da die Fürsten diese christliche Freiheit jedoch rein geistlich verstanden, schlugen sie den Aufstand blutig nieder.

Bergpredigt

Die Kapitel 5 bis 7 des Matthäusevangeliums werden Bergpredigt genannt, da davon erzählt wird, dass Jesus hier seine Botschaft von einem Berg her verkündet hat. Die Bergpredigt bringt das Verständnis Jesu von der »neuen Gerechtigkeit« auf den Punkt. Sie enthält jedoch sehr unterschiedliches Gedankengut, schneidet verschiedene Themen an und ist nicht einheitlich konzipiert. So ist es wahrscheinlich, dass der Evangelist einzelne überlieferte Jesus-Worte zu einer Art »Grundwissen« für urchristliche Gemeinden zusammengefasst und in Anlehnung an die Verkündigung der → Zehn Gebote durch Mose am Berg Sinai gestaltet hat.

Bei Lukas findet sich eine ähnliche Redekomposition (Lk 6,20-49). Sie wird im Unterschied zur Bergpredigt »Feldrede« genannt, weil berichtet wird, dass Jesus sie »in der Ebene« bzw. »auf ebenem Feld« gehalten hat.

Bibliodrama

Dieser Sammelbegriff für mehrdimensionale Bibelarbeit zielt auf einen erfahrungs- wie textorientierten Innenraum des biblischen Textes. Das Bibliodrama enthält befreiend-lebensfreundliche wie reflexive Elemente, welche Vorurteile gegenüber der Bibel abbauen helfen.
Biblische Erzählungen und Geschichten kann man nicht nur lesen, sondern auch kreativ gestalten: dramatisch umsetzen. So wird oft ein ganz neuer Sinn erlebbar und erfahrbar. Gleichzeitig wird ein zunächst sehr fern scheinendes Geschehen plötzlich hautnah aktuell. Es ist Schriftauslegung mit allen Sinnen: Kopf, Herz und Verstand. Der Bibeltext kann mit Körper- und Bewegungsübungen verleiblicht, in Einsamkeit und Stille meditiert, mit kreativen Materialien sichtbar und begreifbar gemacht, mit Stimmen, Klängen und Rhythmen inszeniert, reflektiert und diskutiert oder in die Gegenwart hinein aktualisiert werden.

Calvin, Johannes (1509-1564)

→ Reformatoren

Dreißigjähriger Krieg

Aus den konfessionellen Gegensätzen und den zunehmenden Spannungen zwischen den herrschenden Habsburgern und den deutschen Fürsten im Heiligen Römischen Reich deutscher Nation sowie dem französischen und schwedischen König entstand ein dreißig Jahre

Holzschnitt für die Titelseite einer Ausgabe der Zwölf Artikel der Bauern im → Bauernkrieg, 1525

dauernder und zunehmend grausamer werdender Krieg (1618-1648), der bis zum Ersten Weltkrieg *der* Inbegriff des Schreckens und Grauens war, das Menschen einander antun konnten. Krieg, Hungersnöte und Seuchen ließen mehr als ein Drittel der Bevölkerung im Reich sterben.
Im Westfälischen → Frieden 1648 wurde im Wesentlichen der Status Quo von 1555 wieder festgesetzt (→ Augsburger Religionsfrieden), allerdings wurden jetzt die Reformierten in den Religionsfrieden mit einbezogen. Die hier getroffenen Vereinbarungen galten im Heiligen Römischen Reich deutscher Nation bis 1806.

Dschihad (arab. = große Anstrengung)

Der oft ausschließlich als »Heiliger Krieg« übersetzte Begriff *Dschihad* bedeutet ein viel umfassenderes »Sich-Bemühen« um die Sache Gottes und kann sowohl den äußeren als auch den inneren Kampf bezeichnen. Beim sog. großen Dschihad kämpft der Muslim tagtäg-

Zwei der berühmtesten Vertreter der → Entwicklungspsychologie sind der Schweizer Jean Piaget (1896-1980) und der Amerikaner Lawrence Kohlberg (1927-1987).

lich gegen eigene egoistische Triebe und für einen aufrichtigeren Glauben. Mit dem kleinen Dschihad ist der Kampf gegen einen äußeren Feind gemeint, bei dem auch kriegerische Mittel eingesetzt werden können. Seit den 70er-Jahren taucht der Begriff Dschihad mehrfach in Selbstbezeichnungen terroristischer Gruppen (→ Islamismus) auf.

Entwicklungspsychologie

Die Psychologie beschäftigt sich mit dem Seelenleben des Menschen. Die Entwicklungspsychologie ist ein Teilgebiet der Psychologie. Sie setzt sich mit der Veränderung des Verhaltens und des Erlebens von Menschen im Verlauf der menschlichen Entwicklung auseinander und fragt nach den Ursachen für diese Veränderungen. Weiterhin untersucht sie, welche Einflüsse für die Entwicklung eines Menschen wichtig sind und welche Aufgaben ein Mensch aufgrund seiner Entwicklung bewältigen muss. Jede Altersstufe, Säuglingsalter, Kleinkindalter, Jugendalter, Erwachsenenalter usw., stellt daher bestimmte Anforderungen an den Menschen.

Freiheit

Freiheit bedeutet, selbst bestimmen und entscheiden zu können, was man tun möchte. Wer frei ist, ist unabhängig von innerem oder äußerem, d. h. von anderen Menschen oder Einrichtungen (Staat, Schule usw.) bedingtem Zwang.
Frei sein bedeutet aber nicht, willkürlich alles tun und lassen zu können, was man will. Richtig verstandene Freiheit beinhaltet auch, dass man die Verantwortung für sein Tun übernimmt und dass man bei Entscheidungen bedenkt, dass das eigene Handeln auch Auswirkungen auf andere haben und je nachdem deren Freiheit einschränken oder fördern kann.
So entscheidet man sich beispielsweise für eine bestimmte Schule und damit gegen andere Möglichkeiten. Mit dieser Entscheidung akzeptiert man aus freien Stücken die Rahmenbedingungen, die in dieser Schule gelten.

Friede, Westfälischer

Nachdem im → Dreißigjährigen Krieg (1618-1648) keine Seite die militärische Oberhand gewinnen konnte, führten langwierige Verhandlungen zu den Friedensschlüssen von Münster und Osnabrück. Der Westfälische Friede hatte den Charakter eines Vergleichs: Er bestätigte den → Augsburger Religionsfrieden von 1555, schloss jetzt aber auch die Calvinisten als dritte → Konfession ein. Die protestantischen Niederlande und die Schweiz schieden endgültig aus dem Reichsverband des Heiligen Römischen Reiches Deutscher Nation aus.

Fundamentalismus

Der Fundamentalismus ist keine islamische Erfindung, sondern hat amerikanisch-christliche Wurzeln. Fundamentalismus ist nicht das Kennzeichen einer bestimmten Religion, sondern eine bestimmte Weise ihrer Auffassung und Anwendung. Islamische Fundamentalisten (= Islamisten) instrumentalisieren den Islam, um bestimmte politische Ziele zu erreichen. Charakteristisch für den islamischen Fundamentalismus (= Islamismus) ist das wortwörtliche Verständnis des → Korans und die Anwendung der → Scharia (religiöses Gesetz). Eine absolute Einheit von Religion und Staat wird angestrebt. Islamisten lehnen strikt alle Reformversuche sowie westliche Einflüsse ab und sehen sich in einem Kampf gegen die Ungläubigen (→ Dschihad). Die meisten Ursachen für den islamischen Fundamentalismus liegen nicht in der Religion selbst, sondern in politisch-sozialen Zuständen wie Unterdrückung und Armut, Demütigung und Arbeitslosigkeit.

Gegenreformation

Als Gegenreformation oder Katholische Reform wird die Reaktion der katholischen Kirche auf die von Martin → Luther ausgehende Reformation bezeichnet. Den theologischen Ausgangspunkt bildete das Konzil von Trient (von 1545 bis 1563 mit Unterbrechungen), das die Unterschiede im Glaubensverständnis und in der Liturgie zum Protestantismus betonte und gleichzeitig die wichtigsten Missstände in der damaligen katholischen Kirche abstellte (z. B. in den Bestimmungen über die Priesterausbildung und Beseitigung von Pfründen- und Ablassmissbrauch). Die politische Gegenreformation versuchte oft gewaltsam, die an die Protestanten verloren gegangenen Gebiete und politischen Einfluss zurückzugewinnen. Die wichtigsten Mittel waren dabei Diplomatie, staatliche Repression und intensive Mission. Aber auch der Kirchenbau des → Barock, die Marienverehrung und das barocke Theater spielen eine wichtige Rolle in den gegenreformatorischen Bemühungen. Herausragende Träger der Gegenreformation waren die → Jesuiten.

Den theologischen Ausgangspunkt der → Gegenreformation bildete das → Konzil von Trient. Das abgebildete Fresko der Brüder Zuccaro stammt aus dem Jahr 1560.

Gewalt

Gewalt ist zunächst die Möglichkeit, eigene Interessen mit – meist physischem – Zwang durchzusetzen. Gewaltsames Handeln verletzt, bedroht oder gefährdet das Leben des Menschen. Dabei gibt es verschiedene Formen der Gewalt: Neben der physischen, d. h. der körperlichen Gewalt gibt es die psychische, d. h. seelische Gewalt. Gewalt kann also ausgeübt werden, wenn man z. B. jemanden schlägt (physische und direkte Gewalt), wenn man jemanden beschimpft (direkte und psychische Gewalt) oder ihn missachtet (indirekte und psychische Gewalt).
Es gibt aber auch die sogenannte legitime oder öffentliche Gewalt. Damit ist die Möglichkeit des Staates gemeint, schädigende Handlungen von einzelnen Menschen oder Gruppen zu verbieten, zu verhindern oder zu bestrafen. Nur so kann der Staat dafür sorgen, dass alle die gleichen Rechte haben und dass der Friede gewahrt bleibt.

Gewissen (griech. *syneídesis*/ lat. *conscientia* = Mitwissen)

Das Gewissen urteilt über eine Situation auf der Grundlage des Weltwissens sowie der Weltanschauung. Hört ein Mensch auf sein Gewissen, fühlt er sich ganz bei sich selbst und spürt einen Anspruch, der ihm gebietet, das Gute zu tun und das Schlechte zu lassen. Das Gewissen gibt dem Leben darüber hinaus Orientierung: wo es im Leben hingehen soll, wer man eigentlich sein will. Für gläubige Menschen liegt im Gewissen die Würde des Menschen verankert. Daher wird es gerne als Stimme Gottes bezeichnet.

Gleichnis

Ein Gleichnis ist eine bildliche und beispielhafte Geschichte, die einen schwierigen Gedanken oder Vorgang anhand einer Beobachtung aus dem Alltag vermitteln will. Gleichnisse haben einen starken Aufforderungscharakter: Im Neuen Testament will

Bischöfliche Aktion ADVENIAT
Hilfe der deutschen Katholiken für die Kirche in Lateinamerika
Gildehofstr. 2
45127 Essen
www.adveniat.de

DAHW
Deutsche Lepra- und Tuberkulosehilfe e. V.
Raiffeisenstr. 3
97080 Würzburg
www.dahw.de

Christliche Initiative Romero e. V. (CIR)
Breul 23
48143 Münster
www.ci-romero.de

Deutscher Caritasverband
Karlstr. 40
79104 Freiburg
www.caritas.de

Kindermissionswerk »Die Sternsinger« e.V.
Stephanstr. 35
52064 Aachen
www.kindermissionswerk.de

MISEREOR
Aktion gegen
Hunger und Krankheit in der Welt
Mozartstr. 9
52064 Aachen
www.misereor.de

Intern. Katholisches Missionswerk
Goethestr. 43
52064 Aachen
Pettenkoferstr. 26
80336 München
www.missio.de

RENOVABIS
Solidaritätsaktion der deutschen Katholiken mit den Menschen in Mittel- und Osteuropa
Domberg 27
85354 Freising
www.renovabis.de

Katholische und überkonfessionelle → Hilfswerke

Jesus seine Zuhörerinnen und Zuhörer dazu veranlassen, ihr Leben mit Blick auf das anbrechende → Reich Gottes zu überdenken und zu verändern. Gleichnisse sind somit auch bildliche Ausdrucksformen der neuen Wirklichkeit Gottes, seiner unmittelbaren Nähe zu den Menschen.

Hidschra

→ Muhammad

Hilfswerke, kirchliche

Kirchliche Hilfswerke und -organisationen setzen sich in besonderer Weise für Menschen in Armut, Not, Ungerechtigkeit und Unterdrückung ein. Bekannte kirchliche Hilfswerke der katholischen Kirche sind Missio, Misereor und Adveniat. Alle diese Organisationen haben eine eigene Homepage und bieten ausführliches Informationsmaterial zu ihren Tätigkeiten an.

Humanismus

Der Humanismus (von lat. *humanus* = menschlich, dem Menschen angemessen) war eine kulturelle und wissenschaftliche Bewegung des 14. bis 16. Jahrhunderts, in deren Mittelpunkt das Bemühen um ein dem Menschen angemessenes Leben stand. Humanisten waren Gelehrte, die sich zu diesem Zweck mit der griechischen und römischen Antike beschäftigten (→ Renaissance). Sie strebten eine Bildung an, deren Ziel die freie Entfaltung des Menschen war.

Identität

Identität meint das, was jemand »wirklich« ist, was eine Person unverwechselbar und einmalig macht. Die Identität einer Person setzt sich aus verschiedenen Aspekten zusammen: aus der Person, für die man sich selbst hält; aus derjenigen, die man gerne sein und werden möchte; aus derjenigen, für die einen andere halten, und aus der Person, wie andere Personen einen haben möchten.
Das Jugendalter (→ Entwicklungspsychologie) ist für die Ausbildung der Identität entscheidend. In diesem Lebensabschnitt probiert der junge Mensch vieles aus, um seine eigene Identität zu finden. In diesem Lebensabschnitt ist es wichtig, dass im Umfeld des Jugendlichen Menschen sind, die ihm Grenzen setzen, ihm Vorbild sind, ihn begleiten und in seinem Tun bestärken. Verläuft dieses Ausprobieren positiv, kann der Jugendliche Ich-Stärke ausbilden, d. h. er ist sich in seinem Handeln

Der Ausschnitt aus einem Fresko in der »Spanischen Kapelle« von S. Maria Novella in Florenz zeigt eine beeindruckende Darstellung der → Inquisition: Das um 1365 von Andrea da Firenze, genannt Bonaiuto, gemalte Fresko zeigt rechts den Gründer des Dominikaner-Ordens Dominikus, der den Häretikern predigt, in der Mitte Thomas von Aquin, der mit ihnen debattiert, und links Petrus Martyr, der den Hunden im unteren Bildrand befiehlt, die Wölfe in Stücke zu reißen. Die schwarzweiß gefleckten Hunde stehen für die *domini canes* (vgl. den Ordensnamen!) und die Wölfe für die Häretiker, die von der Inquisition verfolgt wurden.

sicher, kann seine Meinung auf angemessene Weise vertreten und ist sich seiner selbst bewusst.

Inquisition

Die Inquisition (deutsch: »gerichtliche Untersuchung«) bezeichnet eine Form mittelalterlichen Gerichts, die heute vor allem im Zusammenhang mit der Geschichte der christlichen Kirche in Erinnerung ist. Im Unterschied zu anderen Gerichtsformen des Mittelalters stand bei einem unter der Inquisition stattfindenden Prozess die *inquisitio* (lat.: Befragung, Untersuchung) im Vordergrund, und nicht die Anklage. Vor dem Inquisitionsgericht hatten Sachbeweise keine Gültigkeit. Das heißt, zum Beweis von Schuld oder Unschuld gab es nur die Möglichkeit der Aussage von Zeugen. Die Inquisition war somit zunächst eine moderne Einrichtung, die den Angeklagten wie den Zeugen auch befragte und anhörte, denn dies war im Mittelalter nicht selbstverständlich. Durch diese Verfahrensweise dauerten die Inquisitionsprozesse oft sehr lange und erforderten die Befragung von immer mehr Zeugen, wobei manchmal ganze Stadtbevölkerungen betroffen waren. Bald wurde die Inquisition missbraucht, um staatliche und kirchliche Ziele durchzusetzen, vor allem um Abweichler vom »wahren« Glauben, sogenannte Häretiker, zu bestrafen.

Islam

(arab. = Hingabe/Ergebung an den Willen Gottes)
Islam bezeichnet die von → Muhammad zwischen 610 und 632 n. Chr. in Mekka und Medina gestiftete monotheistische Weltreligion (→ Monotheismus). Die Anhänger des Islams bezeichnen sich selbst als Muslime. Muslim/Muslimin wird man, indem man das islamische Glaubenszeugnis »Ich bezeuge, es gibt keine Gottheit außer Gott und Muhammad ist der Gesandte Gottes« vor Zeugen ausspricht. Dies ist die erste der fünf Grundpflichten des Islam. Im Mittelpunkt des Islams steht das göttliche Wort, das Muhammad den Menschen überbracht hat und im → Koran festgehalten ist.
Da Muhammad seine Nachfolge nicht selbst geregelt hatte, gab es Streitigkeiten unter seinen Nachfolgern (→ Kalifen). Es entstanden verschiedene Glaubensrichtungen (siehe Grafik, S. 172). Die größte Gruppe bilden die *Sunniten*, die ihren Namen von der → Sunna ableiten. Sie anerkennen die ersten vier Kalifen Abu Bakr, Omar, Osman

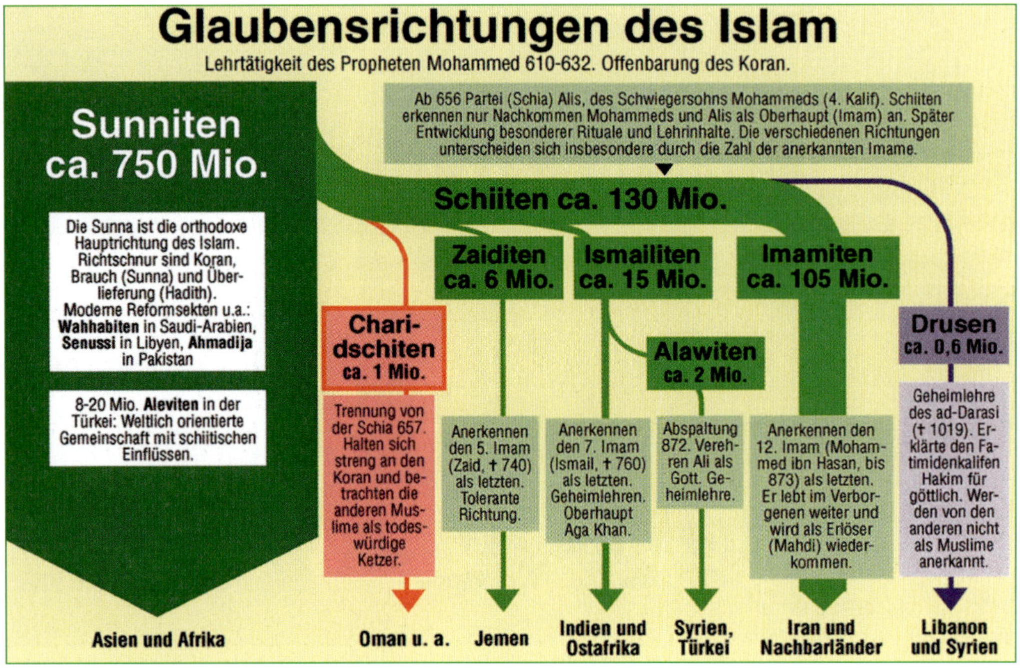

Glaubensrichtungen des → Islam (weltweit)

und Ali. Die zweitgrößte Gruppe, die → *Schiiten*, akzeptieren nur den vierten Kalif Ali, da er aus der Familie Muhammads stammte. In Deutschland gibt es viele → *Aleviten*, die aus dem schiitischen Islam hervorgegangen sind und die in wichtigen Punkten von der Glaubenspraxis der Sunniten und Schiiten abweichen.

Islamismus

= islamischer → Fundamentalismus

Jahreskreis, christlicher

Als christlicher Jahreskreis werden die religiösen Feste bezeichnet, die die Gläubigen im Verlauf eines Kirchenjahres feiern. Der christliche Jahreskreis beginnt mit der Adventszeit und endet mit dem Fest Christkönig. Die wichtigsten Feste im christlichen Jahreskreis sind Weihnachten, Ostern und Pfingsten.

Jesuiten

Eine der wichtigsten Kräfte der katholischen Kirche in der → Gegenreformation wurde der Jesuitenorden (*societas Jesu*: Gesellschaft Jesu, SJ). Gegründet hat ihn der spanische Adlige Ignatius von Loyola (1491-1556). Die Jesuiten übten als Erzieher und Beichtväter an Fürstenhöfen sowie durch die Einrichtung vieler Schulen und Hochschulen großen Einfluss aus. Das Volk gewannen sie durch Predigten und karitative Tätigkeiten. Sie erhielten vom Papst den Auftrag der weltweiten Mission. Weltweit unterhalten die Jesuiten heutzutage Hochschulen, Schulen und Internate, in denen sie insgesamt mehr als zwei Millionen jungen Menschen eine allgemeine Bildung vermitteln mit der Absicht, sie dabei zugleich auf ein Leben nach den Grundsätzen des (katholisch-) christlichen Menschenbildes vorzubereiten.

Kaaba (arab. = Würfel)

Die Kaaba ist das wichtigste Heiligtum des Islam in Mekka, das die Gebetsrichtung der Gläubigen vorgibt und Ziel der allen Muslimen vorgeschriebenen Pilgerreise ist. Die Kaaba ist ein im Mittelpunkt der großen Moschee in Mekka gelegenes würfelförmiges Gebäude (»Haus Gottes«) aus Stein von zwölf Metern Länge, zehn Metern Breite und fünfzehn Metern Höhe. An seiner Südostecke ist der heilige schwarze Stein, ein Meteorit, eingefügt. Die Kaaba ist mit einem schwarzen Tuch bedeckt.
Bereits in vorislamischer Zeit war die Kaaba ein Heiligtum, an dem viele Gottheiten verehrt wurden. Ihre Bildnisse ließ → Muhammad nach der Eroberung Mekkas entfernen. Nicht-Muslime dürfen sich der Kaaba nicht nähern.

Kalif (arab. = Nachfolger, Stellvertreter)

Seit → Muhammads Tod 632 ist »Kalif« der offizielle Titel seiner Nachfolger in der Herrschaft der muslimischen Gemeinschaft (→ Umma). Nach dem Tod Muhammads wurde Abu Bakr der erste der vier rechtgeleiteten Kalifen. Unter seinem Nachfolger Omar I. dehnte sich der → Islam rasch über Arabien, Syrien, Palästina bis nach Nordafrika aus. Nach der Ermordung des dritten Kalifen, Othman (656), der aus der Dynastie der Omaijaden stammte, zerbrach die Einheit: Die Spaltung in → Sunniten und → Schiiten besteht bis heute. Auf die bedeutende Kalifendynastie der Omaijaden (661-749), deren Zentrum Damaskus war, folgten die der Abbasiden (749-1258) mit dem Herrschaftssitz in Bagdad.

Kalligrafie/kalligrafisch

(griech. *kalos* = schön; *graphein* = schreiben)

Unter Kalligrafie versteht man die Kunst des Schönschreibens. Da die Muslime Gott in seiner absoluten Einzigartigkeit und als »Bildner« allen Lebens respektieren, vermeiden die islamischen Künstler bildliche Darstellungen und bevorzugen abstrakte Formen und ornamentale Stilisierungen (Arabesken). Außerdem werden das Wort »Allah«, das islamische Glaubenszeugnis, Verse aus dem Koran oder der Name → Muhammads in künstlerisch ausgeprägter Form geschrieben.

Die → Kaaba in Mekka ist das wichtigste Heiligtum des Islam.

Karl V.

Kaiser Karl V. (1500-1558) aus der Dynastie der Habsburger verfügte über eine enorme Machtfülle. Neben der römisch-deutschen Kaiserwürde gebot er noch über Spanien, Österreich, die Niederlande, Böhmen, Süditalien, Sizilien, Teile Norditaliens sowie die überseeischen Besitzungen in dem neu entdeckten Kontinent Amerika. Die deutschen Fürsten befürchteten deswegen ihre eigene Entmachtung und waren – ebenso wie der katholische französische König und sogar der Papst selbst, der sich in Mittelitalien eingeklammert sah – an einer Schwächung Karls interessiert. In religiösen Belangen verstand sich Karl als Bewahrer der alten katholischen Traditionen sowie eines einheitlichen christlich-römischen Abendlandes.

Kaiser → Karl V. als Kriegsherr in einem Gemälde von Tizian, 1548

Martin Luther → King

Katholische Reform

→ Gegenreformation

King, Martin Luther (1929-1968)

Der amerikanische Pastor und Bürgerrechtler kämpfte mit zahlreichen Demonstrationen und Reden gegen die Rassendiskriminierung in den amerikanischen Südstaaten der sechziger Jahre, aufgrund derer Schwarze und Weiße in öffentlichen Gebäuden, Verkehrsmitteln, Gaststätten, Theatern und selbst auf Toiletten getrennt waren. Bei seinem Einsatz gegen Rassismus und für soziale Gerechtigkeit predigte er in Anlehnung an sein großes Vorbild Mahatma Gandhi (1869-1948) den gewaltlosen und friedlichen Widerstand, der bald schon einzelne Erfolge zeitigte (z. B. wurde 1956 in den Bussen der Stadt Montgomery die Rassentrennung aufgehoben).
In seiner wohl berühmtesten Rede »*I have a dream*« (gehalten am 28. August 1963 in Washington D.C.) plädierte er für Arbeitsplätze, Freiheit und Gleichheit für die Afroamerikaner und machte so auf die Missstände in der amerikanischen Gesellschaft aufmerksam. Im Jahr 1964 erhielt er den Friedensnobelpreis verliehen. King wurde am 4. April 1968 in Memphis/Tennessee ermordet.

Kommunikation

Mit »Kommunikation« werden all die Vorgänge bezeichnet, die zwischen Menschen eine Beziehung herstellen und auf Verständigung abzielen. Dabei unterscheidet man die verbale Kommunikation, bei der Menschen einander durch Worte Botschaften mitteilen, und die nonverbale Kommunikation, bei der durch Gesten und durch Mimik sowie durch die Körperhaltung bestimmte Botschaften gesandt werden.
Eine Kommunikation ist erfolgreich, wenn die an ihr beteiligten Personen ihr Ziel erreichen und die Kommunikation die beabsichtigte Wirkung hat. Werden die Ziele nicht erreicht und hat eine Kommunikation nicht die gewünschte Wirkung, so spricht man von gestörter Kommunikation.

Konfessionen (lat. *confessio* = Bindung, Bekenntnis)

Der lateinische Begriff *confessio* bezeichnete ursprünglich das Bekenntnis im Sinne des Glaubensbekenntnisses Einzelner oder einer Gemeinschaft. Die ersten Christen formulierten Glaubensbekenntnisse,

die sie miteinander verbanden und von anderen Religionen unterschieden. Im Zuge der → Reformation wurde eine klare Abgrenzung zwischen den verschiedenen christlichen Glaubensrichtungen nötig. Katholiken bekennen ihre Zugehörigkeit zur römisch-katholischen Kirche und ihrem Glauben. Auch die Reformatoren arbeiteten Bekenntnisse aus, in denen sie ihre neue Lehre darlegten. Berühmt ist die *Confessio Augustana*, die für den Augsburger Reichstag im Jahre 1530 geschrieben wurde.
Konfession meint ein Bekenntnis und bezeichnet damit sowohl die Zugehörigkeit zu einer Gruppe als auch Abgrenzung zu einer anderen. Die katholische Kirche versteht sich jedoch nicht als eine Konfession neben anderen, sondern als die wirkliche, von Christus gewollte Kirche im Vollsinn des Wortes.

Konzil

(lat. *concilium*: Zusammenkunft)
Ein Konzil ist eine Versammlung hoher kirchlicher Würdenträger (vor allem Kardinäle und Bischöfe, zusammen mit dem Papst oder seinem Gesandten); es berät und entscheidet über wichtige Angelegenheiten des Glaubens und der Kirche. Ein Konzil betrifft die Gesamtkirche; Kirchenversammlungen für eine bestimmte Frage oder ein begrenztes Gebiet heißen Synoden (griech. *synodos* = Zusammenkunft).

Koran

(arab. = Lesung, Vortrag)
Der Koran ist die Heilige Schrift des → Islams, die nach muslimischem Glauben dem Propheten → Muhammad in arabischer Sprache geoffenbart wurde. Für den gläubigen Muslim ist der Koran das unverfälschte Wort Gottes, das der Engel Gabriel dem Propheten Muhammad wörtlich eingegeben hat. Deshalb besitzt der Koran absolute Autorität und ist aufgrund seines göttlichen Ursprungs unfehlbar und unüberbietbar. Der Koran besteht aus 114 Suren (Kapiteln), die der Länge nach geordnet sind. Jede Sure trägt eine Überschrift mit einem Schlüsselwort oder einem Thema, wie z. B. Sure 1 *Fatiha* (»Die Öffnende«).
Der Koran enthält neben Glaubensaussagen auch genaue Anweisungen für das alltägliche Leben und für die Ausübung der religiösen Pflichten. Man findet auch Erzählungen über die biblischen Gestalten, wie z. B. Adam, Noah, Abraham, Mose, Maria und Jesus Christus. Jesus (arab. *Isa*) wird im Koran als »Prophet« und »Gesandter Gottes« bezeichnet, seine Gottessohnschaft wird jedoch verneint (Sure 4,171). Jesus ist nach Sicht des Korans vor allem der Verkünder des Evangeliums und steht in einer Reihe mit Mose und Muhammad, die jeweils eine Offenbarungsschrift von Gott erhalten

Eröffnung des Zweiten Vatikanischen → Konzils am 11. November 1962 im Petersdom in Rom

Als Zeichen besonderer Wertschätzung wird der → Koran nie einfach auf den Boden gelegt, sondern auf einen Koranständer.

Lucas Cranach, Martin → Luther als Mönch, 1520

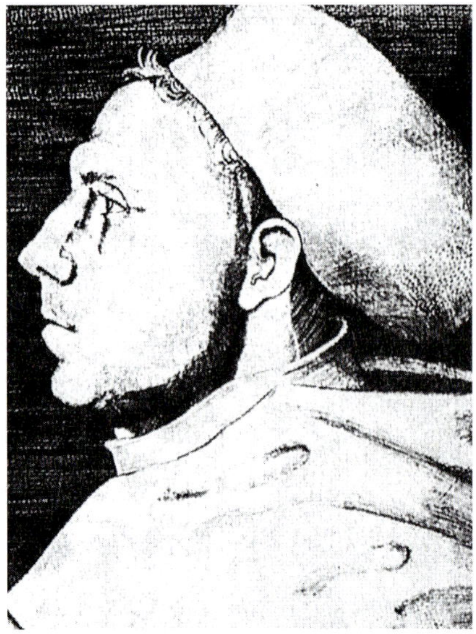

Lucas Cranach, Martin → Luther mit Doktorhut, 1521

haben. Juden und Christen werden im Koran deshalb als »Leute der Schrift« (Sure 2,105.145f.; 5,15.19) bezeichnet und unterstehen einem besonderen Schutz.

Liturgie (griech. *leiturgía* = öffentlicher Dienst)
Liturgie bezeichnet die Vielfalt der gottesdienstlichen Handlungen und Elemente in ihrer bestimmten Abfolge als Feier des Glaubens. So wurden in der frühen Kirche auch die Aufgaben aller Beteiligten im Gottesdienst beschrieben. Sie bildet einen der vier Grundvollzüge der Kirche. Liturgie hat immer zwei Dimensionen: Einerseits ist es die versammelte Gemeinde, die in der liturgischen Feier Gott dient, andererseits ist es Gott selbst, der in der Feier des Glaubens seinem Volk dient. Heute versteht man meist den festen Ablauf des Gottesdienstes als Liturgie.

Lucas Cranach, Martin → Luther als Junker Jörg, 1521

Lucas Cranach, Martin → Luther kurz vor seinem Tod

Luther, Martin (1483-1546)
Martin Luther gab den Anstoß zur → Reformation. Er kam in der kleinen Stadt Eisleben in Thüringen am 10. November 1483 zur Welt. Zeit seines Lebens beschäftigte ihn die Frage, wie er vor einem mächtigen Herrschergott leben und wie er ihn gnädig stimmen könnte. Seine Antwort aus der Bibel, die er in seinen berühmten 95 Thesen und vielen anderen Schriften verbreitete, sowie seine Kritik am → Ablass und der verweltlichten Kirche seiner Zeit galt bei vielen weltlichen und kirchlichen Herren als gefährlich. So verhängte Kaiser Karl V. 1521 nach verschiedenen Verhören die »Reichsacht« über Luther: Ihm wurden alle Rechte entzogen, er sollte von allen Menschen verachtet werden und es war verboten, ihm zu helfen. Doch sein Landesherr Friedrich der Weise widersetzte sich diesen Vorschriften und brachte Luther auf die Wartburg bei Eisenach, um ihn zu schützen. Dort lebte er zehn Monate unerkannt als »Junker Jörg« und übersetzte das Neue Testament aus der griechischen in die deutsche Sprache. Von den einen angefeindet, von anderen bewundert, predigte, lehrte und schrieb Luther, bis er 1546 in Eisleben starb.

Metapher (griech. *metaphora* = Übertragung)
Eine Metapher ist eine rhetorische Figur, bei der ein Wort nicht in seiner wörtlichen, sondern in einer übertragenen Bedeutung gebraucht wird, und zwar so, dass zwischen der wörtlich bezeichneten Sache und der übertragen gemeinten eine Beziehung der Ähnlichkeit besteht. Zum Beispiel spricht man von einem »Ohrwurm« und meint damit eine sehr populäre Musik oder Melodie. Früher hat man jedoch ein Insekt vermutet, das sich im menschlichen Ohr einnistet.
Eine Metapher ähnelt in ihrer sprachlichen Eigenart dem Vergleich (ein Lied, das wie ein Wurm im Ohr hängt). Sie gehört in den Wortbereich des bildhaften Sprachgebrauchs und veranschaulicht somit den gemeinten Sinn auf besonders eindrückliche oder auch sinnliche Weise. Allerdings können beim Verstehen von Metaphern schnell Missverständnisse auftreten, wenn nur die wörtliche Bedeutung gesehen wird.

Mittelalter

»Mittelalter« ist eine in der → Renaissance von den Humanisten (→ Humanismus) geprägte Bezeichnung für ein Zeitalter der europäischen Geschichte, das von etwa 500-1500 n. Chr. dauerte. Diese Zeit war geprägt von einem tiefen Glauben der Menschen an den christlichen Gott, der als die einzig verlässliche Größe in der Triade Gott-Mensch-Welt galt. Die mittelalterliche Gesellschaft war in drei Stände gegliedert: den *Klerus* (die Betenden), den *Adel* (die Schützenden bzw. Kämpfenden) und die *Arbeitenden* (Leibeigene, Bauern und Handwerker).
Das Mittelalter wird oft als »finster« gegenüber der sich dann anschließenden »Neuzeit« dargestellt, in der der Mensch sich selbst erkennt und die Welt erobert (→ Renaissance, → Humanismus). Doch auch im Mittelalter gab es bereits eine blühende Kultur, scharfsinnige Gelehrte wie der Theologe Thomas von Aquin (um 1225-1274), großar-

Die »Thronende Madonna mit Kind und Engeln«, die der italienische Maler Duccio di Buoninsegna 1285 geschaffen hat, ist ein typisches Beispiel für die Malerei des → Mittelalters (vgl. im Kontrast dazu die Krippendarstellung des Renaissance-Malers Gerrit van Honthorst S. 103).

tige Baumeister und Kunsthandwerker, die bis heute unübertroffen sind, und beachtliche Fortschritte in Landwirtschaft, Rohstoffgewinnung, Handwerk und Handel. All diese Errungenschaften des Mittelalters waren Voraussetzung für die spätere, nicht immer unproblematische Vorherrschaft der Europäer in der Neuzeit.

Monotheismus

(griech. *monos* = allein; *theos* = Gott)
Im Gegensatz zum → Polytheismus bezeichnet Monotheismus das Bekenntnis und die Verehrung nur eines einzigen Gottes, der als Schöpfer und Erhalter der Welt gilt. Monotheistische Religionen heute sind Judentum, Christentum und Islam.

Moschee

(arab. *masjid* = Ort des Sich-Niederwerfens)
Die Moschee ist ein Gebets- und Versammlungsort, an dem sich Muslime insbesondere zum Freitagsgebet oder an Festtagen treffen. In arabischen Ländern ruft der Muezzin fünf Mal am Tag vom Moscheeturm, dem *Minarett*, zum Gebet. Die Gläubigen vollziehen vor dem Gebet die rituellen Waschungen und ziehen vor dem Betreten der Moschee die Schuhe aus. Sie beten mit dem Gesicht in Richtung Mekka. Die Richtung wird durch die *Mihrab* (Gebetsnische) angezeigt. Der *Imam*, der Vorbeter, leitet das Gebet. Beim Mittagsgebet am Freitag wird von der *Minbar* (Kanzel) aus gepredigt. Wegen des Bilderverbots beschränkt sich der Raumschmuck auf → Kalligrafien und Ornamente.
Neben den eigens ausgewiesenen Gebetsräumen (Frauen und Männer beten meistens getrennt) gehören zu einer Moschee häufig auch Versammlungsräume, in denen u. a. den Kindern und Jugendlichen Koranunterricht erteilt wird, sowie eine Teestube und ein Lebensmittelgeschäft.

Muhammad (570-632)

In Mekka als Abu l-Kasim geboren, verlor Muhammad schon früh seine Eltern. Er wuchs bei seinem Onkel auf und heiratete um 595 die reiche Kaufmannswitwe Khadidja. Bei Handelsreisen, die ihn bis nach Syrien führten, kam er mit Vertretern der christlichen und jüdischen Religion in Kontakt. Ab dem Jahr 610 n. Chr. zog sich der erfolgreiche Kaufmann häufig zum Beten in die Wüste zurück. Der Überlieferung zufolge wurden ihm zum ersten Mal die Worte des einzigen Gottes am Berg Hira offenbart. Als Prophet rief er fortan zur Abkehr vom → Polytheismus, zur Umkehr im Glauben wie im Handeln auf. Seine zunächst nur kleine Anhängerschaft war den Anfeindungen der einflussreichen Stämme ausgesetzt, sodass sich Muhammad 622 zur Auswanderung nach Medina (*Hidschra*) entschloss. Die Hidschra markiert den Beginn der islamischen Zeitrechnung. In Medina gründete Muhammad als religiöser und politischer Führer die erste Gemeinschaft der Muslime (→ Umma). Nach mehreren kriegerischen Auseinandersetzungen eroberte er im Jahr 630 seine Heimatstadt Mekka, entfernte die Götzenbilder aus der → Kaaba und machte Mekka zum Zentrum des → Islam. Im Jahr 632 n. Chr. starb er nach kurzer Krankheit in seiner Wahlheimat Medina. Sein Grab in der Großen Moschee von Medina ist nach Mekka die wichtigste Wallfahrtsstätte der Muslime.

Mystik/mystisch (griech. *mystikos* = geheimnisvoll)

Mystik ist eine in vielen Religionen und Kulten bekannte Art der Frömmigkeit, bei der Menschen versuchen, durch die innere Versenkung und Meditation eine Begegnung mit dem Göttlichen herbeizuführen (→ Sufismus). Dadurch wollen sie dem »Geheimnis des Glaubens« näherkommen. Im Christentum gilt bereits Paulus als der erste Mystiker, da in seinen Briefen diese Form der Frömmigkeit erkennbar ist. Einen Höhepunkt erlebt die christliche Mystik im → Mittelalter vor allem in der Abgeschiedenheit der Klöster. Zu den wichtigsten Vertretern der Mystik gehören: die Äbtissin Hildegard von Bingen (1098-1179), der Gründer des Franziskanerordens Franziskus von Assisi (1181-1226), der Dominikaner Meister Eckart (um 1260-1328) und die Karmelitin Teresa von Ávila (1515-1582).

Ökumene (griech. *oikoumene* = die bewohnte Erde/Erdkreis)

»Ökumene« bezeichnete ursprünglich den gesamten bewohnten Erdkreis. Das Neue Testament sieht in dem Ausdruck einmal die bewohnte Welt (Lk 2,1) und dann auch die bewohnte Welt als den Adressaten der christlichen Botschaft (Mt 24,14). Insbesondere aber ist die »Ökumene« der Ort des Engagements der Menschen, die

Das → Ökumene-Logo enthält eine Vielzahl von Symbolen.

Jesus nachfolgen. Dort sollen sie zuerst nach dem »Reich Gottes und seiner Gerechtigkeit« trachten und dorthin sollen sie den Frieden Jesu bringen, der nicht jener der herrschenden Weltordnung ist, wo die Herrscher ihre Völker unterdrücken und das »Befriedung« nennen. In der Alten Kirche wird als ökumenisch das bezeichnet, was die Kirche in ihrer weltweiten Dimension betrifft und für alle Christen verbindlich Gültigkeit beansprucht. In diesem Sinn ist der Begriff »Ökumenisches → Konzil« zu verstehen. Seit dem 20. Jahrhundert bezeichnet Ökumene den Dialog und die Zusammenarbeit zwischen den verschiedenen → Konfessionen mit dem Bestreben um eine Annäherung und mögliche Einheit. Im Ökumenischen Rat der Kirchen sind nahezu alle christlichen Kirchen und kirchlichen Gemeinschaften vertreten (www.oikoumene.org).

Benedikt von Nursia (um 480-547) war der Gründer des ersten abendländischen → Ordens. Fresko im Kloster von Subiaco, Umbrien, ca. 550

Orden (lat. *ordo* = Regel, Stand)

Orden sind religiöse Gemeinschaften, deren Mitglieder die drei Gelübde des Gehorsams, der Armut und der Enthaltsamkeit ablegen und unter einem Oberen (Abt, Prior) nach einer gemeinsamen Lebensordnung leben. Es gibt Frauen- und Männerorden, Laien- und Priesterorden. Die erste abendländische Ordensgemeinschaft waren die Benediktiner. Im 11., 12. und 13. Jahrhundert gründeten sich Reformorden wie die Kartäuser, Zisterzienser und Kamaldulenser, die auch als Wanderprediger unterwegs waren, und die Bettelorden wie die Franziskaner, Dominikaner und Karmeliter, die ein konsequent enthaltsames Leben führen wollten. Im Zusammenhang mit den Kreuzzügen entstanden die Ritterorden (z. B. Templerorden, Deutscher Orden, Johanniter), die später zum Teil wichtige soziale und karitative Aufgaben übernahmen (vgl. noch heute z. B. die »Johanniter Unfallhilfe«). In der Neuzeit kamen weitere Orden und Kongregationen hinzu (z. B. Jesuiten, Englische Fräulein, Redemptoristen, Salesianer).

Osterliturgie

In der Osternacht, der Nacht von Karsamstag auf Ostersonntag, wird das Osterfeuer gesegnet und die Osterkerze entzündet. Anschließend zieht die Gemeinde mit der Osterkerze in die Kirche ein. In der Kirche findet ein Wortgottesdienst statt. Anschließend werden, sofern Täuflinge da sind, Taufen vorgenommen und das Taufversprechen erneuert. Den Abschluss bildet eine Eucharistiefeier.

Ostern

(althochdeutsch *ostar* = östlich, d. h. in Richtung der aufgehenden Sonne)
Ostern ist das älteste und wichtigste Fest der christlichen Kirchen. Die Gläubigen erinnern sich bei diesem Fest an den Tod und die Auferste-

Päpste der jüngsten Vergangenheit und Gegenwart (v. l. n. r.): Johannes XXIII., Paul VI., Benedikt XVI., Franziskus

hung Jesu Christi. Ostern wird seit dem 4. Jahrhundert n. Chr. am ersten Sonntag nach dem ersten Vollmond nach Frühlingsbeginn gefeiert.

Papsttum – Selbstverständnis des Papstamtes

Petrus ist als erster zum Apostel berufen worden und war Sprecher der Jünger Jesu. Das »Petrusamt« bildet das Fundament des Papstamtes. Dieses versteht sich (eingebettet in die Kollegialität der Bischöfe) mit der Vollmacht im Namen Christi ausgestattet zur Leitung der Kirche im Dienst an der Einheit. Der Papst, der Bischof von Rom und Nachfolger des heiligen Petrus, ist das sichtbare Prinzip für die Einheit der Vielfalt sowohl von Bischöfen als auch von Gläubigen. Bei der Ausübung des Amtes soll dem Papst Christus, der wahre Hirt, als Vorbild dienen.
Der römische Bischof, das Haupt des Kollegiums der Bischöfe, erfreut sich kraft seines Amtes der Unfehlbarkeit, wenn er als oberster Hirt und Lehrer aller Christen seine Brüder im Glauben stärkt und eine Lehre über den Glauben oder die Sitten ausdrücklich als unfehlbar verkündet. Der Papst hat als Stellvertreter Christi und als Hirte der ganzen Kirche die höchste und allgemeine Vollmacht über die Kirche, die er immer frei ausüben kann.

Passion

Als Passion wird der Leidensweg Jesu bezeichnet, von der durchwachten Nacht am Ölberg, über seine Festnahme durch die Römer, die Verhöre, Misshandlungen, bis hin zu seiner Verurteilung und zu seinem Tod am Kreuz.
In der Woche vor Ostern, der sogenannten *Karwoche*, wird in den Gottesdiensten der katholischen und der evangelischen Kirche die Leidensgeschichte Jesu, die in den vier Evangelien erzählt wird, vorgelesen oder vorgesungen. Die Karwoche beginnt mit dem Sonntag vor Ostern, dem *Palmsonntag*, an dem die Texte vorgelesen werden, die von Jesu Einzug in Jerusalem erzählen. Am *Gründonnerstag* erinnern sich die Gläubigen an das letzte Abendmahl, das Jesus mit seinen Jüngern nach seinem Einzug in Jerusalem gefeiert hat. Am *Karfreitag* (althochdeutsch *chara* = Wehklage, Trauer) werden die Texte gelesen, die von Jesu Geißelung und von seinem Kreuzestod handeln. Der *Karsamstag* mündet in die Feier der *Osternacht*, einem Festgottesdienst, der ganz im Zeichen der Auferstehung Jesu von den Toten steht und in dem feierlich die Osterkerze, Symbol des Lebens, entzündet wird. Bedeutsam ist, dass auf die Passion und den Tod Jesu die Auferstehung

folgt, der Glaube, dass der Tod nicht das Ende ist, sondern der christliche Gott ein Gott des Lebens ist und ewiges Leben schenkt.

Pfingsten

(griech. *pentekosté* = fünfzigster [Tag nach Ostern])
Mit dem Pfingstfest endet in den christlichen Kirchen die fünfzigtägige Osterzeit. Das Pfingstfest geht auf eine Erzählung aus der Apostelgeschichte (Apg 2,1-13.37-42) zurück, wonach die Jünger vom Heiligen Geist erfüllt wurden und in verschiedenen Sprachen zu sprechen begannen. Dieser Tag wird an Pfingsten als Gründungstag der Kirche gefeiert.
Als christliches Fest wird Pfingsten um 130 n. Chr. erstmals erwähnt; im 4. Jahrhundert n. Chr. wurde Pfingsten neben → Ostern zu einem bevorzugten Tauftermin.

Polytheismus

(griech. *poly* = viel; *theos* = Gott)
Im Gegensatz zum → Monotheismus bezeichnet Polytheismus den Glauben an eine Vielzahl männlich oder weiblich gedachter Gottheiten. Die oft als Personen vorgestellten Götter stehen häufig in verwandtschaftlichen Beziehungen. An der Spitze des *Pantheon* (= Gesamtheit der Götter) steht oft ein Elternpaar oder die Schöpfungsgottheiten. Der Hinduismus zählt beispielsweise zu den polytheistischen Religionen.

Präambel

Von einer Präambel spricht man, wenn ein Dokument oder eine Urkunde feierlich eingeleitet wird. Die Zehn Gebote, die im Alten Testament in den Büchern Exodus und Deuteronomium zu finden sind, werden von einer solchen Präambel eingeleitet: »Ich bin Jahwe, dein Gott, der dich aus Ägypten geführt hat, aus dem Sklavenhaus.« Mit dieser Präambel wird das Volk Israel an die Befreiungserfahrung erinnert. Ihr Gott Jahwe befreit sie aus der Sklaverei und Gefangenschaft in Ägypten, er eröffnet ihnen neue Lebensmöglichkeiten. Um diese Lebensmöglichkeiten zu erhalten, werden anschließend Gebote formuliert, die das Zusammenleben gelingen lassen. Die Zehn Gebote sind also als Wegweisungen zu sehen, die Freiheit erst ermöglichen.

Protestanten

Als Protestanten werden alle Christen bezeichnet, die nicht zur römisch-katholischen Kirche oder zur orthodoxen Ostkirche gehören. Nach einem Reichstagsbeschluss von 1529 sollten alle kirchlichen Reformen verboten werden und die Anhänger → Luthers der Reichsacht verfallen. Dagegen protestierten die reformierten Fürsten und Städte aus Gewissensgründen. Von dieser »Protestation« leitet sich der Begriff her. Die von Luther gebrauchte Bezeichnung »evangelisch« setzte sich nur langsam durch.
Im Verlauf der → Reformation traten weitere → Reformatoren auf. So nennt man etwa die Anhänger Calvins und Zwinglis (spätestens ab 1648 in Abgrenzung zu den »Lutheranern«) »Reformierte«.

Pubertät

Pubertät nennt man die Entwicklungsphase zwischen Kindheit und Erwachsenenalter. In Westeuropa beginnt die Pubertät bei Mädchen etwa im Alter von elf bis zwölf Jahren mit der ersten Menstruation und endet etwa im Alter von 15 bis 16 Jahren. Bei Jungen beginnt die Pubertät etwa im Alter von zwölf Jahren mit dem ersten Samenerguss und endet etwa im Alter von 16 bis 17 Jahren. In der Pubertät verändert sich der Körper von Jungen und Mädchen. Neben der körperlichen Entwicklung ist aber auch die geistige und seelische Entwicklung bedeutsam. In dieser Zeit entwickelt sich die selbstständige Individualität (→ Identität).

Ramadan

Der 9. Monat im islamischen Jahr, in dem Muslime gemäß einer der religiösen Grundpflichten zwischen Sonnenaufgang und Sonnenuntergang fasten sollen, heißt Ramadan. Da der islamische Kalender auf dem Mondjahr beruht, das 11 Tage kürzer ist als das Sonnenjahr (Grundlage des christlichen Kalenders), wandert der Monat Ramadan durch unser gebräuchliches Kalenderjahr. Der aktuelle Zeitpunkt des Fastenmonats kann in interreligiösen Kalendern oder im Internet recherchiert werden.
Im Ramadan ist Muslimen jeglicher Genuss wie Essen, Trinken, Rauchen und Geschlechtsverkehr verboten. Nach Sonnenuntergang treffen sich Familien und Nachbarn zum gemeinsamen Essen. Wie kaum in einer anderen Zeit des Jahres fühlen sich die Muslime im Ramadan als große Gemeinschaft. Das Fasten im Monat Ramadan gehört zu den fünf Grundpflichten, die jeder Muslim erfüllen soll. Kranke, Reisende und Schwangere sind vom Fasten ausgenommen. Als besonders heilig gilt die Nacht des 27. Ramadan, die »Nacht der Bestimmung«, in der → Muhammad die erste → Koran-Offenbarung erhalten haben soll.
Der letzte Tag des Ramadan wird mit einem Fest gefeiert, dem Fest des Fastenbrechens.

Rechtfertigung

Rechtfertigung meint einen Aspekt der Beziehung zwischen Gott und Mensch. Es geht dabei nicht um das, was der Mensch tut oder tun muss, sondern um das, was Gott getan hat. Die biblische Botschaft von der Rechtfertigung fordert die Menschen auf, sich mit den Augen Gottes zu sehen: Ein Mensch ist mehr als die Summe seiner Taten oder Untaten. Seine Würde ist ihm von Gott gegeben. Sie muss nicht erst hergestellt oder gar verdient werden. Die »Frohe Botschaft« der Bibel besagt, dass der Mensch den Sinn seines Lebens nicht selbst herstellen, sondern nur dankbar von Gott empfangen kann. Allein dadurch, dass er auf Jesus Christus vertraut, ist er vor Gott gerecht – ohne seine eigene Leistung.

Reformation (lat. = Erneuerung, Wiederherstellung)

Mit Reformation wird heute jene religiöse Bewegung des 16. Jahrhunderts bezeichnet, die die Einheit der westlichen Kirche (die Ostkirche hatte sich bereits 1054 abgetrennt) zerbrechen ließ und sich wesentlich mit Martin → Luther verbindet. Dieser wollte jedoch keineswegs eine neue Kirche gründen. Den letzten Anstoß zur Reformation gab der Ablasshandel (→ Ablass), mit dessen Einnahmen der Petersdom in Rom erneuert werden sollte. Martin Luther sah darin einen Missbrauch und rief zur Rückbesinnung auf die biblischen Grundlagen des Evangeliums auf – d. h. allein auf Christus und damit allein auf den Glauben, allein auf die Gnade und allein auf die Schrift. Er fand damit in ganz Europa Gehör. Luthers Übersetzungen des Neuen Testamentes (1522) und der ganzen Bibel (1534) hatten nicht nur unmittelbar religiöse Auswirkungen. Indem er für seine Übersetzung »dem Volk aufs Maul« schaute und die gehörten Wendungen mit seinen bildhaften Formulierungen verband, entstand ein guter Teil der heutigen, alle Deutschen verbindenden Hochsprache. Die von Luther wiederentdeckte Botschaft von der → Rechtfertigung des Glaubenden »allein aus Gnade« bedeutete eine Befreiung des mittelalterlichen Menschen von manchem nicht heilsnotwendigen und zum Teil politisch bedingten kirchlichen Zwang. Die Leistungsreligion des → Mittelalters war damit abgelöst.

Reformatoren

Bedeutende Reformatoren waren auch der Konstanzer Ambrosius Blarer (1492-1564), der Badener Philipp Melanchthon (1497-1560), der Züricher Huldrych Zwingli (1484-1531) und der Franzose Johannes Calvin (1509-1564). Gerade diese beiden zuletzt Genannten sahen im Abendmahl Jesus Christus nur noch zeichenhaft gegenwärtig, nicht mehr real (wie die Katholiken, aber auch noch Luther) – deren Anhänger wurden denn auch im Unterschied zu den »Lutheranern« (→ Protestanten) »Reformierte« genannt.

Reich Gottes

Jesus selber hat gegenüber seinen Mitmenschen häufig vom Reich Gottes gesprochen und dadurch an die alttestamentarische Tradition angeknüpft. Damit hat er ein Hoffnungsbild von einer neuen Welt Gottes entfaltet, die nach der Botschaft des Neuen Testaments mit ihm selbst angebrochen ist. In Jesu → Gleichnissen, seinen → Wundern und auch den Maßstäben der → Bergpredigt bekommt diese etwas abgehobene Formulierung konkretere Züge. Jesus kündigt den Menschen dieses Reich als Geschenk Gottes an, fordert sie aber zugleich auf, in ihrer Lebenshaltung die Annahme der neuen Gegenwart Gottes vorzubereiten.

Renaissance (frz. = Wiedergeburt)

Im 15. Jahrhundert wandten sich viele Menschen in den norditalienischen Städten der griechisch-römischen Vergangenheit zu. Dort suchten sie Vorbilder für ihr Leben und trennten sich von der religiösen Bevormundung durch die Kirche des Mittelalters. Der einzelne Mensch rückte in den Mittelpunkt des Interesses; er sollte seine Fähigkeiten entfalten und durch eigenständiges Denken und Beobachten die Natur erkennen. Maler, Bildhauer, Dichter, Philosophen, Wissenschaftler und Forscher verbreiteten diese neuen Gedanken in Europa. Unterstützung fanden sie bei Fürsten und auch bei Päpsten.
Die Wende von der Orientierung an Gott hin zur Orientierung am Menschen ist auch in der bildenden Kunst nachzuvollziehen, vgl. die Bilder von Duccio di Buoninsegna (um 1255 bis 1319), S. 177, und Gerrit van Honthorst (1590-1656), S. 103.

Scharia (arab. = der Weg, der zur Oase führt)

Scharia bezeichnet das religiöse Gesetz im Islam, das den Menschen den richtigen Weg weisen soll. Die Scharia beinhaltet neben religiösen Anordnungen auch Anweisungen für das Zusammenleben, Regeln für die Hygiene und politische Regeln. In manchen islamischen Staaten (z. B. in Saudi-Arabien) ist die Scharia die Grundlage der staatlichen Rechtssprechung (→ Wahabismus, → Islamismus). Manche Strafen, die die Scharia vorsieht, z. B. das Handabhacken nach Diebstahl oder die Steinigung nach Ehebruch, geraten immer wieder in die internationale Kritik. In der Mehrzahl der islamischen Staaten gilt das islamische Recht heute noch auf dem Gebiet des Familien- und Erbrechts, in der Türkei ist es seit 1926 gänzlich abgeschafft. Die Wiedereinführung der Scharia gehört zu den Hauptforderungen des islamistischen → Fundamentalismus.

→ **Renaissance-Innenhof des Alten Schlosses in Stuttgart**

Schiiten (arab. *si'at Ali* = Partei Alis)

Die Schiiten bilden neben den zahlenmäßig überlegenen Sunniten die zweitgrößte Hauptrichtungen des Islam mit ca. 200 Millionen Anhängern. Sie führen sich auf Ali, den Sohn des Onkels Muhammads, Abu Talib, zurück. In ihm (und seinen Nachkommen) sehen sie die einzig legitimen Nachfolger des Propheten. Die Schiiten halten bis heute am Grundsatz der direkten Abstammung von Muhammad als Bedingung der Übernahme des Amtes des → Khalifen fest. Wichtiger für sie ist jedoch die religiöse Führungsrolle des Gesamtleiters der Gemeinde, des Imams. Dieser ist nach schiitischer Auffassung sündlos und unfehlbar. Aufgrund der Ermordung Alis (661 n. Chr.) und seiner Söhne spielt das Leiden eine große Rolle. Beim Aschurafest wird jedes Jahr in Kerbala (Irak) durch Passionsspiele und Geißelungen dieser Ereignisse gedacht.

Sozialisation

Sozialisation ist ein Vorgang, bei dem ein Mensch in die Gesellschaft oder in eine Gemeinschaft hineinwächst und bestimmte Verhaltensmuster kennen und akzeptieren lernt. So lernt z. B. ein Kind in der Familie, wie es sich in bestimmten Situationen zu verhalten hat, wie man sich unterhält, welche Dinge wichtig sind usw.
Von »religiöser Sozialisation« spricht man, wenn ein Kind von klein auf mit dem Glauben vertraut ist, bestimmte Inhalte lernt und religiöse Feste usw. mitfeiert.

Spiritualität/spirituell

(lat. *spiritus* = Geist, Hauch)
Spiritualität bedeutet im weitesten Sinne Geistigkeit und kann eine Haltung meinen, die im engeren Sinn auf Geistliches in spezifisch religiösem Sinn ausgerichtete ist.
Demnach ist Spiritualität eine vom Glauben getragene geistige Orientierung und Lebensform. Wesentlich ist das Motiv des Weges, der suchende Menschen in das Auflösen von Dualität in Einheit und in das Auflösen von Wissen im Sein führt.
Die Bedeutungsinhalte der Spiritualität sind vom weltanschaulich-religiösen Kontext abhängig; sie beziehen sich auf eine immaterielle, nicht sinnlich fassbare Wirklichkeit (Gott, Wesenheiten, Kräfte), welche dennoch erfahr- oder erahnbar ist (Erwachen, Einsicht, Erkennen).
Die Spiritualität ist den Begriffen der Frömmigkeit und Religiosität verwandt, auch sie will die intensive religiöse Verarbeitung der ganzen Wirklichkeit wiedergeben. Als spirituell werden heute häufig auch »übersinnliche« Erfahrungen

Die tanzenden Derwische des Mewlanaklosters in der türkischen Stadt Konya sind die bekanntesten Vertreter des → Sufismus.

bezeichnet, die als Kontakt zu Geistern oder unerklärlichen Kräften verstanden werden. Somit wird die spirituelle Lebenshaltung zunehmend mit Bereichen neuer Religiosität und Esoterik verbunden, und damit auch zu einer Form selbstbezogener Frömmigkeit.

Sucht

Als Sucht bezeichnet man die psychische (seelische) und/oder physische (körperliche) Abhängigkeit von Mitteln und Verhaltensweisen, ohne die der oder die Betroffene nicht auskommen kann. Meist steht hinter der Abhängigkeit eine große Sehnsucht nach etwas anderem: Anerkennung, Erfolg usw. Am bekanntesten ist die Alkohol- und Drogenabhängigkeit. Es gibt aber auch andere Süchte, wie z. B. die Magersucht (*Anorexia nervosa*), bei der ein Mensch immer weniger Nahrung zu sich nimmt, die Ess-Brech-Sucht (*Bulimia nervosa*), bei der ein Mensch Essanfälle bekommt und anschließend das Essen wieder erbricht.

Sufismus

(arab. *suf* = grober Wollstoff)
Sufismus ist der Name einer Strömung im → Islam, der von dem aus dunkler Wolle hergestellten Kleidungsstück abgeleitet wurde, das die muslimischen Mystiker (»Sufis«) trugen. Die Sufis, die erstmals Mitte des 8. Jahrhunderts n. Chr. bezeugt sind, streben eine Verinnerlichung der Religion an (→ Mystik). Durch verschiedene Übungen wie Beherrschung des Atems, tausendfache Wiederholung des Namens Allahs oder minutenlanges Sich-im-Kreis-Drehen/Tanzen wollen sich die Sufis ganz auf Gott konzentrieren, mit ihm eins werden. Die Praktiken der in ordensähnlichen Gemeinschaften lebenden Sufis sind vielfältig. Besonders bekannt sind die tanzenden Derwische aus dem Mewlanakloster in Konya (Türkei).

Sunna

(arab. = Brauch)
Die zweite Hauptquelle des → Islams ist die *Sunna*, der vorbildliche Weg des Propheten → Muhammad. Die von Muhammad überlieferten Aussprüche, Anweisungen und Verhaltensweisen wurden vom 7. bis 10. Jahrhundert in sechs Hadithsammlungen festgelegt. Die Sunniten stützen sich bis heute auf diese sechs Sammlungen, die → Schiiten haben ihre eigene Sunna, die auf Ali und seine Angehörigen zurückgeht.

Symbol

(griech. *symbolon* = das Zusammengefügte)
Das Symbol ist ein bildhaftes Zeichen, das das Zusammenfallen von unterschiedlichen Bestandteilen zu einer Einheit bezeichnet. Zumeist werden dabei ein sichtbarer Teil und ein geistiger oder seelischer Zustand miteinander verknüpft, sodass etwas verborgenes Innerliches anschaulich gemacht wird. Früher galt ein Symbol auch als äußerliches Erkennungszeichen für Vertragspartner oder Mitglieder einer bestimmten Gruppierung. Religiös bedeutsam sind Symbole, weil sie auf eine tiefere Wirklichkeit und Nähe zu Gott verweisen können. Die Arche Noahs wird zum Symbol der Errettung der Menschen vor der Vernich-

tung, das Kreuz zum Symbol der Hingabe für die Menschen und der Überwindung des Todes.

Toleranz (lat. *tolerare* = dulden, ertragen)
Toleranz meint nicht grenzenlose Beliebigkeit oder oberflächliche Gleichmacherei, sondern das Wahr- und Ernstnehmen von Unterschieden bei religiösen, ethischen und politischen Überzeugungen und Praktiken. Tolerant zu sein, bedeutet, die Andersartigkeit des Anderen gelten zu lassen, sie nicht zu überspielen oder zu übergehen. Die Intoleranz des → Fundamentalismus zeigt sich häufig in der Unterdrückung und Verfolgung Andersgläubiger/Andersdenkender und ist Ausdruck einer Weltanschauung mit verabsolutiertem Wahrheitsanspruch.

Umma (arab. = Gemeinschaft, Gemeinde)
Bezeichnung für die Gesamtheit der gläubigen Muslime in der Welt, unabhängig von Rasse, Sprache oder Nationalität. Allgemein gilt die erste muslimische Gemeinde in Medina, die Muhammad nach der Hidschra gegründet hatte, als Vorbild. → Muhammad war damals als Prophet und politischer Führer anerkannt, Religiöses und Politisches gehören für den → Islam bis heute enger zusammen als im Christentum.

Wahabismus
Der Wahabismus ist eine streng religiöse Strömung im → Islam (→ Islamismus), die von Mohammed Ibn Abd al-Wahab (1703-1792) gegründet wurde. Die Wahabiten sind heute vor allem in Saudi-Arabien verbreitet, wirken aber auch über Saudi-Arabien hinaus in die islamische Welt hinein. Der mit den Anschlägen auf das World Trade Center in New York am 11. September 2001 in Verbindung gebrachte Terroristenführer Osama bin Laden stammt aus der wahabitischen Tradition. Der Wahabismus dehnt das Alkoholverbot des → Korans auf alle Genussmittel (z. B. Tabak, Kaffee) aus und hält am altarabischen Strafgesetz (→ Scharia) fest.

Weihnachten/Geburt Jesu
(mittelhochdeutsch *ze wihen nahten* = in den heiligen Nächten)
An Weihnachten gedenken Christen in aller Welt der Geburt Jesu. Der 25. Dezember war im alten Rom der Festtag für den unbesiegbaren Sonnengott *(sol invictus)*. Um deutlich zu machen, dass Jesus Christus das wahre Licht der Welt ist, legten die Christen in Rom den Gedenktag an die Geburt Jesu auf dieses Datum.
Im 18. Jahrhundert wurde Weihnachten zu einem Fest, das innerhalb der Familie eine große Rolle spielt. So wurde es üblich, dass am 24. Dezember, dem Heiligen Abend, eine Bescherung stattfand.
Die liturgische Feier der Heiligen Nacht vom 24. auf den 25. Dezember ist eine Vigilfeier, die ihre Wurzeln darin hat, dass die Gläubigen die ganze Nacht über wachend und betend das Fest gefeiert haben. Hinzu kommt, dass mit diesem Gottesdienst der neue Tag beginnt, da nach alter Tradition der Vortag mit dem Sonnenuntergang endet und der neue Tag mit der Nacht beginnt.

Westfälischer Friede
→ Friede, Westfälischer
→ Dreißigjähriger Krieg

Schon seit dem frühen 4. Jahrhundert befinden sich auf den Weihnachtsdarstellungen Ochs und Esel, die auf Jesaja 1,3 verweisen: »Der Ochs kennt seinen Besitzer, der Esel seine Krippe.« Das abgebildete Glasfenster stammt aus der Klosterkirche Königsfelden und entstand um 1315.

Wunder
Als Wunder bezeichnet man in der heutigen Gesellschaft ein Ereignis, das mit den bekannten naturwissenschaftlichen Theorien nicht zu erklären ist. Oft wird der Begriff auch nur dazu verwendet, das Staunen und die Freude über ein unerwartetes (aber durchaus erklärbares) Ereignis auszudrücken. Dieses kann aber von Gläubigen als ein Eingreifen Gottes verstanden

Nach biblischer Überlieferung erhielt Mose die → Zehn Gebote am Sinai auf zwei Gesetzestafeln. Das Bild von Rembrandt van Rijn von 1659 zeigt den zornigen Mose, der die Gesetzestafeln aufgrund der Untreue des Volkes Israel zertrümmert (vgl. Ex 32).

werden. Ein Wunder ist somit nicht die Tat oder das Ereignis selber, sondern Jesu oder Gottes Eingreifen, das den Menschen auf außergewöhnliche Weise hilft und sie rettet. Die Wundererzählungen der Evangelien wollen und können nicht naturwissenschaftlich verstanden werden. Sie sind Glaubensgeschichten von Menschen, die sich vollständig auf Jesus und Gott einlassen.

Zehn Gebote

Im Buch Exodus, dem zweiten Buch der fünf Bücher Mose im Alten Testament, wird erzählt, dass das Volk Israel nach seinem Auszug aus Ägypten von Gott durch Mose Lebensregeln, die Zehn Gebote, bekommen hat, um die von Gott geschenkte → Freiheit für sich bewahren zu können. In einer → Präambel, einer Art Vorwort zu den Zehn Geboten, werden die Menschen daran erinnert, dass es ihr Gott Jahwe war, der ihnen die Freiheit geschenkt hat.

Zeremonie (lat. *ceremonia* = religiöse Handlung)

Zeremonie bezeichnet einen festen Rahmen von Zeichen und Handlungen einer religiösen Feier bzw. des Gottesdienstes. Auch an Höfen der adligen Gesellschaften gab es ein »Zeremoniell«, wodurch die Nähe dieser feierlichen, oft auch prunkvollen Formen zur Präsentation von Macht und Ansehen deutlich wird.

Zivilcourage

Mit Zivilcourage wird ein Verhalten bezeichnet, bei dem jemand mutig gegen Unrecht und Missstände protestiert, auch wenn er dadurch Nachteile haben könnte und selbst mit einer ungerechten Behandlung rechnen muss.

Zwingli, Huldrych

→ Reformation
→ Reformatoren

Beckmann, Max (1885-1950)
Max Beckmann gehört zu den bekanntesten deutschen Malern des Expressionismus, einer Kunstrichtung zu Beginn des 20. Jahrhunderts. Er beschäftigte sich vor allem mit den Themen Gewalt und Zerstörung, Brutalität, Verführung usw. und übte mit seiner Kunst Kritik an gesellschaftlichen Entwicklungen seiner Zeit.

Buonarroti, Michelangelo (1475-1564)
Der italienische Bildhauer, Maler und Architekt gilt als Hauptmeister der Renaissance. Nach einem Aufenthalt in Florenz, Venedig und Bologna arbeitete er in Rom, wo er unter anderem die Sixtinische Kapelle ausgemalt hat. Seine Figuren strotzen vor Kraft; antike Inspirationen aufnehmend brechen sie in ein neues Zeitalter auf. Im Alter übernahm Michelangelo die Bauleitung für die neue Peterskirche in Rom.

Brodsky, Isaak J. (1884-1939)
Brodsky zählt mit seinen Bildern aus der Zeit der Russischen Revolution (1917) zu den frühen Vertretern des »volksnahen« Sozialistischen Realismus, welcher in der Sowjetunion ab 1932 zur einzig zulässigen Kunstform deklariert wurde.

Brooks-Gerloff, Janet (1947-2008)
Die in den USA geborene Künstlerin legte in Colorado ihr Examen als Kunstpädagogin ab und siedelte 1972 nach Deutschland über, wo sie in Aachen und Weimar arbeitete. In ihren Werken dominiert das Problem des Menschen im Zwiespalt und Umbruch. Sie ist Mitglied des Künstlersonderbundes Berlin sowie der Europäischen Akademie der Wissenschaften und Künste.

Chagall, Marc (1887-1985)
Der russisch-französische Maler hat in vielen Bildern die großen Themen des Lebens und seiner jüdischen Herkunft, aber auch russische Mythen gestaltet. Durch eine fantastische Darstellungsweise in strahlend-kräftiger Farbgebung und bewegten Formen, die vor dem Hintergrund zu schweben scheinen, entwickelte er einen intensiven Malstil mit symbolhaften Zügen.

Cranach d. Ä., Lucas (1472-1553)
Lucas Cranach der Ältere (genannt nach seinem Geburtsort Kronach) war der Maler, Zeichner und Kupferstecher der Reformation schlechthin. Durch seine enge Freundschaft mit Martin Luther wurde er zum Schöpfer einer protestantischen Kunst. Seine Werke zeugen von feiner, linienbetonter Form und hoher Ausdruckskraft.

da Firenze, Andrea (?-1377/78)
Der italienische Maler hieß eigentlich Andrea di Bonaiuto und ist von 1343-77 nachweisbar. Er war in Florenz und Pisa tätig.

da Vinci, Leonardo (1452-1519)
Der italienische Maler, Bildhauer und Architekt wurde in Vinci bei Florenz geboren und über Florenz und Rom hinaus tätig und berühmt. Der Mensch und dessen Fähigkeiten standen im Mittelpunkt seines Interesses. Durch seine exakten Beobachtungen, perspektivisch konstruierten Räume und psychologisch motivierte Farbgebung schuf er eine Verbindung von Wissenschaft und Kunst.

de Bray, Salomon (1597-1664)
Salomon de Bray (Braij) war ein dänischer Maler, Dichter, Architekt und Stadtplaner sowie ein Künstler für Silberarbeiten und für liturgische Gegenstände. Er malte vor allem biblische und allegorische Szenen sowie Bilder zu historischen Ereignissen.

di Bondone, Giotto (1266-1337)
Schon seine Zeitgenossen feierten Giotto als den Neuerer der italienischen Malerei. Er war der Wegbereiter des modernen künstlerischen Empfindens, das auf einer unmittelbaren, persönlichen Beobachtung von Natur und Wirklichkeit beruht – mit individuellem Pathos. Berühmt sind unter anderem die Szenen aus dem Leben des hl. Franziskus von Assisi.

di Buoninsegna, Duccio (um 1255-1319)
Der italienische Maler lebte in Siena und war Zeitgenosse Giotto di Bondones. Seine Werke markieren den Übergang von byzantinischer zu gotischer Kunst.

Elkan, Benno (1877-1960)
Der deutsch-jüdische Maler und Bildhauer hat zahlreiche Denkmäler, Medaillen und Porträtbüsten geschaffen. Im Londoner Exil (ab 1934) beginnt er, siebenarmige Leuchter (hebr. *Menorá*, Pl. *Menorót*) anzufertigen. Die »Große Menora« vor der Knesset, dem Parlamentsgebäude in Jerusalem, ist der letzte (1949-1956) und größte Leuchter Elkans, der zahlreiche Reliefs mit biblischen und zeitgeschichtlichen Motiven zeigt. Diese Menora soll, so der Künstler 1947, ein Symbol für ganz Israel sein, »das Hohelied in Bronze von dem unsterblichen Leben unseres Volkes, von seiner langen, tragischen und herrlichen Geschichte.«

Feininger, Lyonel (1871-1956)
Feininger ist einer der bedeutendsten Vertreter des Bauhaus-Stils. 1887 verließ Feininger die Vereinigten Staaten, um in Hamburg Musik zu studieren. In Deutschland wechselte er jedoch zur Malerei. 1908-1919 lebte Feininger in Berlin. 1929-1931 verbrachte er jeweils mehrere Monate in Halle, um dort Skizzen anzufertigen. Ab 1933 wurden Feiningers Bilder vom nationalsozialistischen Regime als »entartet« verdammt, daraufhin kehrte er in die USA zurück.

Gargallo, Pablo (1881-1934)
Gargallo zählt zu den bedeutendsten Vertretern der spanischen Avantgarde, nahm aber an verschiedenen anderen Strömungen teil (Art Nouveau, Expressionismus, Kubismus). Der spanische Maler und Bildhauer überwindet die klassische Skulptur aus Marmor und Bronze und ersetzt diese Materialien durch Eisen und Pappe. Für seine Skulpturen arbeitet er vielfach mit flachen Metallplatten, wodurch die dreidimensionalen Objekte sich für Licht und Luft öffnen. Teilweise geht Gargallo dabei sehr minimalistisch vor, deutet beispielsweise Gesichter nur an, greift aber auch immer wieder auf die traditionellen Verfahren der Bildhauerei zurück.

Greif, Ilse (1935-2012)
Die in Kempten geborene Ilse Greif war Studiendirektorin a. D. und Mitglied in der Fürstenfeldbrucker Künstlergruppe artIG sowie im Kunstkreis Gnadenkirche. Seit 1995 waren ihre Werke in zahlreichen Ausstellungen zu sehen.

Groß, Dieter (geb. 1937)
Der Stuttgarter Maler und Zeichner war 30 Jahre als Professor für Allgemeine Künstlerische Ausbildung an der Akademie der Bildenden Künste in Stuttgart tätig. Bekannt gemacht haben ihn zum einen Arbeiten mit religiösen Motiven, die in Kirchen (z. B. der Kreuzweg in Horb-Bildechingen) ebenso zu sehen sind wie in Ausstellungen (z. B. die Zyklen »Himmelsleitern« oder »Hände und Handlungen«), zum anderen satirische Zeichnung und Selbstporträts, die er seit den 1988er-Jahren täglich anfertigt.

Klee, Paul (1879-1940)
Der »Form-Meister« Paul Klee liebte geometrische Muster in der Natur und in seiner Malerei. Großes Interesse brachte er auch Kinderzeichnungen entgegen, da sie häufig aus wenigen grundlegenden Formen bestehen. Aus ihnen entnahm er Elemente und baute sie in seine eigene Bildwelt ein.

Köder, Sieger (1925-2015)
Der katholische Priester und Künstler aus dem schwäbischen Raum gilt durch seinen kraftvollen und farbgewaltigen Stil als »Prediger mit Bildern«. Sowohl durch die Farbgebung als auch durch die ausdrucksstarke Darstellung von zentralen Figuren und Motiven können seine Bilder Empfindungen der Menschen einfangen und neue Blickwinkel zu biblischen Themen aufzeigen.

Mecklenburg, Annette
(geb. 1968)
Annette Mecklenburg hat u. a. an der Humboldt Universität in Berlin studiert und ist freischaffende Künstlerin. Sie arbeitet v. a. in Öl auf Leinwand. Auch Aquarelle und Tuschezeichnungen sowie Mischtechniken sind Teil ihrer Arbeiten.

Munch, Edvard (1863-1944)
Der norwegische Maler und Grafiker hat sich in seinen Bildern immer wieder mit dem Thema Tod auseinandergesetzt. Mit fünf Jahren verlor er seine Mutter. Seine Schwester Sophie starb wenige Jahre nach der Mutter. Als Munch 31 Jahre alt war, starb sein Bruder Andreas. Munch zählt zu den Wegbereitern des Expressionismus in Europa.

Nolde, Emil (1867-1956)
Die Werke des norddeutschen Malers Emil Hansen, genannt Nolde, sind geprägt von seiner engen Verbindung zu der Künstlergemeinschaft »Die Brücke« und den Eindrücken seiner Südsee-Reise 1913/14. Nach der Ausstellung »Entartete Kunst« von 1937 wurden 1052 Arbeiten Noldes aus Museumsbesitz beschlagnahmt.

Schempp, Honest (geb. 1932)
Der Zeichner, Druckgrafiker und Maler Honest Schempp ist in seinem Werk v. a. von der niederländischen Renaissance inspiriert. Er befasst sich in seinen Gemälden, Lithografien und Holzschnitten vornehmlich mit der Darstellung von Menschen und setzt sich in seinen zwischen 1960 und 1970 entstandenen Holzschnitten zumeist mit biblisch-religiöser Thematik auseinander (z. B. der Passion).

Tizian
(1476/77 oder 1489/1490-1576)
Der bedeutendste Maler der venezianischen Hochrenaissance hieß eigentlich Tiziano Vecellio. Er war schon zu Lebzeiten für die Ausdruckskraft seiner Farben berühmt.

Valensi, Henri (1883-1960)
Die Darstellung von abstrakten Formen in einer breiten Farbpalette

gibt den Bildern des französischen Malers Henri Valensi eine eigene Beweglichkeit, die auch als Musikalismus bezeichnet wird. Verschiedene Sinne können von dargestellten Motiven angesprochen werden, wobei auf gegenständliche Elemente oder menschliche Figuren weitestgehend verzichtet wird. Verschiedene Formen drücken sowohl Bewegungen als auch Töne in malerischer Gestaltung aus.

van Gogh, Vincent (1853-1890)
Der Niederländer gilt als einer der Begründer der modernen Malerei. Er hinterließ über 1850 Gemälde und Zeichnungen, die alle in den letzten Jahren seines Lebens entstanden sind. Sein Hauptwerk, das stilistisch dem Postimpressionismus zugeordnet wird, übte starken Einfluss auf die nachfolgenden Künstler des Expressionismus aus. Zu Lebzeiten war van Gogh als Maler wie kaum ein anderer verkannt; er verkaufte nur wenige Bilder. Sein umfangreicher Briefwechsel enthält eine Fülle von Hinweisen auf sein malerisches Werk und ist selbst von hohem literarischem Rang.

van Honthorst, Gerrit (1592-1656)
Von seiner Italienreise beeinflusst, ist der Maler einer der Hauptvertreter der Utrechter Schule. Viele seiner biblischen und mythologischen Bilder stellen nächtliche Szenen mit künstlicher Beleuchtung dar.

van Rijn, Rembrandt (1606-1669)
Als einer der bedeutendsten Maler, Zeichner und Radierer der Kunstgeschichte erlangte der holländische Künstler erst nach seinem Tod großen Ruhm. Für seine Zeit war es ungewohnt, die menschliche Seite des Lebens, das punktuelle und genaue Festhalten von Ausschnitten einer Lebenssituation derart intensiv darzustellen. Durch die kontrastierenden Hell-Dunkel-Schattierungen seiner Bilder fällt ein besonders konzentrierter Blick auf das Dargestellte und die ausgedrückten Gefühle der Personen.

Wiegel, Stefanie (geb. 1988)
Stefanie Wiegel wuchs in Beuron bei Sigmaringen auf. Sie hat das Hohenzollern-Gymnasium Sigmaringen besucht und sich schon frühzeitig für Kunst und Literatur interessiert.

Zacharias, Thomas (geb. 1930)
Der Münchner Künstler und Professor für Kunsterziehung Thomas Zacharias hat sich mehrfach mit verschiedenen Techniken biblischen Themen als Bilderzyklen gewidmet. Nach früheren farbigen Holzschnitten hat er in Radierungen mit schärferen Konturen und Strichen biblische Motive aufgegriffen. Diese werden nicht rein illustrierend wiedergegeben, sondern durch eine eigene Deutung im Bild erweitert. Durch Aufbau, Farbkontraste und eigenwillige Schrifteinblendungen werden die Bilder zum Gegenstand einer neuen Auseinandersetzung mit dem Motiv.

Zenz, Toni (1915-2014)
Der Bildhauer Toni Zenz stand künstlerisch in der Nachfolge Ernst Barlachs und schuf expressionistische Skulpturen aus Hartholz, Stein und v. a. aus Bronze. Seine zumeist biblischen Themen (z. B. »Agape«, »Der Beter St. Antonius«, »Der Hörende«) entspringen einem tiefen Glauben und dem romanischen Erbe seiner Kölner Heimat.

Zuccaro, Taddeo (1529-1566) und **Federigo** (1542-1609)
Die Gebrüder Zuccaro sind Hauptvertreter des Manierismus, einer Kunstrichtung, die die ausgefallene Perspektive und Prunk bevorzugt. Die Brüder waren lange Zeit in Rom tätig.

Text- und Bildnachweis

6/7 Foto: KNA/Oppitz, Bonn
9 Fotos: Simone Seelhorst, Überlingen – Ernst Jandl, Verlagsgruppe Random House GmbH, München
10 Foto: Simone Seelhorst, Überlingen
10/11 Sieben Menschen und ihre Wege der Wandlung, Protokoll: Christine Holch, in: chrismon. Das evangelische Magazin, 04/2005, S. 13
11 Foto: Andreas Herzau/laif
12 Jan Tomaschoff/Baaske Cartoons, Müllheim
14 in: Nancy H. Kleinbaum, Der Club der toten Dichter, aus dem Amerikanischen von Ekkehart Reinke, Bergisch Gladbach 1990, S. 8 u. S. 107
15 Gustave Doré (1832-1883), Siegeslied Deborahs, (Richter 5,1), Holzstich nach Zeichnung von Gustave Doré, aus der Folge der 230 Bilder zur Bibel, 1865, dt. Ausgabe Stuttgart (E. Hallberger) o.J., Foto: akg-images
16 Illustration: Grandville, Der laufende Spiegel, Holzschnitt 1843
18/19 zit. n.: Marlies Schilling/Jörg Schilling, Verantwortete Partnerschaft, 28 Arbeitsblätter mit didaktisch-methodischem Kommentar, Sek. I, Stuttgart/Düsseldorf/Leipzig 1998, S. 31
20 in: Neue Presse Hannover, 12.01.2006, S. 13 – www.rotelinien.de (verändert und gekürzt)
21 Zitate in: Landesinstitut für Erziehung und Unterricht Stuttgart, Informationsdienst zu Suchtprävention, Ausgabe 12, Anorexie-Bulimie-Adipositas, Essstörungen, (K)ein Thema für die Schule?, Stuttgart 2001 – Foto: Claudia Steinbrecher
22/23 Idee nach: Josef Ising, Hans Jürgen Ladinek
23 Foto: Simone Seelhorst, Überlingen
24 Kommunikationsmodell nach: Friedemann Schulz von Thun, Miteinander Reden, Bd. 1 Störungen und Klärungen, Allgemeine Psychologie der Kommunikation, Reinbeck bei Hamburg 1981, S. 25-68
25 nach: Katrin Jefferys-Duden/Ute Noack, Streiten. Vermitteln. Lösen. Das Schüler-Streit-Schlichter-Programm, ^{5}2001, S. 71, S. 89 – Vincent van Gogh (1853-1890), Der barmherzige Samariter (nach Delacroix), 1890, Öl auf Leinwand, 73 x 60 cm, Otterlo, Museum Kröller-Müller, Foto: Artothek, Weilheim
27 Max Beckmann (1984-1950), Der verlorene Sohn, 1949 © VG-Bild-Kunst, Bonn 2015
28/29 Quelle unbekannt – Heinz-Josef Lücking © Creative Commons Licenses
30/31 Elisabeth Kurfeß, Tübingen – Heinz-Josef Lücking © Creative Commons Licenses
33 Plastik: Pabo Gargallo (1881-1934), Der Prophet, 1930 – in: Anklagen, Amnesty International (Hg.), 2005, S. 10, Lilian Leopold
35 Honest Schempp (*1932), Der Prophet, Holzschnitt © beim Künstler
36 Marc Chagall (1887-1985), Jeremia kündet die Zerstörung Jerusalems an, 1931-1939 © VG Bild-Kunst, Bonn 2015
37 Benno Elkan (1877-1960), Friedensreich des Jesaja, Detail aus der Menora vor der Knesset, Jerusalem, 1949-1956, Foto: Vorndran/SchalomNet
39 Toni Zenz (1915-2014), Der Hörende. Bronzeplastik in der Pax-Christi-Kirche, Essen, Rechte beim Künstler, Foto: Hartmut Vogler, Schauren
40 Foto: Fritz Stark/missio, München – Text: Beatrix Gramlich, missio aktuell, Aachen – Grafik: UNAIDS und WHO
41 Bild: missio, München – Text: Internationales katholisches Missionswerk e.V., Aachen; www.missio.de
42 Bild: © DIE BRÜCKE e.V., Stuttgart – Hans-Jürgen Schutzbach, in: Notizblock »Kündet allen in der Not«, 27/2000, S. 44 (verändert und gekürzt) – © Petrus Ceelen, Tamm
43 Cover: © 1998 by Waris Dirie mit Cathleen Miller, © 1998 by Schneekluth Verlag GmbH, München – Waris Dirie, in: Wiener Zeitung 9./10.01.2004 – Foto: Anita Hofbauer, Rothalmünster
46 v.o.n.u.: Michael Kötzel, München – Hans-Werner Kulinna, Paderborn – © Dynamic Graphics lizenzfrei – Hans-Jörg Karrenbrock, Klosterneuburg
47 v.o.n.u.: © creativ Collection/ccvision lizenzfrei – © Pitopia/Spectral-Design, 2007 – Michael Kötzel, München – Claudia Hofrichter, Rottenburg a.N.
48 Foto: s. S. 47
48/49 Foto: Ralf Krause, Langenfeld/www.pixelio.de
49 Dorothee Steffensky-Sölle, in: KJG (Hg.), Beten durch die Schallmauer. Impulse und Texte, Düsseldorf 1987, S. 94
50 Foto: s. S. 47
51 Annette Mecklenburg (*1968), Herbstmädchen, Öl auf Leinwand, 1995
52 Foto: s. S. 47
52/53 nach: Barbara D. Leicht (Hg.), Grundkurs Bibel – Neues Testament. Werkbuch für die Bibelarbeit mit Erwachsenen, Stuttgart 2002, 3/L/8-2-3 (bearbeitet) – Kurt Marti, Auferstehung, in: Leichenreden, Darmstadt und Neuwied 1976
54 Foto: s. S. 46 – in: Paul Weismantel, Für Gott bist du der Mittelpunkt. Handreichung für die Taufpastoral, Bischöfliches Generalvikariat Münster, Hauptabteilung Seelsorge
55 Stefanie Wiegel, 2006
56 Foto: s. S. 46
56/57 Foto: Jens Funke, München
57 Du, Gott der Fülle, in: Jutta Schnitzler-Förster/Kerstin Schmale-Gebhard, Ein Jahr für die Sinne, München 2004, S. 111 (leicht verändert)
58 Foto: s. S. 46 – in: Anselm Grün, 50 Engel für das Jahr, Freiburg i.Br. ^{18}2001, S. 42 f.
59 Paul Klee (1879-1940), Engel vom Stern, 1939, 1050, Kleisterfarbe und Bleistift auf Papier auf Karton, 61,8 x 46,2 cm, Zentrum Paul Klee, Bern
60 Foto: s. S. 46 – Pfarrer Karl-Heinz Berger, Sigmaringen
60/61 Edvard Munch (1863-1944), Tod im Krankenzimmer, 1895 © The Munch Museum, The Munch Ellingsen Group, VG Bild-Kunst, Bonn 2015
61 Pfarrer Karl-Heinz Berger, Sigmaringen – Foto: Winfried Böhm, Sigmaringen
62 Foto: s. S. 47 – Text: WWE Media GmbH, www.winterwonderland.de
63 T: Pfarrer Hans-Hermann Bittger, M: Josef Jacobsen 1935 (Kanon für zwei Stimmen), Textrechte: Bistum Essen, Melodierechte: Rechtsnachfolger des Urhebers
66/67 Foto: Wolfgang Hänsch, Die Semperoper. Geschichte und Wiederaufbau der Dresdner Staatsoper, Berlin 1986, S. 220/221
68/69 Foto: Quelle unbekannt – Theodor Weißenborn, in: Michael Schwarz/Regine Lüscher (Hg.), Ich bin öpper. Unterrichtshilfen des Katechetischen Instituts der evangelisch-reformierten Landeskirche, Zürich 1989, S. 11 a-c (veränderte Form)
70 Inspiriert von: Birgitta Aicher, »Ich lasse Dich nicht, Du segnest mich denn ...«, in: Ursula Leitz-Zeilinger, Zweite Predigt über das Bild, »Jakobs Kampf« von Ilse Greif am 19.06.2005 (verändert u. gekürzt)

71 Ilse Greif (1935-2012), Jakobs Kampf, 2005
73 Janet Brooks-Gerloff (1947-2008), Unterwegs nach Emmaus, 1992, Ölgemälde, Kreuzgang der Benediktinerabtei Kornelimünster © VG Bild-Kunst, Bonn 2015
75 Emil Nolde (1867-1956), Der ungläubige Thomas, 1912, aus dem neunteiligen Werk »Das Leben Christi« 1911/12, Ölfarben auf Leinwand, 100 x 86 cm, signiert unten rechts »Emil Nolde«, Nolde Stiftung Seebüll, Wvz Urban 479, © Nolde Stiftung Seebüll
76 Illustration: Wolfram Eilerts/Heinz-Günter Kübler (Hg.), Kursbuch Religion elementar 7/8, Stuttgart/Braunschweig 2004, S. 28 – Foto: © picture-alliance/ZB
77 Foto: mediacolor s Bildagentur, Zürich
78 Generalanzeiger Bonn, 01.08.2002 – Georg Pinter, Königswinter
79/80 Fotos: Christian Schenk, Albstadt
81 Lenin, Wladimir Iljitsch (eigentl. Uljanow); russ. revolut. Politiker; 1870-1924, Russisch-polnischer Krieg, März-Okt. 1920: Lenin spricht zu Einheiten der Roten Armee auf dem Swerdlow-Platz in Moskau vor ihrem Abmarsch an die Front, 5. Mai 1920. Gemälde von Isaak Israilewitsch Brodsky (1883-1939). Foto: akg-images/RIA Nowosti, Rechtsinhaber: unbekannt
83/83 s. S. 66/67
84 Foto: Quelle unbekannt
86 Foto: Werkstatt Bielefeld, Best. Nr. 1083, Foto: Reinhard – Jannis Ritsos, in: Das Schwarze Brett. Ein Lesebuch mit Geschichten, Bildern und Gedichten, dem Publikum dargebracht anlässlich des 25. Geburtstages des Verlages von Klaus Wagenbach, aus dem Neugriechischem übersetzt v. Vagilis Tsakiridis, Berlin 1989 – in: Stuttgarter Zeitung vom 04.10.05, S. 10 (bearbeitet)
87 Werbeagentur Frank Joss, CH-Kilchberg
89 Satz: Klaus Heinzmann, Hänssler Verlag, Holzgerlingen, T: Helga Poppe, So wie die Sonne © Präsenz-Verlag der Gnadenbruderschaft Gnadenthal, Hünfelden
91 Harmensz van Rijn Rembrandt (1606-1669), Das Gleichnis von den Arbeitern im Weinberg, 1637, (Matthäus 20,1-16), Öl auf Holz, 31 x 42 cm, Foto: akg-images
93 © Sieger Köder, Das Mahl mit den Sündern – T: Claus-Peter März, Erfurt/M: Kurt Grahl, Leipzig, Rechte bei den Urhebern
94 Thomas Zacharias, Die Heilung des Gelähmten, 1992 © VG Bild-Kunst, Bonn 2015
95 Kurtmartin Magiera, in: Ich habe dein Gesicht gesehen, 1975, S. 28f. (leicht gekürzt)
97 Foto: KNA, Bonn – Birgit Stricker/Weltjugendtagsbüro, Köln
99 Dieter Groß, aus dem Zuyklus »Himmelsleitern«: »Der offene Himmel« oder »Jakob in der Menge«, 1997, Acrylfarben auf Holz, Durchmesser 200 cm
100/101 Lyonel Feininger, Marktkirche von Halle, 1930, © VG Bild-Kunst, Bonn 2015
102 v.l.n.r.: Gutenberg-Museum, Mainz – © Copyright Bildarchiv Preußischer Kulturbesitz (bpk) 2008 – Holzschnitt von 1888, Künstler unbekannt – Behaim-Globus, um 1492, Germanisches Nationalmuseum, Nürnberg – Dom von Florenz, 1436 © 1990. Photo SCALA, Florence – Michelangelo, David-Skulptur (1501-04), Foto: akg-images
103 v.r.n.l.: Historisches Museum, Rotterdam – Leonardo da Vinci (1452-1519), Proportionsschema der menschlichen Gestalt nach Vitruv, um 1490, Feder und Tinte mit leichter Aquarellierung auf weißem Papier, 34,4 x 24,5 cm, Inv. 228, Galleria dell'Accademia, Venedig – Nikolaus Kopernikus, Sonnensystem (1660), Foto: akg-images – Gherardo delle Notti (Gerrit von Hnothorst detto; 1590-1656), Anbetung des Kindes, 1620, olio su tavola © Ministero per i beni e la attivitá culturai, Foto: P. Nannoni
105 Giotto di Bondone um 1266-1337, Die Beweinung Christi, um 1303/05, Fresko, ca. 185 x 200 cm, aus dem Zyklus mit Szenen aus dem Leben Mariä und Christi, Padua, Arenakapelle (Cappella degli Scrovegni), linke Wand, untere Reihe, 3. Bild, akg-images/Cameraphoto
106 unbekannter Künstler, Triumph des Todes, nach 1348
107 unbekannter Künstler, Jüngste Gericht, Inv. Nr. MA 3351, um 1480, Bayerisches Nationalmuseum, München
108 nach: Michael Gerd Georg Landgraf, Reformation, Speyer 2004, S. 37-57 (verändert) – Holzschnitt aus dem »Passional Christi und Antichristi«, Lukas Cranach 1521
109 Foto: Quelle unbekannt – in: Hermann Schuster (Hg.), Quellenbuch zur Kirchengeschichte, Braunschweig ^{7}1967, S. 60
110 nach: Michael Landgraf, Reformation, Speyer 2004, S. 51
110/111 Germanisches Nationalmuseum, Nürnberg
111 nach: Michael Gerd Georg Landgraf, Reformation, Speyer 2004, S. 37-57 (verändert)
113 Lucas Cranach d. Ä., Erlösung des Menschen allein aus Glauben, 1552
115 Quelle unbekannt
116 Titelseite SPIEGEL, Nr. 51/52 2003, Hamburg – Karikatur in: Werner Küstenmacher, Geistliche Höhenflüge, Claudius Verlag, München 1997
117 nach: Dirk Schümer, Frankfurter Allgemeine Sonntagszeitung, Nr. 40, 07.10.2001
118 Hanel/CCC, www.c5.net
119 Szenenfoto aus »Luther – Er veränderte die Welt für immer« (2003, Regie Eric Till) © NFP*/Foto nach Rolf von der Heydt
120 v.o.n.u.: Ali Jarekji/Reuters – Stiftung Weltethos, Tübingen – Titelbild: Julia Gerlach, Zwischen Pop und Dschihad, mit freundlicher Genehmigung des Ch. Links Verlags, Berlin
122 Idee nach: Hannah Richter, in: entwurf 2/2003, S. 31 ff.
123 v.l.n.r.: picture-alliance/dpa – Ute Grabowsky, Radevormwald/photothek – Skott/CCC, www.c5.net – Foto: Gerhard Plachta, München – Türkisch-Islamische Gemeinde Konstanz (Hg.), Festschrift zur Einweihung am 13.10.2001, S. 1
124 Foto: Werner Haußmann, Veitsbronn – in: Werner Trutwin, Die Weltreligionen. Islam, Düsseldorf, S. 41-42 (gekürzt)
125 in: Friederun Rupp-Holmes, Lernstraße Islam, Stuttgart 2004, M 7.3, Foto: Barbara Huber-Rudolf/CIBEDO, Folienmappe Islam, Folie 43
126 Mohammed betet vor der Kaaba, Türkische Miniatur, Topkapi Saray Museum, Istanbul
127 Salim Abdullah, in: W. Trutwin, Die Weltreligionen, Islam, Düsseldorf, S. 33 (verändert) – Iranische Miniatur: bpk/Museum für Islamische Kunst, SMB/Wolfgang Selbach
128 in: Werner Trutwin, Die Weltreligionen. Islam, Düsseldorf, S. 34-38 (überarbeitet) – Foto: dpa, epa, afp
129 Foto: Laziz Hamani, Paris
130 R. & S. Michaud/Agentur Focus – picture-alliance/dpa – Ali Kazuyoshi Nomachi © PPS, Pacific Press Service Ltd., Tokio

131 Kösel-Archiv – Henri STIERLIN, Genève – © G. Tsahson/Aga Than Trust für Culture
132 in: Peter Kliemann, Das Haus mit den vielen Wohnungen, Stuttgart 2004, S. 182-183, S. 186, S. 188-189, S. 192-193 (verändert) – Kalligrafie: Laziz Hamani, Paris
133 Foto: picture-alliance/dpa
134 Foto in: Peter B. Clarke, Atlas der Weltreligionen. Entstehung. Glaubensinhalte, Frederking & Thaler, München 1998, S. 97 – Foto: Interior of St. Sophia Musum – in: Monika Tworuschka/Udo Tworuschka, Die Welt der Religionen. Geschichte, Gegenwart, Gütersloh/München 2006, S. 276f. (gekürzt/verändert)
135 Foto: Wolf-Christian von der Mülbe, Dachau – Illustration von Jean-Benoit Heron, Guide Gallimard Terre sainte © Gallimard Loisirs – Foto: Türkisch-Islamische Gemeinde Konstanz (Hg.), Festschrift zur Einweihung am 13.10.2001, S. 27
136 Foto: missio, Religion erleben 7, Interrelig. Dialog Islam, Folie 1 – in: Peter Heine, Der Islam, Düsseldorf 2007, S. 30 (gekürzt) – Foto: © Liesa Johannssen/photothek.net
136/137 Kurzporträts, in: Spiegel Spezial, 1/1999, S. 96-103
137 Ina Al-Moneyyer, Garching – Hick/Joker, Bonn
138 Seyran Ates, Britta Baas, Rita Debrunner, Yasemin Karakasoglu, in: Publik-Forum, im Dossier, Miteinander der Kulturen, Oberursel 2004, S. IV und V
138/139 v.l.n.r.: picture-alliance/dpa – picture-alliance/dpa /Sipa Stevens – Patrick Barth, London – R. & S. Michaud/Agentur Focus – Patrick Barth, London – © ARD/ Marion von der Mehden, Szenenfoto aus: Der Dicke, 2005 – Boxerin Fikrye Selen © imago Sportfoto – Edith Chabrier, Paris
140/141 in: Ben Jelloun Tahar/Christiane Kayser (Übersetzerin), Papa, woher kommt der Hass? Gespräch mit meiner Tochter, Berlin 2005, S. 13-30 (gekürzt und verändert)
141 Foto: getty images
142 in: Peter Heine, Der Islam, Düsseldorf 2007, S. 178f.
143 picture-alliance/dpa
144 Foto: Michel Levassort
145 Foto: © Keskin Color, Istanbul
146/147 Fotos: Sabine Leutenegger, CH-Wil
149 Fotos: Sabine Leutenegger, CH-Wil
150 2 Fotos: © Ateliers et Presses de Taizé, F-71250 Taizé-Communauté – Foto: Sabine Leutenegger, CH-Wil
151 Foto: Sabine Leutenegger, CH-Wil – in: Christian Felmann, Frère Roger, Taizé, Gelebtes Vertrauen, Freiburg i.Br. 2005, S. 36 f. – Klaus Nientied, Frère Roger, in: Konradsblatt 5/2007, Karlsruhe
152 Foto: © Ateliers et Presses de Taizé, F-71250 Taizé-Communauté – Text: © Ateliers et Presses de Taizé, © der dt. Ausgabe Herder GmbH, Freiburg i. Br.: Frère Roger, Die Quellen von Taizé, 2005, S. 55, S. 69, S. 72
153 © Ateliers et Presses de Taizé, © der dt. Ausgabe Herder GmbH, Freiburg i. Br.: Frère Roger, Die Quellen von Taizé, 2005, S. 55, S. 69, S. 72
155 M: Jacques Berthier (1923-1994) © Ateliers et Presses de Taizé, F-71250 Taizé-Communauté
156 Foto: Sabine Leutenegger, CH-Will – Klaus Nientied, Frère Roger, in: Konradsblatt/Diözese Freiburg i.Br., Das Heute Gottes leben, Nr. 21/2005
157 in: Angela Hüttl-Zecca/Wolfgang Steffel, Taizé und zurück, Mein biblisches Reisehandbuch, Stuttgart 2002, S. 36 – Foto: Sabine Leutenegger, CH-Wil
158 in: Neue Kirchenzeitung für das Bistum HH, Ausgabe 2/2004, Andreas Hueser, Katholische Verlagsgesellschaft Sankt Ansgar – Foto: KNA, Bonn
159 Levy Valensi, Ruben Henri, Frühlingssymphonie, 1932 © VG Bild-Kunst, Bonn 2015 – Brief 2005 – Eine Zunkunft in Frieden, Frère Roger
160 M: Jacques Berthier (1923-1994) © Ateliers et Presses de Taizé, F-71250 Taizé-Communauté
161 Foto: Ch. Siebert – Frère Roger, Beten mit Gesängen aus Taizé (Auszug), in: Publik-Forum extra Taizé, August 2004, S. 17
163 Foto: Sabine Leutenegger, CH-Wil
164 »Instructio summaria pro co(m)missarijs: penitentiarijs ...«, Titelholzschnitt zur Anleitung zur Ausübung eines päpstlichen Ablasses von Erzbischof Albrecht von Brandenburg (1490-1545), Leipzig, um 1517, Foto: akg-images
165 Kathedrale von Canterbury, Außenansicht von Südosten mit Trinity Chapel, Foto: akg-images/A. F. Kersting – Österreichisches Staatsarchiv Wien © Fotostudio Otto, Wien
166 Kirche des Hl. Ignatius von Loyola (erb. 1626-50), Rom, Innenansicht: Blick in das Gewölbe des Chores mit Fresko »Glorie des Heiligen Ignatius von Loyola« von Lodovico Mazzanti (1679-1775), Foto: akg-images/Pirozzi
167 »Zwölf Artikel der Bauernschaft«, Titelholzschnitt der Forderungen der Bauernschaft in den Bauernkriegen 1524/25, Zwickau, Foto: akg-images
168 © H. Tappe/SZ Photo. – © Suhrkamp Verlag
169 Brüder Zucchari, Das Konil von Trient, 1560, Fresko; BPK Berlin
171 Andrea Bonaiuto, gen. Andrea da Firenze (tätig ca. 1343-1377), Triumph und Auftrag der Kirche, 1365-68, Fresko, Cappella Spagnuolo, Santa Maria Novella, Florenz
172 © Globus
173 Foto: Ali Kazuyoshi Nomachi, Mekka
174 Tizian, Karl V. am Abend nach seinem Sieg bei Mühlberg an der Elbe, 1548, 279 x 332 cm, Madrid Prado – Dr. Martin Luther King Jr. spricht an der Michigan State University am 11. Februar 1965, Foto: © Michigan State University Archives and Historical Collections
175 Kösel-Archiv – Foto: Dr. Werner Haußmann, Veitsbronn
176 Lucas Cranach, Das gesamte grafische Werk, München 1972
177 Duccio di Buoninsegna (um 1255-1319), Maesta, 1285, (Thronende Madonna mit Kind und Engeln, sog. Madonna Rucellai, ehemals Florenz, Santa Maria Novella), Tempera auf Holz, 450 x 290 cm, Florenz, Galleria degli Uffizi, Foto: akg-images/Rabatti-Domingie
179 Fresko im Kloster von Subiaco, Umbrien, Italien, ca. 550, Foto: Gerd A. T. Müller
180 Foto: Quelle unbekannt – 2 Fotos: KNA, Bonn – picture alliance/abaca
183 Foto: P. Frankenstein, H. Zwietasch, Landesmuseum Württemberg, Stuttgart
184 Foto: © Keskin Color A. S.
185 Die Geburt Christi, aus dem Weihnachtsfenster der ehemaligen Klosterkirche Königsfelden, Glasmalerei um 1315
186 Harmensz van Rijn Rembrandt, (1606-1669), Moses zerschmettert die Gesetzestafeln, 1659, Öl auf Leinwand, 168,5 x 136,5 cm, Berlin, SMPK, Gemaeldegalerie, Foto: akg-images

Alle Bibelzitate, sofern nicht anders gekennzeichnet: Einheitsübersetzung © Katholisches Bibelwerk, Stuttgart
Alle namentlich nicht gekennzeichneten Beiträge stammen von den Autorinnen und Autoren und sind als solche urheberrechtlich geschützt. Trotz intensiver Recherche konnten einzelne Rechtsinhaber nicht ermittelt werden. Für Hinweise sind wir dankbar.

Text- und Bildnachweis